KRISTINA HAMILTON

Große GARTEN-FREUDE mit kleinem Budget

Auflage:

2019 2018 2017 2016
4 3 2 1

E-Mail: loewenzahn@studienverlag.at
Internet: www.loewenzahn.at

Buchgestaltung sowie grafische Umsetzung: Judith Eberharter, www.eine-augenweide.com
Umschlaggestaltung: Johanna und Stefan Rasberger, www.labsal.at
Umschlagfotos: Wolfgang Hummer, www.wolfganghummer.com
Illustration Vor- und Nachsatz: Marie-Pascale Gafinen
Garten-Grafiken: Kristina Hamilton
Illustrationen Innenteil: Judith Eberharter, www.eine-augenweide.com
Fotos: Alle Fotos Kristina Hamilton, außer: Wolfgang Hummer (S. 6, 8, 15, 26, 48, 50, 80, 88, 116, 128, 142, 145, 160, 182, 202), Susanne Posch (S. 139)

Gedruckt auf umweltfreundlichem, chlor- und säurefrei gebleichtem Papier.

Bibliografische Information Der Deutschen Bibliothek
Die Deutsche Bibliothek verzeichnet diese Publikation in der Deutschen Nationalbibliografie; detaillierte bibliografische Daten sind im Internet über <http://dnb.ddb.de> abrufbar.

ISBN 978-3-7066-2602-6

KRISTINA HAMILTON

Große GARTEN-FREUDE mit kleinem Budget

löwenzahn

Von der Liebe zur Natur …

Es ist wohl unumstritten, dass wir uns in einer schnelllebigen Zeit befinden. Daher sehnen wir uns umso mehr nach ein wenig Ruhe, Natur und grünen Rückzugsplätzen, die uns erlauben, eine Pause einzulegen und Energie zu tanken.
Die Suche nach dem Glück im Grünen lassen wir uns so einiges kosten und uns Konsumenten werden täglich schöne Gartenprodukte zur Verbesserung unserer Lebensqualität versprochen. Wir geben jährlich Unmengen für die Gestaltung unserer Gärten und Balkone aus. Dabei vergessen wir aber, dass über Jahrhunderte die schönsten Ziergärten und die üppigsten Gemüsebeete nicht durch großen finanziellen Einsatz, sondern durch gärtnerisches Wissen, einer großen Bereitschaft zum Experimentieren und durch persönliche Kreativität entstanden sind.
Schön langsam macht sich in unserer Gesellschaft eine Trendwende bemerkbar. Uns wird zunehmend bewusster, dass die Ressourcen unseres Planeten begrenzt sind, dass Luft, Wasser und Boden kostbare Güter sind. Viele von uns entscheiden sich immer öfter gegen eine konsumorientierte Wegwerfgesellschaft. Die gegenwärtige Vergeudung von Ressourcen und Zerstörung unserer Natur wird uns immer mehr deutlich.
Aus diesem Grund ist dieses Buch entstanden. Sozusagen als Gegenmittel zu dröhnender Werbung und Konsumgier, als Anregung zum Selbermachen, kreativ zu sein und als Ansporn zur Wiederbelebung traditionellen Gartenwissens. Deshalb finden Sie in diesem Buch nicht nur viele altbewährte Gärtnertricks, von der Bodenbearbeitung bis zur Pflanzenvermehrung, sondern auch Informationen zu Umweltfragen und Ideen zur Gartengestaltung, die sich selbst mit dem magersten Sparschwein verwirklichen lassen.
Bei der Entstehung dieses Buches haben viele Menschen mitgewirkt, direkt und indirekt, bei denen ich mich bedanken möchte. Unzählige Gespräche habe ich mit Biologen und Botanikern, mit professionellen und Hobby-Gärtnern, mit umweltbewussten Mitbürgern und mit der älteren, weisen Gärtnergeneration geführt. Sie alle haben dazu beigetragen, die Spreu vom Weizen zu trennen, Neues mit kritischen Blicken zu betrachten und Altbewährtem einen modernen Anstrich zu verleihen.
Ich hoffe, dass Sie dieses Buch animiert, unsere facettenreiche Natur in den Garten zu holen, dass Sie ermutigt werden, Ihrer Kreativität freien Lauf zu lassen, und dass Sie nicht davor zurückschrecken, verwaisten und monotonen Balkonen und Gärten grüne Vielfalt zu schenken, die Ihnen farbenfrohe Lebensqualität in den Alltag zaubert!

Kristina Hamilton

Richtig planen spart viel Geld, Ärger und Zeit

Papier und Bleistift verhindern so manche Fehlentscheidung und unnötige Ausgaben. In diesem Kapitel erfahren Sie, was man bei der Gartengestaltung beachten sollte, um sich für wenig Geld einen wunderbaren Wohlfühlgarten zu schaffen.

Geht es Ihnen auch so? Die Festlichkeiten der Weihnachtszeit sind vorbei, ein neues Jahr hat gerade begonnen und man denkt so manches Mal schon an den Frühling – und den Garten. Wollte man nicht im vergangenen Herbst ein Beet versetzen, da der nachbarliche Baum bereits zu viel Schatten wirft, einem unansehnlichen Eck noch vor den ersten Grillpartys neues Leben einhauchen oder ein Hochbeet für das Gemüse anlegen – wenn nur die Kosten nicht wären! Die langen Winterabende bieten sich an, die Gedanken schweifen und seiner Phantasie freien Lauf zu lassen. Egal, ob Sie einen Garten neu anlegen, ein Beet umgestalten oder Ihren Stadtbalkon in ein schönes grünes Refugium verwandeln möchten: Gut begonnen ist halb gewonnen! Denn eine umsichtige Planung hilft nicht nur Zeit, sondern vor allem Geld zu sparen und viele unliebsame Überraschungen können durch sorgfältige Überlegungen vermieden werden. Aber bevor Sie zu Papier und Bleistift greifen, sehen Sie sich Ihren Freiluft-Raum genau an. Beachten Sie das Mikroklima (Sonne, Wind und Wasser) und analysieren Sie Ihren Boden. So können Sie vermeiden, dass Sie Pflanzen falsch platzieren, wo sie zu wenig Licht bekommen oder gar eingehen könnten.

In diesem Kapitel finden Sie alle wichtigen Informationen, wie Sie Ihren Freiluft-Raum am besten nach den äußerlichen Gegebenheiten planen, gestalten und anlegen. Wer mit der Natur und den Eigenheiten des Gartens oder Balkons arbeitet, spart viel Geld, Zeit und Nerven!

Ein nach Süden ausgerichteter Hanggarten mit Lavendel, Bodendeckerrosen, Wollziest und Gräsern.

Den Standort analysieren, um die passenden Pflanzen zu wählen

Das Mikroklima am Balkon und im Garten

Wenn Ihr Garten, Balkon oder die Terrasse bereits alte Bekannte sind, kennen Sie sicher schon viele der Eigenheiten. Sie wissen zum Beispiel, dass der Boden an der linken Hausmauer oft von Morgenfrost bedeckt ist, dass das Klima am südseitigen Balkon im Sommer dem der Sahara ähnelt oder dass vor allem im Herbst zwischen Garage und Haus ein flottes Lüftchen wehen kann. Es scheint logisch, dass im sommerheißen Balkon keine zarten Salatpflänzchen gedeihen und die Fleißigen Lieschen trauern, und dass in der zugigen Einfahrt die schöne Clematis, die mit so viel Zuversicht und Hoffnung gepflanzt wurde, vor sich hin kümmert. Aber oft denkt man gerade nicht an **mikroklimatische Ursachen**, sondern müht sich mit ständigem Gießen, teuren Pflanzen und vielversprechenden Pflanzenschutz- und Düngemitteln ab, um die geliebten grünen Freunde am Leben zu erhalten. Jeder Garten, ja sogar jeder Balkon, hat sein eigenes Mikroklima: die Wechselwirkung zwischen Temperatur, Feuchtigkeit, Wind und Sonneneinstrahlung auf kleinstem Raum. So ist das Mikroklima auf einer ungeschützten Nordseite eines Hauses anders als das auf einer nach Süden ausgerichteten Terrasse. Sogar das Mikroklima innerhalb eines Hügelbeetes kann unterschiedlich sein und hängt davon ab, aus welcher Richtung der Wind weht und ob die Seiten des Beetes vormittags oder nachmittags von der Sonne erwärmt werden.

Temperatur ist nicht gleich Licht

Ein wichtiger Faktor des Mikroklimas ist die Temperatur. Die Tagestemperaturen hängen stark von der **Sonneneinstrahlung** ab, während Nachttemperaturen von **Wärmerückstrahlung** (z. B. von Mauern, Steinen oder Wasserflächen), Bewölkung und Wind beeinflusst werden. Man sollte jedoch Vorsicht walten lassen und Temperatur nicht mit Licht gleichsetzen, denn so manche wärmeliebende Pflanze verträgt direktes Sonnenlicht sehr schlecht. Während sich Gräser, Sonnenhut und Tomaten in der prallen Sonne wohlfühlen, lieben Farne, Sterndolden und Gurken ein warmes, aber halbschattiges Plätzchen.

Diese Eberesche (Vogelbeere) steht in der Nähe eines großen Sees an der Südseite der Alpen. Besonders im Herbst und Winter ist hier die Luftfeuchtigkeit sehr hoch, deshalb wachsen viele Flechten auf den Ästen dieses Baumes. Flechten sind übrigens nicht parasitisch, sie benützen den Baum nur als ‚Wohnraum'.

Der Wind: Freund und Feind zugleich

Den Wind, oder die **dominante Windrichtung,** sollte man besonders beim Pflanzen von Kletterpflanzen, jungen Bäumen und wärmeliebenden Stauden bedenken. Warme Winde, wie beispielsweise der Föhn in den Alpen, können die Temperatur erhöhen und selbst im Winter milde, frostfreie Nächte bescheren. Doch meistens senkt der Wind die Temperatur, erhöht **Verdunstung** und **Austrocknung** und verursacht Schäden an Blühstauden, Kletterpflanzen und Setzlingen. Wind kann aber auch zum Freund des Gärtners werden, denn er sorgt für eine **gute Durchlüftung** von Folientunnel und Gewächshaus und trocknet fäulnisempfindliche Pflanzen nach einem Regenguss.

Wind beschleunigt sich, wenn er durch Engstellen bläst, wie z. B. in Durchgängen zwischen Haus und Garage. Das sollte man bei der Planung und beim Kauf von Pflanzen, insbesondere von Kletterpflanzen und Frühlingsblühern, beachten. In städtischen Gebieten sind Windschneisen zwischen Häuserfluchten recht häufig und so mancher Pflanzenliebhaber kann ein Klagelied über verheerende Föhn- und Winterstürme singen. Mit ein bisschen Geschick und wenig finanziellem Aufwand kann man auch aus einem zugigen Balkon einen angenehmen und

Der Türkische Mohn verträgt ein bisschen Schatten. Hier gedeiht er in trockenem Boden neben einer Mauer, die der frostempfindlichen Pflanze im Winter Schutz gewährt.

attraktiven Außenraum gestalten, wo selbst Salat und Kräuter schon im Vorfrühling wind- und frostgeschützt gedeihen (S. 133). Besonders im Frühling und Herbst können in windstillen Nächten kalte Fallwinde **Frostlöcher** verursachen, die vor allem beim Anbau von Obst und Gemüse beachtet werden sollten. Frostlöcher bilden sich gerne bei **Vertiefungen im Boden** (oft nur ein paar Zentimeter tief) und am Fuß von Hängen. Sie sind daher sehr von Wind und Topographie abhängig und können die von Gärtnern und Landwirten gefürchteten Spätfröste verstärken (S. 188).

Feuchte und trockene Stellen effektiv nutzen

Denkt man an Feuchtigkeit, fällt einem gleich Regen, Schnee oder Nebel ein, meteorologische Gegebenheiten, an denen man, zum Kummer mancher, nicht viel ändern kann. Doch auch **Bäume** und **Mauern** können den Feuchtigkeitsgehalt von Luft und Boden beeinflussen. Folglich haben sie eine nicht unbeträchtliche Auswirkung auf das Mikroklima und somit auf das Wachstum und Gedeihen unserer Pflanzen. Mauern, besonders ältere Ziegelmauern, saugen die Feuchtigkeit vom Boden auf und geben sie an die Luft ab, ähnlich wie der Docht einer Kerze das heiße Wachs aufsaugt. Deshalb ist der Boden neben einer Mauer meist trocken, häufig auch während einer Regenperiode.

Auch unter **großen Bäumen** ist der Boden trocken, da z. B. mächtige Laubbäume den Großteil des Wassers aus dem umliegenden Boden für sich beanspruchen. Einen Großteil dessen geben sie allerdings durch Verdunstung wieder ab, so, dass die Erde unter den

1

2

3

1 Obstbäume und frostempfindliche Pflanzen gedeihen an einer geschützten Mauer besonders gut.

2 Der schräge Wuchs dieses freistehenden Baumes lässt sich auf die dominante Windrichtung zurückführen. In diesem Fall kommt der Wind aus Westen.

3 Das Gras unter diesem Baum ist wesentlich kürzer als das weiter entfernte, da die Baumwurzeln viel von den Nährstoffen und dem Wasser für sich beanspruchen.

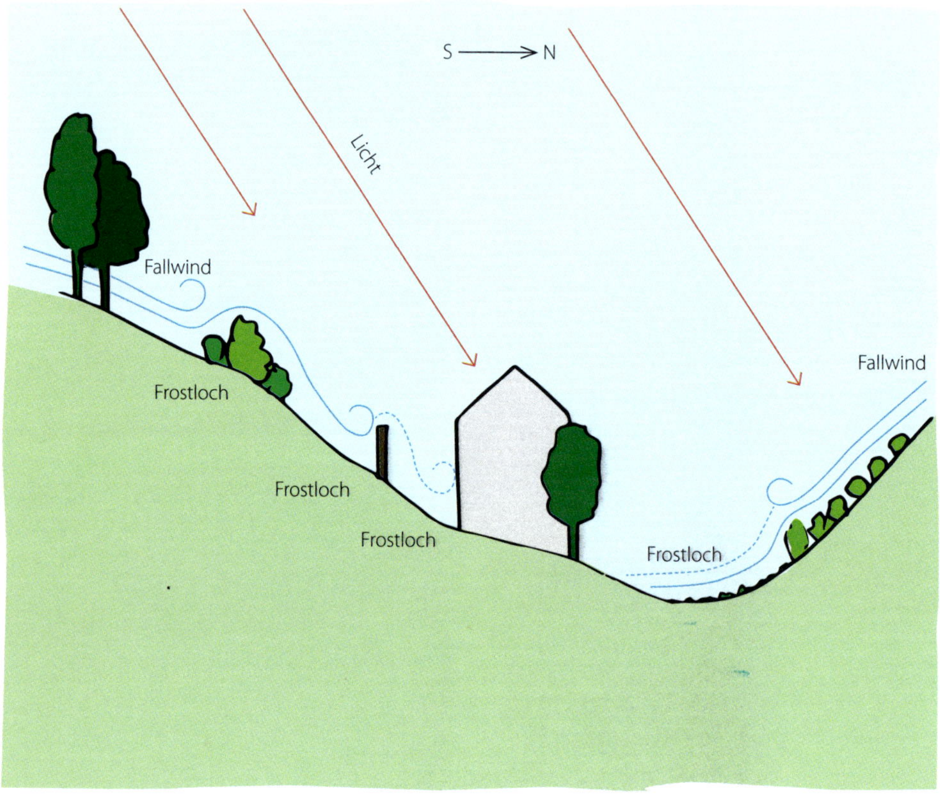

Mauern, Sträucher und Hecken können den Effekt von Fallwinden und Frostlöchern vermindern.

Bäumen zwar trockener, aber dafür im Dunstkreis eines Baumes die Luftfeuchtigkeit höher ist. Wenn man Platz, Kosten und Selbstversorgung bei der Planung berücksichtigen muss, dann wäre man mit **kleineren (Obst)-Bäumen** gut bedient. Diese trinken weniger als große Laubbäume, bieten aber trotzdem einen gewissen Schutz vor Austrocknung, weil selbst kleine Bäume Schatten spenden und die Luftfeuchtigkeit erhöhen. Sie sind gute Weggefährten in einem nach Süden ausgerichteten Garten oder können, wenn geschickt positioniert, einen mediterranen Balkon selbst im Hochsommer erträglich machen.

Ob ein Boden schnell austrocknet oder ob sich selbst bei geringem Niederschlag eine staunasse Zone bilden kann, hängt nicht nur von den klimatischen und mikroklimatischen Verhältnissen ab, sondern auch von der Bodenbeschaffenheit.

Eine Investition, die sich immer auszahlt: Ein guter Boden

Was ist Boden?

Böden bestehen aus einem **mineralischen Anteil**, einer Mischung aus Sand, Schluff (oder Silt) und Ton, aus **Luft** und **Wasser** und aus **organischem Material**. Darunter versteht man Material tierischen oder pflanzlichen Ursprungs, wie z. B. abgestorbene Pflanzenteile, Totholz, Laub, aber auch Tierkot, abgestorbene Bodenorganismen, Bakterien, Pilze und Tierkadaver. Diese pflanzliche und tierische Materie bildet einen Lebensraum für viele verschiedene Bodenorganismen, Pilze und Bakterien, die Wärme und Nährstoffe freisetzen und die Bodenstruktur verbessern. Deshalb sollte der Anteil des organischen Materials bei einem guten Boden mehr als 5 % betragen.

Luft und **Wasser** sind weitere wichtige Bestandteile eines Bodens, denn ohne diese beiden Komponenten würden Bodenorganismen ersticken oder vertrocknen, aber auch die Wurzeln der Pflanzen würden verkümmern und absterben. Wer neu gebaut hat oder auf einem maschinell bearbeiteten Boden versucht hat, einen Gemüsegarten anzulegen, kennt die Probleme, die man mit verdichteten Böden hat. In niederschlagsreichen Monaten kämpft man gegen Staunässe, während in den heißen Sommermonaten ein solcher Boden schnell austrocknet, steinhart wird und verkrustet. Doch die Zugabe von organischem Material kann selbst bei äußerst schwierigen Böden Abhilfe schaffen (S. 121).

Sandige Böden sind leicht zu bearbeiten, eher nährstoffarm und Wasser versickert relativ schnell. Der Boden ist in der Regel gut durchlüftet und erwärmt sich rasch, trocknet aber auch schnell aus.

Lehmböden bestehen aus einer Mischung Sand, Schluff und Ton. Je nachdem, wie viel dieser drei Materialien ein Lehmboden enthält, ist es entweder ein sandiger oder toniger Lehmboden. Ein sandiger Lehmboden

Königskerzen, Oregano und Lavendel gedeihen prächtig in einem Beet an der Hausmauer, dessen Boden mehr oder weniger aus Kies, Bauschutt und Sand besteht und nur mit ein bisschen Pferdemist verbessert wurde.

Etwas größere Bodenorganismen in einem sandigen Lehmboden, der einen relativ hohen Anteil an organischem Material hat. **A:** Tausendfüßler, **B:** Regenwurm, **C:** Laufkäfer, **D:** Ameisen und Eier.

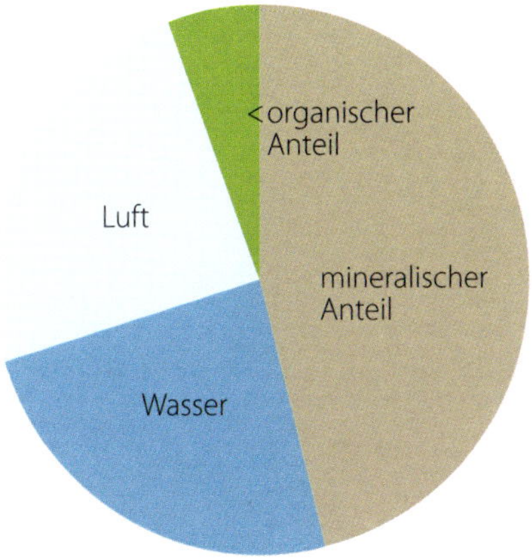

Ein Boden besteht aus ca. 25 % Wasser, ca. 25 % Luft, aus 1–10 % organischem Material und dem mineralischen Anteil (Sand, Schluff, Ton).

hat die Vorteile eines Sandbodens, bindet aber Wasser besser und enthält in der Regel mehr Nährstoffe als dieser. Ein toniger Lehmboden ist schwerer und kälter, aber auch nährstoffreicher und ein guter Wasserspeicher.

Tonige Böden sind schwere und oft nasse Böden, die sich aus feinsten mineralischen Bestandteilen zusammensetzen, die eng aneinander kleben, ohne dabei viel Platz für Luft oder Wasser zu lassen. Sie sind schwer zu bearbeiten, verdichten schnell und können Staunässe verursachen. Allerdings sind sie aufgrund ihrer Mineralien auch sehr nährstoffreich und sollten mit Hilfe von organischem Material oder durch Gründünger gelockert werden.

Der Boden kann selbst auf kleinem Raum sehr unterschiedlich sein

Auf einem Grundstück findet man häufig recht unterschiedliche Böden. Dort, wo vielleicht früher einmal ein Gemüsebeet stand, ist der Boden locker und reich an Humus, in der Einfahrt wird man auf einen sandigen, steinigen Boden treffen und wo einst eine Rasenfläche war, kann der Boden lehmig und kompakt sein. Das sollte man bedenken, wenn man Beete für Gemüse oder Kräuter anlegen und pflanzen möchte. Viele Kräuter reagieren empfindlich auf staunassen Boden, fühlen sich dagegen in einem gut durchlässigen, steinig-sandigen Boden wohl, beispielsweise Rosmarin, Thymian, Salbei und Lavendel.

GUT ZU WISSEN

Die Fingerprobe

Man nimmt ein bisschen feuchten, aber nicht nassen Boden, versucht ihn zu kneten und einen Kringel zu formen. Lässt sich ein Kringel formen (A), ist das ein tonig-lehmiger Boden. Je leichter er sich formen lässt und je glänzender der Boden ist, desto mehr Ton enthält er. Kann man einen Ball oder eine Wurst, aber keinen Kringel formen, ist es ein lehmiger Boden (B). Je mehr Sand ein Boden enthält, desto schwerer lässt er sich formen.

A

B

Trockener, sandiger, nährstoffarmer Boden

Oft ist der Boden gerade rund **um Gebäude** besonders **trocken**, **nährstoffarm** und bauschutthaltig. Hier wäre eine Änderung der Bodenbeschaffenheit sinnvoll, allerdings könnte man auch aus der Not eine Tugend machen und statt empfindlicher, nährstoffliebender Zierpflanzen dort ein buntes Beet mit Kräutern und trockenheitsliebenden Sommerblühern, wie z. B. Indianernessel und Sonnenhüte anlegen. So hätte man den Vorteil, dass die Kräuter in der Nähe des Hauses wachsen, man muss also nicht quer durch den Garten laufen für eine Handvoll Thymian, Rosmarin oder Majoran (S. 24). Zudem muss hier nur bei extremer Trockenheit gegossen werden, selbst wenn sich das Beet unter einem Vordach oder neben einer Mauer befindet. Da das Mikroklima nahe am Haus oft milder ist als im restlichen Garten, treiben Kräuter und Blumen früher aus und sind bis in den Spätherbst grün, da sie vor leichten Herbstfrösten geschützt sind.

GUT ZU WISSEN
Die Schlammprobe

Ein leeres Marmeladen- oder Gurkenglas füllt man zu ca. 1/3 mit Boden/Erde, nachdem man Wurzeln, grobes Material, die Grasnarbe, Holzstückchen etc. entfernt hat. Das Glas mit Leitungswasser bis ca. 1 cm vom Rand auffüllen. Deckel drauf und sehr gut schütteln! An einem schattigen Platz das Glas stehen lassen, bis das Wasser (relativ) klar ist. Das dauert zwischen einer Stunde und einem halben Tag, je nachdem wie viel organisches und feines Material im Boden vorhanden ist. Mit einem Lineal kann man dann die Höhe der einzelnen Schichten messen (Foto 4 : 7+3+15+12=37) und von der Gesamthöhe (37 mm) des Bodenanteils den ungefähren prozentuellen Anteil der einzelnen Bodenbestandteile ausrechnen (obiges Beispiel: Gesamthöhe 37 mm = 100 %, somit wäre der Anteil der 12 mm Sandschicht ca. 32 %, der des organischen Materials ca. 19 %).

Schwere, verdichtete Böden

Mit einer gut durchdachten und kreativen Pflanzenauswahl kann man relativ einfach auf trockenen und nährstoffarmen Böden ein blühendes Paradies schaffen. Anders verhält es sich mit **verdichteten Böden.** Da sie kaum Luft oder Wasser enthalten, kann man selbst mit viel Phantasie und einem enzyklopädischen Pflanzenwissen nicht viel ausrichten. Wenn Pflanzenwurzeln nicht wachsen und keine Nährstoffe und Wasser aufnehmen können, werden die meisten Pflanzen nicht gedeihen. Bei **Neubauten** wird manchmal auf dem von Baumaschinen verdichteten Boden eine dünne Schicht humushaltige Erde aufgetragen. Das sieht zwar hübsch und gesund aus, aber da diese Schicht oft nicht mehr als ein paar Zentimeter tief ist, wird außer Rasen (und eventuell ein bisschen Löwenzahn und Schachtelhalm) nicht viel wachsen. Und selbst dieser ist **staunässeempfindlich**, da die Wasserpfützen die Luft, die der Rasen zum Wachsen und Gedeihen braucht, ausschließen und die Gräser somit ersticken (S. 118). Sollte man sich daher in der unglücklichen Lage befinden, einen verdichteten Boden zu haben, hilft

– 19 –

Eine Investition, die sich immer auszahlt: Ein guter Boden

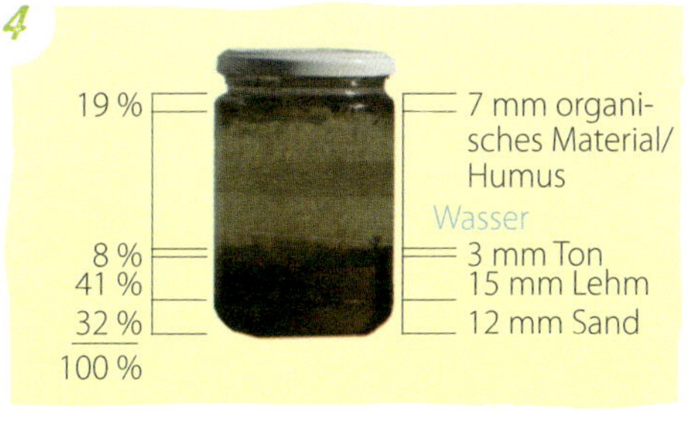

1 Eine Spinne auf der Jagd auf einem humosen, lockeren, sandig-lehmigen Gartenboden.

2 Querschnitt eines Lavabodens (schwarz) mit einer dünnen Schicht aus humushaltigem Oberboden (ockerfarben). Die Pflanzenwurzeln dringen tief in den Boden, um Wasser und Nährstoffe aufzunehmen.

3 Boden A ist ein sandiger Lehmboden, B ein sandiglehmiger Boden mit organischem Material und C kommerziell erhältliche Blumenerde.

4 Glas B enthält mehr Ton und Lehm als Sand, daher ist diese Probe ein sandiger Lehmboden mit organischem Material. Mit der Schüttelmethode können die Anteile der jeweiligen Bodenbestandteile nur geschätzt werden, wer es ganz genau wissen will, sollte eine Bodenprobe zur Analyse senden.

5 Ein Boden wird je nach Korngröße des mineralischen Anteils typisiert. Bei Ton ist der mineralische Anteil sehr fein, Sand ist grob und bei Schluff liegt er in etwa in der Mitte. Ein lehmiger Boden stellt eine Mischung aus Ton, Sand und Schluff dar.

nur eine gute Bodenbearbeitung und die Zugabe von organischem Material oder, wenn es nicht schnell gehen muss, Gründüngung (S. 34).

Den Boden selbst analysieren: Einfach, schnell und mit Hausmitteln

Wie erkennt man aber nun mit einiger Sicherheit, welchen Boden man hat? Es gibt verschiedene Methoden, um die **Bodenart** festzustellen: Diese reichen von einer genauen, aber kostspieligen Laboranalyse bis hin zu einfachen Hausrezepten, die schon unsere Großeltern angewandt haben. Im Fachhandel erhält man einfache bis sehr umfangreiche Bodenanalyse-Sets, um den pH-Wert eines Bodens zu bestimmen. Diese geben nicht nur Auskunft über die Bodenart und den Anteil organischen Materials (Humus), sondern auch über den pH-Wert und den Anteil der Pflanzennährstoffe Phosphor, Kalium und Magnesium im Boden. Der **pH-Wert** eines Bodens, wie **sauer** oder **kalkig** bzw. alkalisch ein Boden ist, hängt von seiner Beschaffenheit ab, d. h. welche Mineralien er enthält, wie viel Wasser er aufnehmen kann und welche Pflanzen auf ihm wachsen. Je niedriger der pH-Wert, desto saurer, je höher, desto alkalischer. So hat z. B. Zitronensaft einen pH-Wert von 2–3, Seifenlauge ca. 9. **Die meisten Pflanzen gedeihen am besten auf einem neutralen Boden**, der einen pH-Wert zwischen 6 und 7 hat. Es gibt ein paar Ausnahmen, wie z. B. Heidelbeeren, Preiselbeeren, Azaleen und Rhododendren, die einen sauren, moorigen Boden brauchen, oder Steingartenpflanzen, die nur auf kalkhaltigen Böden wachsen. Als Faustregel gilt, dass Gemüse eher auf alkalischem als auf saurem Boden gedeiht (deshalb oft die Zugabe von Kalk auf Feldern, in Gemüse- und Bauerngärten), Obstbäume und Beerenobst aber einen neutralen bis leicht sauren Boden bevorzugen.

Wer selbst untersuchen möchte, wie sauer der Boden ist, kann das ganz einfach mit Hilfe von

☞ GUT ZU WISSEN
pH-Wert bestimmen mit Rotkrautsaft

Eine Handvoll Rotkraut wird fein gehackt und ca. eine Stunde in 1/4 Liter erhitztem destilliertem Wasser eingeweicht. Das Wasser-Rotkraut-Gemisch wird abgeseiht, über bleibt nur der violette Saft. Diesem werden zwei Esslöffel einer gut durchmischten Bodenprobe beigefügt und die Farbe überprüft. Wenn sich der Saft ins Pinke verfärbt, hat man es mit einem sauren Boden zu tun, bei einer blau-grünen Verfärbung ist der Boden alkalisch.

Rotkraut-Test. Im linken Glas wurde kalkhaltiger Boden zugegeben, im rechten Moorerde. In der Flasche in der Mitte befindet sich der Rotkrautsaft.

GUT ZU WISSEN

pH-Wert bestimmen mit Essig und Backpulver

Für den Essig-Backpulver-Test wird in einem Glas ein Gemisch aus einem Päckchen Backpulver und Wasser hergestellt, das andere wird mit Essig gefüllt. Jeweils ein Esslöffel Bodenprobe wird in die Gläser gefüllt und gut verrührt. **Kalkhaltige Böden** schäumen im Essigglas, während **saure Böden** im Backpulver-Gemisch zischen.
Wenn sich weder beim Rotkrautwasser, noch beim Backpulvergemisch oder Essig eine Reaktion zeigt, ist der Boden **pH-neutral**.

Typischer Bauschutt-Boden eines Neubaus. Hier hat sich noch dazu Raps angesiedelt, der möglichst vor der Blüte samt Wurzeln ausgerissen werden sollte.

Wiesensalbei findet man auf kalkhaltigen Böden.

Essig-Backpulver-Test. Im linken Glas befindet sich Essig (und kalkhaltiger Boden), im rechten die Backpulvermischung. Backpulver verfärbt sich bei Zugabe von Wasser manchmal rosa-pink.

Zutaten aus dem Küchenschrank tun, jedoch sollten die Ergebnisse dieser Tests nur als Anhaltspunkt verstanden werden. Wer seinen Boden etwas genauer bestimmen möchte, kann sich für ein paar Euro pH-Testkits im Baumarkt kaufen, und wer es ganz genau wissen will, kann eine Bodenprobe an ein Labor schicken.

Kleiner Tipp: Einige Wildpflanzen können Hinweise zum pH-Wert des Bodens geben (Tabelle, S. 165). So wachsen z. B. Ackerwinde und Taubnessel auf eher kalkhaltigen Böden, während Sauerampfer und Hundskamille leicht saure Böden bevorzugen.

Ein Gartenplan hilft Kosten zu senken

Man besucht eine Gärtnerei oder einen Pflanzenmarkt, nur um sich einmal umzuschauen. Kurze Zeit später findet man sich plötzlich an der Kassa wieder, voll beladen mit hübschen Zierstauden und köstlichen Gemüsepflanzen, für die man „schon irgendwo ein Plätzchen finden wird".

Die ersten 12 Monate darf man noch relaxen

Wenn man in ein neues Haus einzieht, bewährt sich die Permakultur 12-Monats-Faustregel: „Errichte in den ersten 12 Monaten keine permanenten Strukturen und warte einen ganzen Jahresablauf ab." Erst im Laufe eines Jahres sieht man, wie die Schatten fallen, welche Standorte windig oder kühl sind und man kann in Ruhe überlegen, wie man den Garten eigentlich gerne hätte. Im Frühling hatte man gedacht, dass ein Sitzplatz umrahmt von Sommerblühern links vom Haus am besten wäre. Im Sommer findet man dann heraus, dass es gerade dort, wo man sich gerne im Gartenstuhl zurücklehnen möchte, viel zu heiß wird. Deshalb sollte man im ersten Jahr nicht nur auf das Errichten einer Laube oder Pergola verzichten, sondern auch das Setzen größerer Gehölze und Bäume genau überlegen.

Die Versuchung ist groß, einfach darauflos zu gärtnern, ohne viel Zeit mit der Planung, dem Budget und dem Zeichnen zu vergeuden. Allzu oft stellt sich allerdings heraus, dass gärtnerische Spontanaktionen mehr Schaden als Nutzen bringen! Im Nachhinein findet man heraus, dass das mühsam angelegte Hügelbeet schon mittags von Nachbars Buche beschattet wird, dass manche Hecken höher wachsen als man dachte und nun die Aussicht verstellen, und dass sich genau dort, wo die empfindlichen Rosen gepflanzt wurden, ein Frostloch befindet. Aus den Augen und aus dem Sinn sind Kräuter und Salat, seit sie ans hintere Ende des Gartens verbannt wurden. So manch ein teuer erstandener Gartenbewohner möchte sich gar nicht mit seinem neuen Zuhause abfinden und verschwindet daher meist relativ rasch. Ein **Ändern** der Anlagen oder ein Umpflanzen **erfordert** nochmals **Zeit und Mühe** und ist häufig mit **zusätzlichen Ausgaben** verbunden.

Wie exakt man einen Garten- oder Bepflanzungsplan entwirft, hängt sehr vom persönlichen Geschmack, vom Zeitaufwand und von den örtlichen Gegebenheiten ab. Es ist jedoch ratsam, nicht unbedingt den ersten Entwurf sofort in die Tat umzusetzen, sondern auch eine **zweite oder dritte Variante** zu zeichnen. Danach die Entwürfe erst einmal ruhen lassen und sich nach ein paar Tagen (oder Wochen) entscheiden.

Mit Entwurfsskizzen einen Überblick verschaffen

Bekanntlich ist Papier ja geduldig und der Phantasie sind auch keine Grenzen gesetzt, daher empfiehlt es sich, **vor einer Um- oder Neugestaltung** eines Gartens, oder sogar **vor der Anlage eines Gemüsebeetes** oder einer Terrassenbegrünung einen Entwurf anzufertigen. Es muss jedoch kein maßstabgetreuer, architektonisch-genauer Plan sein, meistens reicht eine Skizze.

Betriebsblindheit vermeiden

Der erste Schritt sollte das Abmessen des Grundstücks sein. Bei dieser Tätigkeit lohnt es sich, seinen Garten noch einmal genau in Betracht zu nehmen. Selbst wenn man schon viele Jahre einen Garten hat und glaubt, sein Grundstück gut zu kennen, übersieht man im täglichen Leben oft Details, die bei einer Gartenplanung wichtig sein können. So würde z. B. eine fast überwachsene Betonplatte oder ein alter Wurzelstock, die man bis jetzt ignoriert hat, stören, wenn man genau dort ein neues Beet anlegen möchte. Vielleicht hat man sich daran gewöhnt, dass es nach einem Regen an einem bestimmten Standort länger feucht bleibt. Sollte man jedoch planen, dort trockenheitsliebende Stauden zu pflanzen, wird man an dieser Stelle den Boden besonders sorgfältig vorbereiten müssen.

GUT ZU WISSEN

Ein Ratgeber-Spruch aus dem Jahre 1956, der sich immer noch bewährt:

„Wie groß soll der Garten sein? Beschränkt eure Wünsche und wählet den Raum klein, sehr klein!"

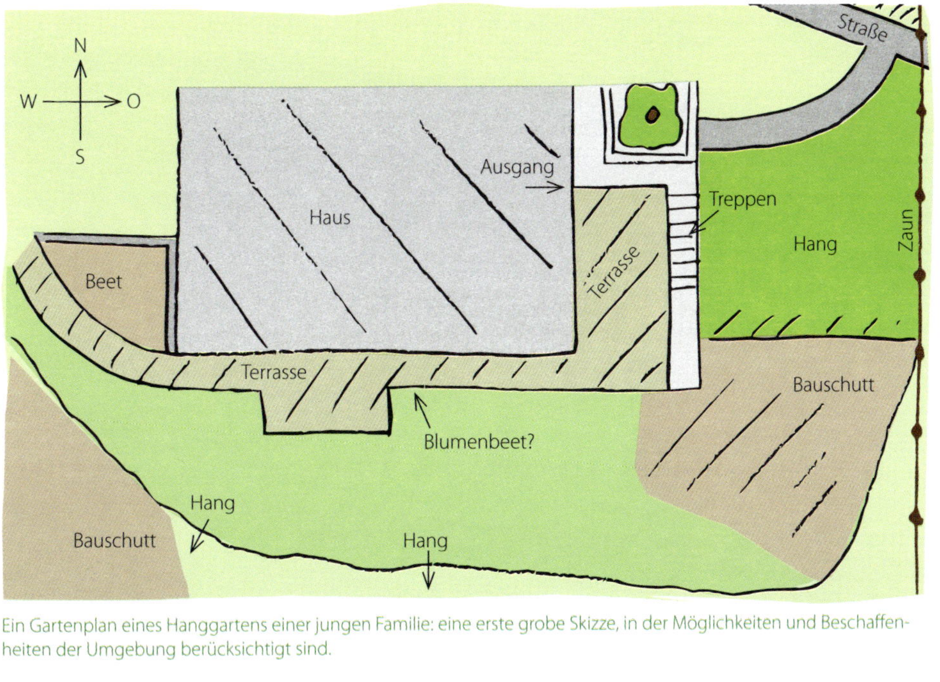

Ein Gartenplan eines Hanggartens einer jungen Familie: eine erste grobe Skizze, in der Möglichkeiten und Beschaffenheiten der Umgebung berücksichtigt sind.

Mit dem Gelände und den vorhandenen Strukturen arbeiten

Beim Abmessen sollte man möglichst genau sein. Nicht nur die Außengrenzen und Winkel des Grundstückes, sondern auch **permanente Strukturen** (z. B. Brunnen, Gartenhaus, Telefonmasten), **klimatische Eigenheiten** (z. B. Frostlöcher, Windschneisen) und **große Pflanzen** (z. B. Bäume und Hecken) sollten relativ genau eingezeichnet werden. Gefälle und Höhenunterschiede sollte man, so weit wie möglich, notieren.
Diese Daten werden auf ein Millimeterpapier oder zumindest auf **kariertes Papier** übertragen, anschließend werden die Himmelsrichtungen eingezeichnet – der Grundstücksplan ist fertig! Man gibt eine Transparentfolie (oder auch Backpapier oder Butterpapier) auf den Grundstücksplan und fängt an zu planen. Es empfiehlt sich, zuerst größere Strukturen und Pflanzen einzuzeichnen und, falls nötig, detaillierte Bepflanzungspläne auf einem separaten Papier zu entwerfen.

Den Garten in Zonen einteilen, um ihn effizient zu nützen

Ein alter Gärtnerspruch besagt, dass die schönsten Pflanzen vor dem Wohnzimmer wachsen und dass vor dem Küchenfenster die besten Gemüsepflanzen gedeihen! Das hat ganz einfach damit zu tun, dass wir den Dingen, die wir sehen, mehr Beachtung schenken. In der **Permakultur** wird diese alte Weisheit angewandt, indem man seinen Garten oder sein Grundstück **in Zonen** einteilt. Die dem Haus am nächsten gelegene Zone sollte Pflanzen beherbergen, die pflegebedürftig sind (z. B. Exoten, Rosen) oder die man oft verwendet (z. B. Kräuter, Salat und rasch wachsendes Gemüse). Um Kosten zu sparen, sollte beim Pflanzen- und Samenkauf Ähnliches gelten wie beim Planen und Entwerfen: Papier ist geduldig! Machen Sie sich eine **Liste von Wunschpflanzen** und schätzen Sie anhand Ihrer Skizze, Ihres Budgets und Ihres Bepflanzungsplans ab, **wie viele grüne Mitbewohner Sie wirklich brauchen**. Selbst bei rigoroser Einschränkung kommt es oft vor, dass man viel zu viele Pflanzen oder Samen erworben hat. Diese könnte man allerdings mit Nachbarn, Freunden und Familie oder über Internet-Samenbörsen tauschen, kaufen und weitergeben.

Planungshilfen

Im Internet findet man kostenlose Online-Gartenplanungs-Programme, die man sich gegen Registrierung herunterladen kann. Nicht alle halten, was sie versprechen, und viele sind besonders bei unregelmäßigen, komplexeren Grundstücken mit unterschiedlichem Höhenprofil nur bedingt einsetzbar. Nur wenige der Online-Gartenplaner bieten eine Pflanzenauswahl oder 3D-Profile des Gartens an. Aber Vorsicht: Elektronische Gartenplaner können die fachlichen Kenntnisse eines Gärtners über Boden, mikroklimatische Verhältnisse, Licht- und Schatteneinfall nicht ersetzen!

Ein Gartenplan hilft Kosten zu senken

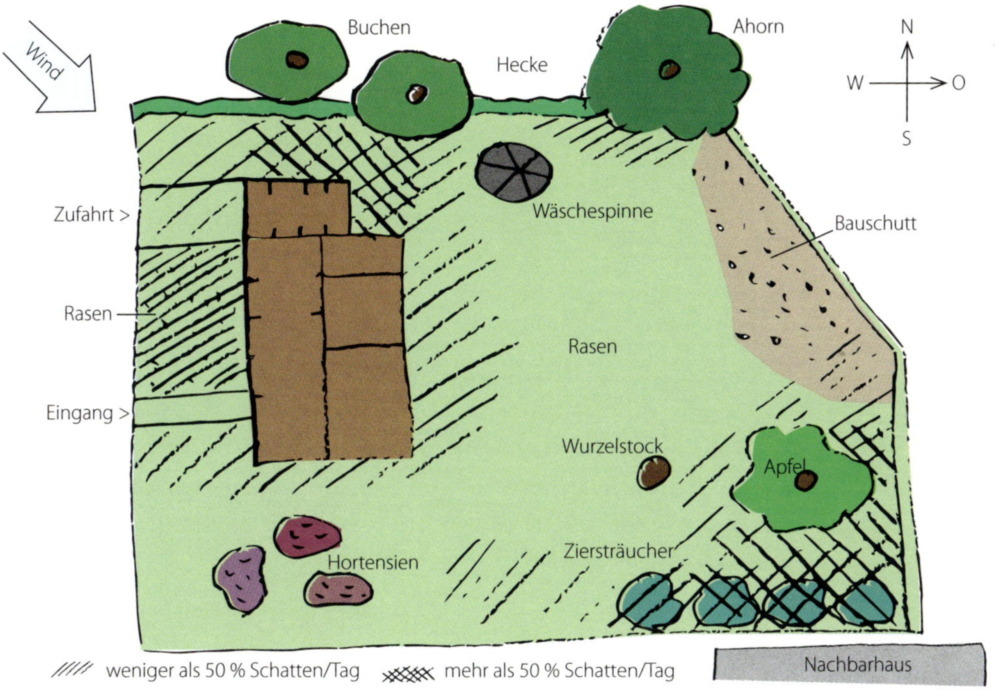

Ein Grundstücksplan, in dem Schatten, permanente Strukturen und Windrichtung eingezeichnet sind.

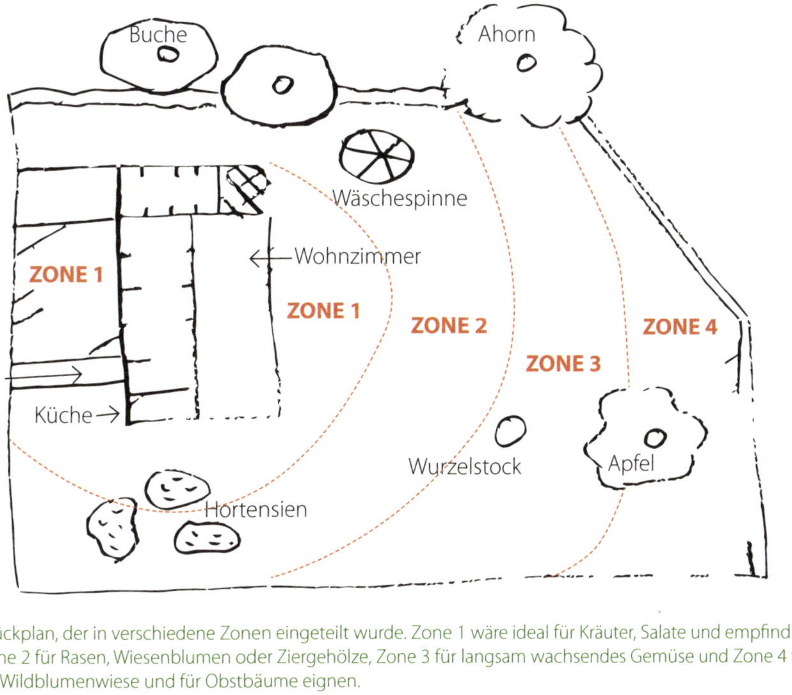

Ein Grundstückplan, der in verschiedene Zonen eingeteilt wurde. Zone 1 wäre ideal für Kräuter, Salate und empfindliche Pflanzen, Zone 2 für Rasen, Wiesenblumen oder Ziergehölze, Zone 3 für langsam wachsendes Gemüse und Zone 4 würde sich für eine Wildblumenwiese und für Obstbäume eignen.

Gärtnern im alten Stil verbessert den Boden und bringt reichen Ertrag

Das Leben ist zu kurz, um immer saubere Fingernägel zu haben: Hier erfahren Sie, wie Sie guten Boden selbst analysieren, Gemüsebeete erfolgreich anlegen und warum Mischkultur Geld, Nerven und Arbeit sparen kann.

Können Sie sich noch an Hydrokultur erinnern, die in den 1980er-Jahren so populär wurde? Man freute sich über die sauberen Tonkügelchen im Topf und war der Meinung, dass mit den Pflanzen nichts schief gehen konnte, wenn man sie nur fleißig aus dem Hydrokultur-Zauberfläschchen düngt (und manchmal abstaubt). Ein paar Jahrzehnte später und Hydrokultur wirkt so verstaubt und künstlich wie Schulterpolster, Dauerwellen oder grell-orangefarbene Leggings. Inzwischen hat man den Weg zurück zur Natur eingeschlagen, versucht so schadstofffrei und ressourcenschonend wie möglich zu leben und so mancher bastelt aus dem ‚Gerümpel' vom Dachboden so allerhand Hübsches und Praktisches. Das spiegelt sich auch in unserer Art zu gärtnern wider. Urban Gardening, Gemeinschaftsgärten, zu Gemüsebeeten umfunktionierte Rasenflächen und Naturgärten, werden immer beliebter und das Interesse an traditionellen Arbeitsmethoden wächst.
Hydrokultur und Mineraldünger machen Platz für Kompost, Mist und Regenwürmer. Ein Hoch den dreckigen Fingernägeln!

Die Bodenverbesserer: Kompost, Pferdemist & Co

Organisches Material ist das Gold der Gärtner, Biobauern und Landwirte. Alle Bodentypen profitieren von der Zugabe organischen Materials, denn es erhöht nicht nur den Nährstoffgehalt und die Wasserspeicherfähigkeit, es bietet einen Lebensraum für Bodenorganismen und schützt vor Staunässe und Erosion. Die meisten Nährstoffe im Boden sind für Pflanzen nicht direkt verfügbar und können erst nach der Verwitterung der Mineralien, bzw. der Zersetzung des organischen Materials, aufgenommen werden. Diese Zersetzung erfolgt zum Großteil durch die Verdauungsvorgänge der Bodenlebewesen, wobei **Mikroorganismen** eine Hauptrolle spielen. Samen scheinen dies zu „wissen", denn sie können verschiedene Substanzen, beispielsweise Zucker, Proteine und Aminosäuren in den Boden abgeben, um das Wachstum mancher Bakterien zu stimulieren und um das anderer Mikroben zu hemmen.
Die Zugabe von organischem Material, beispielsweise von Kompost, Mist oder Wolle, ist daher nicht nur bei einer Neuanlage eines Beetes wichtig, sondern sollte auch regelmäßig als Teil der Pflege durchgeführt werden.

Ein Bauerngarten in Pink- und Blautönen. Duft-Wicken brauchen einen nährstoffreichen, feuchten Boden.

Wenn Kosten keine Rolle spielen, kann man allerhand Bodenverbesserer vom Fachhandel erstehen. Kostengünstiger und umweltfreundlicher ist es allerdings, diese selbst herzustellen. Auf den nächsten Seiten finden Sie ein paar Vorschläge dazu.

Kompost: Pflanzennährstoffe selbst gemacht

Viele Gartenbesitzer haben einen **Komposthaufen,** dessen Endprodukt ein unverzichtbares Hilfsmittel im Garten geworden ist und einen Besuch im Gartencenter erspart. Einfassungen für einen Komposthaufen sind leicht selbst gemacht. Es bieten sich Paletten, Drahtgitter oder alte Bretter an, die zu einer oben offenen Kiste zusammengenagelt werden. Da ein Komposthaufen üblicherweise in einer versteckten Ecke des Gartens steht, könnte man sich durchaus mit **weniger attraktiven Materialien** zufrieden geben. Man sollte darauf achten, dass man freien Zugriff zum Kompost hat, um ihn zu bearbeiten und gegebenenfalls umzusetzen.
Um guten Kompost aus allerlei Küchen- und Gartenabfällen zu bekommen, sollte man bedenken, dass ein Komposthaufen

Die Wurzeln von Leguminosen bilden Knollen, in denen symbiotische Bakterien leben, die der Pflanze helfen, Stickstoff aufzunehmen. Deshalb eignen sich Leguminosen, wie z. B. Lupinen besonders gut als Gründünger oder Kompostverbesserer.

- **direkt auf dem Boden** stehen soll, um Bodenorganismen freien Zugang zu den Abfällen zu ermöglichen
- aus **abwechselnd grünen und braunen Schichten** bestehen soll, beispielsweise eine Schicht Laub, danach eine Schicht Küchenabfälle, darauf eine Schicht Rasenschnitt, wieder eine Schicht Laub etc.
- im **Halbschatten** stehen soll, um nicht auszutrocknen
- **kein** Fleisch, Fett, bedruckten Karton oder Kohleasche enthalten soll
- **ein- bis zweimal im Jahr umgesetzt** werden soll. Es hilft der Durchlüftung, das kompostierende Material wird durchmischt und der Kompostierungsprozess wird beschleunigt.

GUT ZU WISSEN

Tomaten mögen Fisch

Anscheinend sind Tomatenpflanzen Fischliebhaber, denn ein unter der Pflanze eingegrabener Fisch soll diese stärken und zu reicher Ernte führen. So abwegig dies klingt, es könnte etwas Wahres dran sein. Das Fischfleisch enthält viel Stickstoff, Phosphat und Spurenelemente, die das Wachstum von Tomatenpflanzen unterstützen könnten. Wenn man es ausprobieren möchte, sollte man einen kleinen Fisch (oder auch Fischabfall) ca. 20 cm tief unter dem Tomatensetzling eingraben, so dass der Fisch(abfall) Zeit zum Verrotten hat und seine Nährstoffe freisetzt, wenn die Tomatenwurzeln ihn erreichen.

Pflanzen brauchen Phosphor, um Blüten und Früchte auszubilden. Daher enthält Tomaten- und Blumendünger mehr Phosphor und Kalium als Rasendünger.

Kompostgaben: Weniger ist mehr

Wenn man bereits einen relativ guten, lockeren Gartenboden hat, reicht eine Kompostgabe von 5 Litern je m^2 pro Jahr, um die Versorgung der Pflanzen mit wichtigen Nährstoffen und Mineralien zu sichern. Bei Starkzehrern, wie z. B. bei Kürbissen und Gurken sollte man die Kompostgaben erhöhen oder es mit einem Kompostgraben oder Mistbeet versuchen. Wer einen besonders schweren, lehmigen Boden hat, sollte mindestens 10 Liter je m^2 Kompost oder gut verrotteten Pferdemist zugeben. Am besten im Spätherbst (wenn sich das Eichenlaub zu verfärben beginnt) oder im Winter.

Kompostgräben für Eilige

Anstelle eines in die Höhe wachsenden Komposthaufens werden hier **Küchen- und Gartenabfälle in Gräben verteilt.** Kompostgräben eignen sich besonders gut für hungriges Gemüse, da die Pflanzen ihre Wurzeln direkt in den Kompost senken.

Im späten Herbst oder im Winter an frostfreien Tagen, wird ein Graben im Beet ausgehoben und abwechselnd mit einer Schicht Abfälle oder einer Schicht Erde, bzw. Boden, gefüllt. Die letzte Schicht sollte aus 2–3 cm hoher Erde bestehen. Mit dem Blühen der Krokusse sollte der Graben gefüllt sein und nun wird er mit Erde abgedeckt. Während der warmen Frühlingswochen verstärkt sich der Verrottungsprozess und Nährstoffe werden freigesetzt. Ein wärmender Kompostgraben schützt auch frostempfindliche Pflanzen, so kann man bereits mit dem Aufblühen des Flieders Kürbis, Paprika und Melanzani setzen (S. 59).

1

2

3

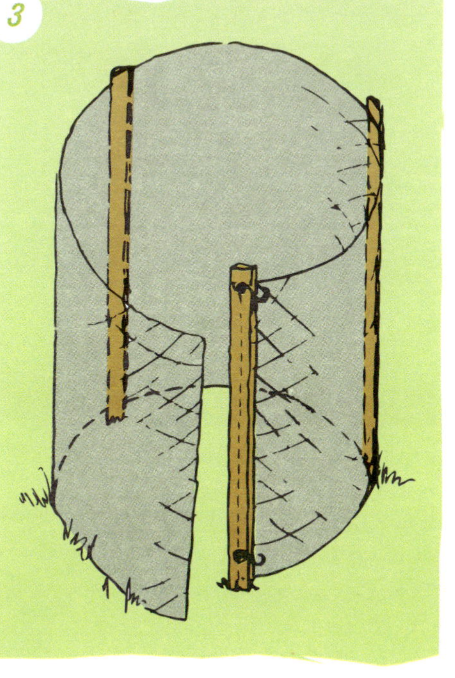

1 Kompostgräben werden ca. einen Spatenstich tief und 1 1/2 Spatenstiche breit ausgehoben. Auf den Schollen zwischen den Gräben werden die Jungpflanzen gesetzt.

2 Vierkanthölzer, auf die alte Holzbretter genagelt wurden, sind eine einfache und preiswerte Lösung für die Einfassung eines Komposthaufens (Grüne Oase, Preding, Steiermark).

3 Komposthaufen-Einfassung aus einem Stück Drahtgitter. Dreikant- oder Rundhölzer werden in einem Dreieck in den Boden gesteckt. Eine Seite des Gitters wird an einem Holz befestigt, das Drahtgestell wird rund gebogen, so dass das Gitter auf der Innenseite der Hölzer anliegt. Auf die Außenseite des Holzes, an dem das Gitter befestigt wird, kommen ein paar Haken, in denen man das Gitter einhängen und somit schließen kann.

1 Ein fertiger Komposthaufen zwischen Strohballen eingebettet. Diese speichern Wärme und helfen so, den Verrottungsprozess zu beschleunigen.

2 Regenwürmer sind wichtige „Kompost-Arbeiter". Sie lockern den Boden und düngen ihn gleichzeitig.

3 Der Vogelnestpilz (*Cyathus stercoreus*), wächst auf nährstoffreichen Böden, die alten, gut verrotteten Mist enthalten. Seine Präsenz weist darauf hin, dass man einen gesunden, lebendigen Boden hat.

4 Kürbisse brauchen zum Wachsen mehr Kompostgaben als viele andere Pflanzen.

Des Städters Misthaufen: Wurmkompost

Beim Wurmkompost erledigen die Würmer das Kompostieren. Sie fressen organische Abfälle und scheiden Wurmhumus aus, der ein ausgezeichneter und gut pflanzenverträglicher Dünger ist. Eine **Wurmkiste** kann man überall aufstellen, deshalb eignen sie sich besonders **für den Balkon oder die Terrasse**, solange man sie vor praller Sonne schützt und sie frostfrei überwintert. Fertige Wurmkisten erhält man im Fachhandel (Bezugsquellen, S. 205), aber wer ein wenig geschickt ist, kann sich auch selbst eine bauen (Heistinger & Grand, 2014).

GUT ZU WISSEN

Fördert Salz im Selleriebeet die Knollenbildung?

Sellerie verträgt Salz, da der Vorfahre des Knollenselleries auf salzhaltigen Böden vorkam. Ob die Zugabe von Salz jedoch die Widerstandskraft und das Wachstum dieses Knollengemüses erhöht, ist umstritten. Wenn Sellerie in Mischkultur gepflanzt wird, könnte das Salz den Nachbarpflanzen schaden. Verlässlicher als Salz scheint Seetang, ein Algendünger, oder die Zugabe von ein wenig Holzasche zu sein.

Aus dem Stall: Tierische Abfallprodukte als Bodenverbesserer

Pferdemist

Gut verrotteter Pferdemist ist von **Reitschulen**, **Pferdeställen** und einigen **Bauern** aus der Umgebung erhältlich. Es werden auch Pferdemist-Pellets im Fachhandel angeboten, aber wenn man die Möglichkeit hat, Pferdemist, der mindestens ein Jahr alt ist, zu bekommen, kann man sich glücklich schätzen, ein besseres und billigeres Produkt als Pellets erwischt zu haben.

Schaf- und Ziegenmist

Wer Zugang zu Schaf- oder Ziegenmist hat könnte ein Mistbeet mit diesen Pellets anlegen. Das Endprodukt der Verdauung von Schafen und Ziegen ist, im Gegensatz zu Pferdemist, relativ trocken und braucht daher Feuchtigkeit und Zeit, um zu verrotten und Nährstoffe frei zu setzen.

Wolle und Hornspäne

Wolle und Hornspäne liefern Stickstoff, den sie langsam in den Boden entlassen. Ein wenig Schafwolle lockert schwere Lehmböden, so dass sie besser belüftet werden und sich somit schneller erwärmen. Schafwolle kann man außerdem als Mulchmaterial zur Schädlingsbekämpfung und als Wasserspeicher verwenden (S. 95, S. 119). Bevor man diese Stickstoff-Dünger kauft, könnte man bei Schafhaltern und Kleinbauern nachfragen, da Wolle, Hörner und Hufe oft gerne kostenlos abgeben werden.

1 Bei Regen bildet sich ein Bach an diesem ansonsten trockenen Hang. Mit der Zeit starben die nässeempfindlichen Lavendelpflanzen ab, da Wurzeln und Triebe verfaulten.

2 Das Wetter kann man sich leider nicht aussuchen und Pferdemist wird auch bei Regen geliefert. Die Mühe war's wert – der neue, feuchte Misthaufen verrottet über das Jahr zu einem exzellenten Bodenverbesserer und Nährstofflieferanten!

Wolle, Hornspäne, Federn und Haare: Keratin

Keratin ist ein Sammelbegriff für strukturelle tierische Proteine (Eiweiße), die man in Haaren (Wolle, Fell), Nägel (Hörner, Hufe, Krallen) und Haut findet. Da Keratin bis zu 18 % Stickstoff in Form von Ammoniumnitrat und ein bisschen Phosphor enthält, sind tierische Abfälle schon von alters her als Dünger verwendet worden. Dieser Tage wird nicht mehr gar so oft ein ganzes Schaf als Glücksbringer neben einem Rebstock eingegraben, sondern man ist dazu übergegangen, Hornspäne, Knochenmehl (das außerdem einiges an Kalzium (Ca) enthält) und Wolle dem Boden beizumengen.
Da Keratin wasserunlöslich ist (ansonsten würden wir uns beim Duschen und Haarewaschen langsam auflösen) braucht man Bodenorganismen, vor allem Bakterien und Pilze, die diese großen Proteinmoleküle durch ihre Verdauung zerteilen können und dadurch den darin enthaltenen Stickstoff und Phosphor für die Pflanzen freisetzen. Nicht nur die Biobauern und Gärtner schätzen keratinhaltige Bodenverbesserer, auch beim umweltbewussten Bauen setzt man auf Wolle, um gewisse Luftschadstoffe mit Hilfe des Keratins zu binden.

Nährstoffe aus Garten, See und Meer

Algendünger

Wer in Küstennähe wohnt, kann bei einem Spaziergang am Meer angeschwemmten **Seetang** finden. Dieser eignet sich hervorragend als **Düngemittel**, da er nicht nur Stickstoff, Phosphor und Kalium enthält, sondern auch reichlich Spurenelemente, die jeder Pflanze gut tun, wie z. B. Eisen, Magnesium und Zink. Zudem hält der Tang Schnecken ab, da diese um jegliches bisschen Salz einen großen Bogen machen.
Mit dem Seetang kann man ein Beet **mulchen**, ihn **auf den Kompost geben** oder in den **Boden einarbeiten**, das wenige Salz, das er enthält wird mit dem Niederschlag ausgeschwemmt. Wer jedoch auf Nummer sicher gehen möchte oder einen Boden hat, der bereits relativ viel Salz enthält, sollte den Tang mit einem Gartenschlauch abspritzen. Ein Einweichen in Süßwasser ist nicht nötig und spült nur Nährstoffe aus den Algen. Landratten, die keinen Zugang zu frischem Seetang haben, können es mit kommerziell erhältlichen **Algendüngern** versuchen oder sich mit **Algen von Seen und Teichen** behelfen. In diesen findet man zwar etwas weniger Spurenelemente als in den großen Algen der Meere, sie eignen sich aber trotzdem sehr gut zur Bodenverbesserung.

Gründünger

Liegt ein Beet für 10 Wochen oder länger brach, lassen sich darauf **Gründüngerpflanzen** anbauen. Die Wurzeln der Gründüngerpflanzen dringen in den Boden ein und lockern ihn dadurch. Durch Beschattung schützen die Pflanzen den Boden vor Überhitzung und vor Erosion durch Wind und

– 35 –
Die Bodenverbesserer: Kompost, Pferdemist & Co

1 Rhododendren und Azaleen brauchen einen leicht sauren, humosen und feuchten Boden und werden am besten im Halbschatten gepflanzt. Sie profitieren von der Zugabe von Wolle oder Hornspänen im Frühling, vor allem bevor man das Beet mit Rindenschnitzel mulcht.

2 Getrockneter Seetang (*Ascophyllum nodosum*), der von der Flut an einem Atlantikstrand zurückgelassen wurde und darauf wartet, von findigen Gärtnern eingesammelt zu werden.

3 Wenn man Klee als Gründüngerpflanze verwendet, sollte man darauf achten, dass er sich nicht allzu sehr ausbreitet.

4 Heidelbeeren wachsen in leicht saurem Boden und sind deshalb oft am Rand von Nadelwäldern und Mooren zu finden.

5 Gurkenpflänzchen unterpflanzt mit Dill und gemulcht mit Rasenschnitt.

Der Torf, die Umwelt und unsere Gärten

Kommerziell erhältliche Substrate enthalten oft Torf, auf den man aus Umweltschutzgründen verzichten sollte. Torf selbst ist nährstoffarm, aber sehr locker und leicht und wird daher als Füllmaterial in Blumenerden verwendet. Da Torf relativ sauer ist (pH-Wert 3–4,5), senkt er den pH-Wert des Bodens oder der Erde. Daher muss torfhaltiger Gartenerde Kalk zugegeben werden, um einen relativ neutralen pH-Wert, passend für die meisten Pflanzen, zu erzielen.

Torf wird in Mooren abgebaut, die eine der wertvollsten und seltensten Lebensräume sind. Die meisten Moore, und somit der Torf, sind nach der letzten Eiszeit, vor ca. 10.000 Jahren, entstanden. Torf besteht aus Pflanzenresten, die unter Luftabschluss (aufgrund des hohen Wassergehalts eines Moores) nur sehr langsam oder gar nicht zersetzt werden. Diese abgestorbenen Pflanzen bilden eine neue Torfschicht, die pro Jahr ca. 1 mm wächst. Das heißt, dass sich während eines Menschenlebens eine Torfschicht bildet, die dünner ist als so manches Lexikon!

In Deutschland wird nur mehr in norddeutschen Mooren Torf abgebaut, in Österreich wird der Bedarf großteils durch Importe gedeckt – im Jahr 2002 waren das 190.000 Tonnen, oder ca. 13.000 LKW-Ladungen. Bedenklich ist der Abbau von Torf vor allem in Zeiten des Klimawandels. Die Zerstörung der Moore setzt die klimawirksamen Gase Kohlendioxid (CO_2) und Distickstoffmonoxid (Lachgas) frei. Allein in Österreich verursacht die Nutzung von Mooren bis zu 300.000 Tonnen CO_2 jährlich. Das entspricht dem jährlichen CO_2-Ausstoß von ca. 40.000 Mitteleuropäern (Quellen: BUND, NABU, WWF Österreich und Umweltbundesamt).

Wasser. Abgestorbene Pflanzenteile (unter- und oberirdisch) werden im Boden belassen und erhöhen somit dessen organischen Anteil. Verschiedene Gründüngerpflanzen haben verschiedene Eigenschaften. So sind z. B. Leguminosen (Hülsenfrüchte) wie **Klee** und **Lupinen** (Wolfsbohnen) besonders nützlich, da sie mit Hilfe von Bakterien in ihren Wurzeln atmosphärischen Luftstickstoff binden können, und nachdem sie abgestorben sind, diesen den Pflanzen und Bodenorganismen zur Verfügung stellen. Man sollte jedoch darauf achten, dass sich winterharte Gründüngerpflanzen nicht aussäen, da sie sich sonst vermehren und zum unerwünschten Gast werden.

Gründüngersamen, wie z. B. **Gelbsenf**, **Bienenglück** und **Buchweizen** sind oft günstiger in **Saatguthandlungen**, die auch landwirtschaftliche Betriebe beliefern, als in vielen Gärtnereien und Baumärkten.

Mulchen

Mulchen mit **Rasenschnitt, Mist, Kompost** und sogar **Algen** führen dem Boden Nährstoffe zu und vermindern ein Austrocknen. Rindenmulch ist nicht für den Gemüsegarten geeignet, da er den Boden versauern kann. Außerdem entzieht der Verrottungsprozess von Rindenmulch dem Boden Stickstoff, der durch Zugabe von z. B. Hornspänen oder Brennnesseljauche (S. 104) ersetzt werden

1 Bärlauch bevorzugt kalkhaltige, feuchte und humose Böden im Halbschatten. Wenn man Bärlauch im Garten pflanzen möchte, sollte man ihn möglichst unter laubabwerfenden Hecken oder Bäumen setzen und dem Boden viel Kompost und ein wenig Kalk zugeben.

2 Seggen und Moose auf nassem Moorboden im Frühling.

3 Der Fliegenpilz ist der Fruchtkörper eines unterirdischen Mykorrhizapilzes, der mit Laubbäumen assoziiert ist, die ihre Wurzeln in kalkhaltige Böden strecken.

muss. Wer **Rindenmulch** für den Ziergarten oder als Mulchmaterial für Wege braucht, erhält diesen günstig von **Recyclingzentren** oder **Sägewerken**. Es kann sich auch durchaus die Anschaffung eines Häckslers bei Gärten rentieren, in denen einiges an Schnittgut anfällt. Man muss nicht für die Abholung des Grünschnitts zahlen und anstatt Mulchmaterial zu kaufen, verwendet man sein eigenes. Da weiß man auch, was drinnen ist und auf seinen Boden streut!

Von kalkig zu sauer: Mit Geduld, aber ohne Torf

Die meisten Pflanzen bevorzugen, mit nur wenigen Ausnahmen, einen neutralen bis leicht alkalisch/kalkigen Boden. In einem leicht **sauren Boden** fühlen sich Azaleen, Rhododendren und Heidelbeeren wohl. Deren Böden sollte man reichlich **Tee- und Kaffeesatz** beifügen und mit **Nadeln** und Borkenschnitzel von Kiefer, Tanne oder Fichte mulchen (aber vorher den Boden gut düngen). Man könnte auch einen Kompost aus Nadeln von Fichten, Tannen etc. ansetzen, allerdings dauert aufgrund des hohen Tannin- und Wachsgehaltes der Nadeln die Verrottung mindestens zwei Jahre. Wichtig ist auch, dass man kein Schnittgut von Thujen (Lebensbaum) und Scheinzypressen verwendet, da diese Stoffe enthalten, die für Mensch und Tier giftig sind.

Um den pH-Wert eines Bodens zu erhöhen, d. h. um einen Boden **alkalischer** zu machen, empfiehlt es sich, ihm **Kalk** (Calciumcarbonat) zuzugeben. Kalk hilft außerdem Nährstoffe für Pflanzen freizusetzen und da er Luft in den Boden bringt, erwärmen sich schwere Böden leichter. Zu viel Kalk kann allerdings zu einer

Mineraldünger und die Umwelt

Die drei wichtigsten Elemente, die Pflanzen zum Wachsen brauchen, sind Stickstoff (N), Phosphor (P) und Kalium (K), daher sind sie die Hauptbestandteile der Mineraldünger. Der Stickstoff in Düngemitteln wird sehr energieaufwendig aus der Luft gewonnen, ein äußerst aufwendiges Verfahren, das bereits 1906 von Fritz Haber und Carl Bosch entwickelt wurde. Luft enthält 78 % Stickstoff, der mit Hilfe eines eisenhaltigen Katalysators, bei hohem Druck und bei Temperaturen von über 450°C als synthetischer Ammoniak der Luft entzogen wird.

Anders verhält es sich mit Phosphor und Kalium. Diese beiden Elemente kommen in phosphat- und kaliumhaltigen Erzen vor und werden, ähnlich wie bei Kohle oder Eisen, in Minen abgebaut. So wurden z. B. im Jahr 1999 weltweit 144 Millionen Tonnen Phosphatgesteins abgebaut, 10 Jahre später waren es bereits fast 160 Millionen Tonnen. Phosphat wird im Tagebau gewonnen, hauptsächlich in China, Russland und Nordafrika. Die Umweltbelastung durch diese Tagebau-Minen kann beträchtlich sein. Die Landschaft wird verändert, da Oberboden und Vegetation abgetragen werden, es kann zu Erosion kommen, viel Wasser wird verbraucht, das versauert und verschmutzt wird und es kommt zu Umweltbelastungen durch Radon-Gas und Staub. Phosphat ist außerdem ein begrenzter Rohstoff. Obwohl die Vorräte noch etwa 100 Jahre reichen würden, um konventionelle Landwirtschaft zu bedienen, verliert der geförderte Phosphor zunehmend an Qualität und wird dadurch teurer. Daher forscht man seit ein paar Jahren, wie man aus Klärschlamm Phosphor gewinnen kann, beispielsweise im steirischen Leoben und im württembergischen Knittlingen.

raschen Zersetzung von Humus führen, Nährstoffe können auswaschen, der Boden wird ausgelaugt und die Bodenstruktur verschlechtert sich. Daher sollte man mit Kalk sehr sparsam umgehen und wenn schon, mit **Gesteinsmehl**, **Gartenkalk** oder **Holzasche** düngen. Da Holzasche ebenfalls Calciumcarbonat enthält, kann auch ein wenig dem Kompost beigemengt oder dünn ausgestreut werden. Wenn man kein allzu großes Stückchen Land hat, das einer „Kalkung" bedarf, kann man sich mit dem **Kochwasser von Eiern** und mit zerstoßenen **Eier- und Muschelschalen** behelfen. Sie werden entweder leicht in den Boden geharkt oder dem Kompost zugegeben.

Wer es etwas edler will – zerstoßene Langusten- und Hummerschalen sind ebenfalls bestens als Bodenverbesserer geeignet!

Eine besondere Ménage-à-trois: Pflanzen, Pilze und der Boden

Wer bei einem Spaziergang im Wald Pilze sieht, wird wohl nicht als erstes an sein Gemüsebeet denken. Jedoch sind viele Pilze (oder auch die „Schwammerln" in Süddeutschland und Österreich) die Fruchtkörper von Mykorrhizapilzen, deren Hyphen, also das unterirdische Geflecht von fadenförmigen Pilzzellen, in einer Gemeinschaft mit verschiedenen Pflanzen, oder genauer gesagt, deren Wurzeln lebt. Die Mykorrhizapilze erhalten zum Dank dafür von den Pflanzen überschüssigen Zucker, den sie durch Photosynthese produziert haben. Fast alle Pflanzen leben in einer Gemeinschaft mit Mykorrhizapilzen, außer die Familie der Kreuzblütler, zu denen Kohlarten, Raps und Senf gehören.

Mykorrhizapilze erhält man in vielen Gartencentern und über das Internet. Ob die Ergebnisse den Erwartungen entsprechen, sei jedoch dahingestellt. Sie erhöhen das Pflanzenwachstum, allerdings muss eine Mykorrhiza-Gemeinschaft ziemlich genau auf den Boden und die Pflanzen abgestimmt sein, bevor sie ihre Hilfe anbietet. Sollten Sie versucht sein, Mykorrhizapilze auszuprobieren, informieren Sie sich vorher gründlich, welche Pilzart Sie brauchen, und erwerben Sie vorerst nur eine kleine Menge zum Testen.

Beete ressourcen- und budgetschonend anlegen

Der Einsatz von Muskelkraft bei der Anlage eines neuen Beetes schont nicht nur die Geldbörse, sondern hilft auch dabei, ohne Mitgliedschaft in einem Fitnessstudio gesund zu bleiben. Aber wäre es nicht einfacher, sich Geräte von einem Baumarkt auszuleihen, so dass der Boden schneller und ohne viel Mühe vorbereitet wird? Sicherlich hat man mit einer motorisierten Gartenfräse die Oberfläche schnell umgeackert, allerdings nur bis zu einer bestimmten Tiefe und auch nur, wenn der Boden bereits locker ist. **Gartengeräte auszuleihen** ist nicht billig und man braucht ein geeignetes Fahrzeug, um die sperrigen und schweren Maschinen zu transportieren. Man erspart sich auch nur scheinbar Zeit (und einen Muskelkater), denn eine Gartenfräse o. ä. kann nie **gute Handarbeit** mit einer Grabegabel oder einen Spaten ersetzen und sie erspart auch nicht das manuelle Einarbeiten von organischem Material. Der Einsatz von Maschinen kann außerdem zu Bodenverdichtung führen und man entlässt so einiges an Lärm und CO_2 in die Umwelt.

Die Gemüse- und Kräuterbeete wurden hier teilweise mit Holzstämmen befestigt, oder mit Küchenkräutern eingefasst. Eine ca. 7 cm tiefe Mulchschicht auf den Pfaden zwischen den Beeten hält störendes Beikraut und hungrige Schädlinge fern.

Überwinden Sie Ihren inneren Schweinehund, greifen Sie zu Spaten, Grabegabel und Schubkarren und gehen Sie ins grüne Fitnessstudio!

Die Form und Größe eines **Beetes** hängt von den Pflanzengemeinschaften, die es beherbergen wird, seinem Standort (und somit dem Mikroklima) und den persönlichen Vorlieben der Gärtner ab. Bei jeder Neuanlage sollte der Boden vorbereitet werden. Bei der Anlage eines Beetes sollte man unbedingt darauf achten, dass man Zierpflanzen, Stauden und Gemüse pflegen und ernten kann, ohne auf dem Boden oder den Pflanzen herumzutrampeln. Deshalb sollte man **Trittsteine** oder Wege anlegen, die dies ermöglichen.

Klassische Beete im richtigen Rahmen

Beete werden mehr oder weniger ebenerdig angelegt, mit Ausnahme der Hügel- und Hochbeete. Eine **Beeteinfassung** muss nicht immer sein, denn niedere Stauden und Gräser, die einen fließenden Übergang zwischen Zierbeet und Rasenfläche oder Gartenpfad bilden, passen oft besser als konkrete Einfassungen. Wer jedoch Beeteinfassungen bevorzugt, um sich beispielsweise das Rasenmähen zu erleichtern, muss nicht unbedingt einen Baumarkt besuchen. Aus **Baumstämmen**, **Ziegeln, alten Tellern, Flaschen, Wurzeln** und **Steinen** kann man aparte Beeteinfassungen mit einer persönlichen Note gestalten. Es lohnt sich, einen Flohmarkt zu besuchen, **Flaschen** aufzubewahren und hinter dem Schuppen nachzusehen, ob dort nicht doch noch ein paar **Ziegel** und Steine liegen.

Ein Beet am Hang anlegen

1) Mit einer Maurerschnur werden Form und Tiefe des Beetes markiert. 2) Die Nivellierung mit einer Wasserwaage kontrollieren. Die Grasnarbe wird abgehoben, der Boden einen Spatenstich tief gelockert und mit Kompost verbessert. 3) Stämme dienen als Einfassung an der tieferen Seite des Beetes. Hier kommt auf der Innenseite ein Unkrautvlies, um ein Durchrieseln des Bodens durch die Ritzen zu vermeiden. 4) Die übrige Beeteinfassung wird aus alten Ziegeln gesetzt, Baumscheiben werden als Trittflächen platziert und das Beet mit einer Erde-Kompost-Mischung aufgefüllt. 5) In die Hohlräume zwischen Ziegeln und Rasen kommt Kies. 6) Das Beet bepflanzt mit Stockrosen, Lupinen, Katzenminze, Ehrenpreis, Zierlauch und Margeriten.

Einfassungen aus **Weiden** oder **Haselruten** erhält man relativ günstig in den Baumärkten. Man kann sie jedoch auch selbst machen, wenn man Zugang zu frisch geschnittenen, gut dehnbaren Ruten hat. Dazu schlägt man zuerst zugespitzte Rundhölzer (z. B. aus Hasel) alle 20–30 cm in den Boden, webt die einzelnen Ruten hindurch und schnürt die Enden fest mit Draht zusammen. Wenn zwischen den einzelnen Ruten die Zwischenräume recht groß sein sollten, kann man auf der Beetseite **Jutematerial** oder ein **Vlies** anbringen, so rieselt die Erde nicht durch die Löcher.

Hügelbeete für frühe Ernte und kräftige Pflanzen

Wer auf kleiner Fläche sein eigenes Gemüse anbauen will, kann mit einem Hügelbeet die Anbaufläche und den Ertrag erhöhen. Ein Hügelbeet erwärmt sich außerdem schneller als ein klassisches, ebenerdiges Beet durch Sonneneinstrahlung und den Verrottungsprozess des organischen Materials, das eingearbeitet wurde. Dadurch kann man Gemüse früher pflanzen und ernten. Die **Materialkosten für ein Hügelbeet sind gering**, jedoch ist der Aufbau eines solchen mit einigem Arbeitsaufwand verbunden – der sich allerdings lohnt, da man Gemüse schon früher im Jahr ernten kann. Hügelbeete, trotz aller ihrer Vorteile, haben einen gravierenden Nachteil: sie neigen zum Austrocknen. Speziell im Spätfrühling, wenn die Sonne schon recht heiß ist, aber die Blätter der Pflanzen noch nicht genug Schatten werfen, um das Beet vor Austrocknung zu schützen. Daher: Gießrinne nicht vergessen!

Das Hochbeet, ein Hügelbeet im Kasten

Ein Hochbeet ist im Aufbau einem Hügelbeet ähnlich, mit dem Unterschied, dass es sich in einem Kasten befindet und daher um einiges benutzerfreundlicher und sowohl **für Balkon und Terrasse** geeignet ist. Idealerweise sollte ein Hochbeet jedoch auch direkt mit dem Boden verbunden sein und jedes Jahr nachgefüllt werden. Während ein Hügelbeet langsam kleiner wird und man daher einfach neue Schichten darauf setzt, sollte ein Hochbeet ungefähr alle fünf Jahre komplett ausgeräumt und neu angelegt werden.

Aufbau von Hügel- und Hochbeeten. 1) grobe Äste, Reisig; 2) Grassoden; 3) Laub (trockene Schicht); 4) Pferdemist oder Kompost; 5) Erde. Je nach Material, aus dem ein Hochbeet gebaut wurde, sollte man es innen mit einer Folie auskleiden. Ein Wühlmausgitter unter Hügel- und Hochbeeten kann die Nager abhalten, schützt aber nicht immer.

Wen man jedoch günstig zu **Paletten** kommt, Holzbretter herumliegen hat oder sich inspiriert fühlt, aus **alten Türen** einen Kasten zu bauen, sollte man Arbeit und Zeit in einen eigenen Bau investieren, denn ein Hochbeet kann schnell mehrere hundert Euros kosten.

Verschiedene Gestaltungsideen für Beete

1 Alte Ziegel eignen sich hervorragend als Trittsteine in Gemüsebeeten.

2 Bierflaschen, umgekehrt in den Boden gesteckt, bilden hier die Beeteinfassung.

3 Aus alten Ziegeln und Waschbetonplatten werden Gehwege und Beeteinfassungen.

4 Das in den Hügel gebaute Hochbeet besteht aus Holzbalken vom Bauhof, Leintüchern als Unkrautvlies und Erde vom regionalen Recyclingcenter.

5 Die Holzstämme stammen von einem Nachbarn, der kleine Bäume gefällt hat. Ausgekleidet wurden die Beete mit Unkrautvlies, um zu verhindern, dass Erde zwischen den Stämmen herausrieselt.

Setzen Sie Ihr Beet schön in Szene

1

2

3

1 Natursteine, die beim Anlegen dieses Steingartenbeetes ausgegraben wurden, werden zur Abdeckung und als Beeteinfassung verwendet.

2 Um Platz zu sparen und Raum für Erdbeeren zu schaffen, wurden an einem Hochbeet selbst gezimmerte Holzkästen angebracht.

3 Ein Pfad aus Baumscheiben führt zu erhöhten Gemüsebeeten, die in einer Einfassung aus Baumstämmen und Holzpflöcken sitzen. Das Beet wurde mit Wühlmausgitter unterlegt und seitlich mit Unkrautvlies ausgekleidet, damit die Erde nicht zwischen den Fugen heraus bröselt.

Nicht nur Weihwasser

Früher glaubte man, dass man durch heißes Wasser den Teufel aus dem Gemüsebeet vertreiben kann, da die Pflanzen besonders schön wuchsen, wenn man vor der Saat das leere Beet mit kochend heißem Wasser gegossen hatte. An diesem Aberglauben ist etwas Wahres dran: Das heiße Wasser tötet viele der Bodenorganismen und dies führt zu einer plötzlichen Freisetzung von Nährstoffen, vor allem viel Stickstoff, das in den lebenden Bodenorganismen gespeichert war. Nicht nur profitierten die Pflanzen von dem hohen Nährstoffgehalt des Bodens, auch Krankheitserreger und Schädlinge werden durch das heiße Wasser abgetötete, und die Pflanzen können sich daher ganz auf das Wachsen konzentrieren. Allerdings werden auch Bodenorganismen, die für ein gutes Bodenklima und einen langfristigen Nährstoffbedarf sorgen, in Mitleidenschaft gezogen und das Bodenökosystem wird dadurch schwer gestört. Ob diese drastische Methode somit den Pflanzen (und dem Garten) auf lange Sicht zugutekommt, ist fraglich.

Eine gute Pflanzenmischung sorgt für üppige Ernte auf kleinem Raum

Den Bauerngärten abgeschaut: Mischkultur

Eine bunte Mischkultur aus Gemüse, Salat, Kräutern und Sommerblumen sorgt für wohltuende Abwechslung im Beet. Kräuter und Blumen locken Nützlinge an und vertreiben Schädlinge. Die Nährstoffe werden aufgeteilt zwischen Stark- und Schwachzehrern und stickstoffliebendes Blattgemüse teilt sich den Boden mit Fruchtgemüse, das Phosphor bevorzugt. Kleinere Pflanzen wachsen zwischen großen, um den Platz bestens auszunützen und den nackten Boden zu bedecken. Viele Pflanzen können einander auch durch Wurzelausscheidungen und volatile ätherische Öle (wie z. B. Zwiebelgeruch) vor Schädlingen und Krankheiten schützen (S. 92, S. 102), was den Ernteertrag erhöht.

Es gibt unzählige Mischkultur-Tabellen, die sich teilweise widersprechen oder auch auf ein bestimmtes Mikroklima abgestimmt sein können, welches dem Ihres Gartens nicht entspricht. Daher sollte man nicht zurückschrecken, selbst zu experimentieren.
Es kann nicht allzu viel schief gehen, wenn man folgende **Mischkultur-Grundsätze** berücksichtigt:

- Pflanzen zusammensetzen, die den **gleichen Standort** bevorzugen, wie z. B. Dill bei Gurken aussäen, da beide einen warmen, feuchten Standort lieben
- **Stark- und Schwachzehrer mischen**, wie z. B. Hülsenfrüchte mit Kürbispflanzen, Tomaten mit Kräutern
- Pflanzen zusammensetzen, die **unterschiedliche Nährstoffbedürfnisse** haben, wie z. B. Kräuter oder Blattgemüse zwischen Fruchtgemüse, beispielsweise Spinat oder Basilikum als Nachbarn von Tomaten
- Pflanzen mit **unterschiedlichen Wuchsformen** kombinieren. Das bekannteste Beispiel ist Zwiebelgemüse zwischen Karotten zu pflanzen. Hier spart man nicht nur Platz, sondern vertreibt auch die Karottenfliege mit ätherischen Ölen.

Mit Fruchtfolge den Boden und die Pflanzen gesund halten

Fruchtfolge könnte man als **Mischkultur auf Zeit** verstehen. Unterschiedliche Pflanzen werden nacheinander, anstatt nebeneinander gepflanzt, um die im Boden enthaltenen Nährstoffe bestens zu nützen und den Humusgehalt zu erhalten. Man wechselt zwischen verschiedenen Gemüsearten, damit sich Schädlinge und Krankheiten nicht etablieren können. So werden beispielsweise Karotten oder Zwiebeln nach Kohlgemüse gepflanzt, um der Kohlhernie Einhalt zu bieten.
Am einfachsten ist es, ein Beet in vier oder mehr Sektionen zu teilen (oder man nimmt vier Pflanzkästen), je nach Geschmack und Bedarf. Es empfiehlt sich jedoch, einen Pflanzplan anzulegen, in dem persönlicher Geschmack, das Mikroklima (S. 11) und die Nährstoffbedürfnisse verschiedener Gemüsepflanzen berücksichtigt werden, um **kostspieliges Experimentieren zu vermeiden**.

Ein Grundsatz der Fruchtfolge ist, ähnlich der Mischkultur, dass man nach Starkzehrern (Kohl, Gurken, Fruchtgemüse) Schwachzehrer (Kräuter, Hülsenfrüchte, manches Wurzelgemüse) pflanzt und die unterschiedlichen Nährstoffbedürfnisse beachtet und, falls möglich, einen Teil des Beetes eine Erholungspause mit Gründüngerpflanzen gewährt. Zum Beispiel könnte man nach Paprika im zweiten Jahr Kohl pflanzen, danach Karotten und im vierten Jahr Erbsen oder Bohnen, oder diesen Teil gründüngen.
Zum Thema Kompost, Boden und Beete wird viel geschrieben und es kommen immer neue Ideen dazu, die unsere Fingernägel dreckig machen. Terra preta (eine Erde, die viel Pflanzenkohle enthält und ursprünglich zur Bodenverbesserung im Amazonasbecken genutzt wurde), Effektive Mikroorganismen (EM) und Kompostbeschleuniger sind nur einige davon. Mit diesen Ideen verhält es sich jedoch so, wie mit dem Samen- und Pflanzenkauf: Nichts überstürzen und vorher genau informieren, ob das neue Hochgejubelte wirklich das hält, was es verspricht!

Kräuter gedeihen hier zwischen Kohl, Topinambur und Tomaten.

Mischkultur und Selbstversamer im Ziergarten: Blackbox-Gardening

Das Prinzip der Mischkultur funktioniert übrigens auch sehr gut in Ziergärten und ist eine preiswerte Methode, um einen farbenfrohen Naturgarten anzulegen oder seinen Garten nach dem „Blackbox-Gardening"-Prinzip zu gestalten. Für diese Art von Ziergärten werden zwar ein paar Struktur- und Initialpflanzen gesetzt, aber viele Stauden werden direkt gesät, was einiges an Kosten sparen kann. Wichtig ist, dass sich alle Pflanzen durch Selbstversamung vermehren können und die Pflanzenwahl sollte auf Bodenverhältnisse und Mikroklima abgestimmt sein. Diese Gärten wachsen und verändern sich mit der Zeit, da die Pflanzen ihre eigenen Plätzchen finden. So entsteht ein dynamisches, natürliches Blütenmeer, das nur ein Minimum an Pflege benötigt. Detaillierte Informationen über Naturgärten und Blackbox-Gardening erhält man bei den Naturgartenvereinen und im Internet (Bezugsquellen, S. 205).

Eine gute Pflanzenmischung sorgt für üppige Ernte auf kleinem Raum

1

2

3

1 Eine schön bepflanzte Terrasse, die Sie im Sommer mit fröhlichen Farben und zahlreichem Gemüse beglückt.

2 Fruchtfolge einmal anders: mandalaförmig statt rechteckig. Die Pflanzen wurden alle aus Samen gezogen, der lehmige und schwere Boden wurde mit Pferdemist vorbereitet. Gegossen wurde hier mit Wasser von einem Karpfenteich, das viele Nährstoffe enthält.

3 Kunterbunte Mischkultur in einem räumlich begrenzten Stadtgarten. An einer nach Südwesten ausgerichteten Mauer wachsen Tomaten und Zuckermais, im Beet sorgen Kapuzinerkresse, Ringelblumen und blühende Kräuter für Farbtupfer zwischen Karotten, Kohlgemüse und Zucchini.

Pflanzen günstig erwerben und erfolgreich selber ziehen

Pflanzen selber ziehen zählt immer noch zur einfachsten Methode, um seinen Garten und Balkon ergrünen zu lassen. Hier lesen Sie, wie man (fast) ohne Geld den Garten mit Zierstauden schmückt und kräftige Gemüsepflanzen zieht.

Einen großen oder neu angelegten Garten mit Pflanzen zu füllen, kann empfindliche Löcher in das Gartenbudget reißen. Wenn man nur wenige Pflanzen braucht, beispielsweise für einen Kasten am Balkon oder um ein paar Lücken in einem Beet zu füllen, macht man sich meist keine großen Gedanken über den Preis einer Pflanze. Man sucht sich aus, was gefällt. Muss jedoch eine große Anzahl von Pflanzen gekauft werden, summieren sich die Ausgaben rapide. Deshalb erwirbt man manchmal grüne Gartenbewohner, da sie preiswert sind, aber nicht, weil sie einem so gut gefallen.

Mit ein wenig Geduld kann man sich aus dieser Zwickmühle befreien und den Garten mit Sträuchern, Stauden und Kräutern füllen, die gefallen und trotzdem (fast) nichts kosten. Auf den nächsten Seiten finden Sie nicht nur Tipps, wie Sie beim Pflanzenkauf sparen können, sondern vor allem Tipps und Anleitungen, um kostenbewusst den Garten und Balkon mit selbst gezogenen grünen Schönheiten zu füllen.

Pflanzen erwerben, ohne das Gartenbudget zu beleidigen

Pflanzen können kostspielig sein, aber man sollte auch die Ausgaben für Erde, Sand, Kompost etc. nicht unterschätzen. Als Grundsatz gilt: **je jünger die Pflanze, desto preiswerter**. Junge Pflanzen wachsen auch schneller an und finden sich besser mit ihrer neuen Umwelt zurecht als ältere und größere. Allerdings dauert es länger, bis die Pflanze die gewünschte Höhe erreicht hat, was man bedenken sollte, wenn man Sträucher oder Hecken als Wind- und Sichtschutz pflanzt. Jungpflanzen sind auch viel anfälliger für Schneckenfraß, Schädlinge und Krankheiten (S. 92).

Pflanzenmärkte: Regional und national

Besonders im Frühling sprießen Pflanzenmärkte in vielen Gemeinden aus dem Boden. Pflanzen, vor allem Gemüsesorten, die man in den **kleineren Märkten** findet, werden meistens von Bauern und Gärtnern aus der Region angeboten. Daher sind diese verlässlichen Pflanzen den klimatischen Bedingungen der jeweiligen Region angepasst und gedeihen, auch ohne intensive Pflege, gut. Eine breitere Auswahl findet man in den nationalen und internationalen **Pflanzenmärkten und Gartenshows der Städte**. Sollte man z. B. auf der Suche nach einer bestimmten Pfingstrose, alten Obstsorten oder fast vergessenem Saatgut sein, ist man hier am richtigen Platz.

Baumärkte und Gartencenter: Schnäppchenjagd im Herbst

Pflanzen von Baumärkten sind meist Massenware und werden daher sehr oft günstig angeboten. Allerdings ist die Auswahl auf die gängigsten Sorten beschränkt und die Qualität kann variieren. Am Ende der Saison, sei es im Frühsommer oder im Herbst, werden **ladenhütende Pflanzen** sehr **günstig** angeboten. Diese Pflanzen haben meistens keine bunten Blüten mehr und scheinen sich in

Ein regionaler Pflanzenmarkt (Grüne Oase, 8504 Preding, Steiermark).

Selbstgezogene Biosamen des Österreichischen Instituts für angewandte Ökopädagogik (8510 Stainz, Steiermark).

ihren Töpfen nicht mehr ganz so wohl zu fühlen. Davon sollte man sich jedoch nicht beirren lassen! Einmal eingepflanzt und mit ein wenig gutem Kompost und ein bisschen Pflege aufgepäppelt, werden sie genauso schön wachsen und blühen, wie ihre Geschwister, die in ihrer prächtigsten Phase gekauft wurden.

Samenmischungen: Nichts für die Ewigkeit

Samenmischungen für Blumenwiesen und Blumenzwiebelmischungen halten nicht immer alles, was sie versprechen (S. 53). Für Langzeitlösungen ist es daher sicher besser, wenn man sich die Samen, Knollen oder Zwiebeln selbst zusammenstellt oder von spezialisierten Saatgutvertrieben (Bezugsquellen, S. 203) zusammenzustellen lässt. Fertige Mischungen von Baumärkten und Gartencentern **blühen im ersten Jahr** zwar oft schön, gedeihen aber nur unter idealen Voraussetzungen. Daher kann die Blühkraft schon im zweiten Jahr abgenommen haben und so manche Arten in diesen Mischungen verkümmern. Allerdings sind sie eine kostengünstige Lösung um rasch **Farbe** auf ein **neu bebautes Grundstück** zu bekommen und um Farbschemen und Bepflanzungskonzepte auszuprobieren.

Spezialgärtnereien, Tauschbörsen und das Internet

Alte Sorten, heimisches Wildobst und **Gehölze**, **historische Bauerngartenblumen** und **Naturgartenpflanzen** sind meist in Spezialgärtnereien oder -märkten, durch Tauschbörsen oder einfach freundliches Fragen zu bekommen! Sollte man auf Spaziergängen eine besondere Pflanze in einem Garten entdecken, lohnt es sich die Gartenbesitzer um Ableger, Stecklinge oder Samen zu fragen. Viele Gartenbesitzer freuen sich über das Interesse an ihrem Garten und sind gerne bereit, ihren grünen Lieblingen eine zweite Heimat zu schenken!

Das Angebot an Samen, Knollen und Zwiebeln wird von Jahr zu Jahr größer und man könnte stundenlang in Katalogen blättern und sich durch das Internet klicken. Exotische Pflanzen und ungewöhnliche Neuzüchtun-

Die Kapuzinerkresse ist unkompliziert und begnügt sich mit fast jedem Plätzchen im Beet oder am Balkon. Man kann sie vorziehen, jedoch blühen sie genauso schnell und kräftig, wenn man sie direkt sät.

Chilis und Paprika werden in Trinkbechern vorgezogen. Sie stehen in einer ehemaligen Salat- und Krautkiste aus Holz, die man von manchen Supermärkten bekommt.

gen haben, seit der Zeit des Überseehandels im 18. Jahrhundert, nichts an ihrer Faszination verloren. Beim **Saatgutkauf** sollte man sich allerdings nicht allzu sehr verführen lassen. Vor allem, wenn das Gemüse vom eigenen Garten kommen sollte, ist es zu empfehlen, dass **altbewährte, robuste Sorten einen Anteil von ca. 80 % ausmachen**. Nur ein kleiner Teil der Beete, Pflanzen und Samen sollte für Neues und Außergewöhnliches gedacht sein, da die Ergebnisse dieser Experimente nicht immer zur vollsten Zufriedenheit gedeihen. Man sollte auch bedenken, dass Sämlinge und Jungpflanzen von zwei- oder mehrjährigen Pflanzen oft besondere Aufmerksamkeit, Geduld und manchmal einen frostfreien Platz zum Überwintern brauchen.

Sollte man mit Baumarktpflanzen nicht glücklich werden, könnte man Nutz- und Zierpflanzen selber von Samen ziehen, durch Stecklinge vermehren, regionale Pflanzenmärkte besuchen, mit Nachbarn, Freunden und Familie oder über Internet-Samenbörsen (Bezugsquellen, S. 205) tauschen, kaufen und weitergeben.

Blumen- und Kräutersamen selbst sammeln

Viele der Blumen und Kräuter, die an Wegrändern wachsen, haben im Spätsommer und Herbst bereits Samen gebildet, die man auf Spaziergängen sammeln kann. Samen von Pflanzen, die regional wachsen, gedeihen wahrscheinlich auch gut in Ihrem Garten, da sie auf das örtliche Klima abgestimmt sind. Bei ‚wilden' Samen sollte man allerdings darauf achten, dass man nicht gegen die geltenden **Naturschutzbedingungen** verstößt, denn selbst das Sammeln von Samen (geschweige denn das Ausgraben der ganzen Pflanze) ist z. B. bei manchen Akeleien- oder Glockenblumen verboten.

Stecken Sie ein paar **Papiertütchen** (oder leere **Streichholzschachteln**) und einen **Bleistift** ein, wenn Sie spazieren gehen! So sind Sie gewappnet, wenn Sie unterwegs auf Samenstände von Pflanzen treffen, die Sie selbst gerne im Garten hätten. Die Samen sollten ausgereift sein, d. h. nehmen Sie nur Samen, die bereits braun und trocken sind. Diese werden sanft in das Papiersackerl (Tütchen) geschüttelt, dieses gut verschlossen und beschriftet. Nicht nur der Pflanzenname sollte notiert werden, sondern auch der Standort, z. B. sonnig/schattig, feucht/trocken, sandiger/lehmiger Boden und eventuell auch die Nachbarpflanzen bzw. die Pflanzengemeinschaft. Sollte eine **Wildblumenwiese** auf Ihrer Garten-Wunschliste stehen, braucht es etwas mehr Vorbereitung als nur das Aussäen der Samen. (S. 85)

Klappertopf-Samen werden für eine Blumenwiese gesammelt.

Pflanzen aus Samen ziehen: So gelingt's!

Pflanzen aus Samen zu ziehen ist um einiges freundlicher zur Geldbörse als Jungpflanzen zu kaufen. Sicherlich glaubt man, dass man nicht immer die Zeit oder den Platz hat, Gemüse, Blumen und Kräuter vorzuziehen, aber man hätte doch auch so viel mehr Auswahl an verschiedenen Sorten, wenn man Samen statt Jungpflanzen erwirbt! Im Frühling sind die Gartenmagazine und Sonntagsbeilagen der Tageszeitungen voll von Tipps und Anweisungen, wie es gelingen kann, stolze Pflanzen aus verschwindend kleinen Körnchen zu ziehen. Die Regale des Fachhandels sind voll mit allerlei Hilfsmaterial, die als unentbehrlich für erfolgreiches Gärtnern angepriesen werden, aber meist nur kostspielig sind und zu nutzlosen Ausgaben verleiten.

Anzuchterde selber machen

Das Angebot an allen möglichen Aussaat- und Anzuchterden, Kokosfasern, Quell-Polstern und Humusziegeln ist verwirrend groß. So mancher fühlt sich verunsichert und greift daher zu einem teuren Produkt, man möchte doch mit seinen grünen Lieblingen auf Nummer sicher gehen will. Was die oben angeführten Anzuchterden und Substrate gemeinsam haben, ist, dass sie relativ **wenige Nährstoffe** enthalten und eine gute **Drainage** (durch ihre lockere Konsistenz Staunässe vermindern) ermöglichen. Keimlinge bilden im nährstoffarmen Substrat starke Wurzeln und wachsen kräftiger als in herkömmlicher Blumenerde. Kräftige Wurzeln und ein kompakter Wuchs fördern die Widerstandskraft der Jungpflanzen und sind daher besser gegen plötzliche Veränderungen ihrer Umgebung (wie z. B. beim Auspflanzen) gewappnet.

GUT ZU WISSEN
Anzuchterde sterilisieren

Möchte man sichergehen, dass die Maulwurferde oder die Erde von einem Recyclingcenter keine Krankheitserreger und Beikrautsamen enthalten, kann man diese dampfsterilisieren. Dazu bedeckt man den Boden eines alten, tiefen Topfs mit Kies, legt ein altes Stück Stoff (keine synthetischen Fasern!) oder ein Geschirrtuch auf die Kiesschicht, füllt den Topf mit Erde und verschließt ihn mit einem fest sitzenden Deckel.

Der Topf kommt für 15–20 Minuten bei 160 °C ins Backrohr. Das in der Erde enthaltene Wasser verdampft und tötet Keime, Pilze, Bakterien und unerwünschte Samen ab. Am besten führt man eine Backofen-Sterilisierung an einem Tag durch, an dem man gut lüften kann – so mancher Boden kann ein ganz eigenes ‚Aroma' entwickeln!

Kosten sparen mit Erde als Schüttgut

Sobald man weiß, dass nährstoffarmes und lockeres Substrat sich als Anzuchterde eignet, kann ein Gärtner an Kosten sparen. Man kann seine Erde von den **Recyclingzentren** und **Bauhöfen** der Gemeinden kostengünstig abholen, diese mit ca. 1/3 groben Sand

1 In einem südwestseitig ausgerichteten Frühbeet wachsen im März Salat und Radieschen.

2 Verschiedene alte Tomatensorten wurden hier in Plastikschalen in Breitsaat ausgesät. Sobald diese Pflanzen die ersten richtigen Blätter bekommen, werden sie einzeln in Töpfe pikiert.

strecken und – voilà – fertig ist die Anzuchterde! Da Material von den Gemeinden oft um ein Vielfaches günstiger ist als kommerziell erhältliche Anzuchterde wird oft angenommen, dass man größere Mengen erwerben muss. Das ist jedoch meistens nicht der Fall, viele Recyclingzentren sind auch bereit, ein paar Säcke für den Balkon- oder Kleingärtner mit Erde zu füllen, die man bequem im Kofferraum transportieren kann.

Erde von Maulwurfshügeln

Maulwurfshügel im Garten sind so manchen ein Dorn im Auge, jedoch versorgen uns gerade die lästigen Regenwurmjäger mit bester Anzuchterde. Sie ist locker und enthält, da sie aus tieferen Schichten hochgebuddelt wird, meist wenig Krankheitserreger und unerwünschte Pflanzensamen. Auch der Nährstoffgehalt von tieferem Boden kann geringer sein als der der obersten Bodenschicht und man erspart sich daher das Beimischen von Sand. Wer sich nicht sicher ist, ob die Maulwurfserde locker und sandig genug ist, kann eine Fingerprobe machen (S. 17). Das Substrat sollte wie sandiger Boden schwer zu formen sein und leicht zerfallen. Ist das nicht der Fall, kann man ein wenig Sand zur Lockerung beigeben.

Töpfe: Selbermachen und verwenden, was man bereits hat

Bei den Diskussionen um das beste Saat- oder Pflanzgefäß scheiden sich die Geister der Gärtner. Aus Umweltschutzgründen werden gerne **Töpfe aus Papier und Karton** (S. 61) verwendet, die man zusammen mit den Sprösslingen auspflanzen kann, da die Wurzeln durch das Papier wachsen können und dieses verrottet. Sie trocknen jedoch schnell aus und zerfallen auch oft, bevor die Pflanzen groß genug sind, um sie ins Freiland zu bringen. Daher sind diese kompostierbaren Gefäße vor allem für Pflanzen geeignet, die schnell keimen und rasch wachsen (z. B. Kürbisgewächse oder Salat), und daher auch bald ausgepflanzt werden können.

Dominosteine wurden hier mit weißer Farbe, Sekundenkleber und Schaschlikspießen in Schilder für Kräuter verwandelt.

Eierschachteln, Karton und Papier

Wenn man viele Pflanzen vorziehen möchte, die rasch keimen und wachsen, und man daher eine größere Menge an Anzuchttöpfen braucht, sind **selbstgefaltete Papiertöpfe** oft die günstigste Lösung (S. 61). Noch dazu hat eine völlig unwissenschaftliche und inoffizielle Umfrage im Freundeskreis ergeben, dass selbst gefaltete Papiertöpfe den im Handel erhältlichen überlegen sind. Na also! Man spart sich einen Einkauf und recycelt! Eine weitere kostensparende Alternative zu gekauften Töpfen sind **Kartonröhren** (von Klopapier und Küchenrollen) oder **Eierschachteln**.

Trinkbecher, Joghurtbehälter und Milchkartons

Plastiktöpfe sind robuster und halten Feuchtigkeit gut, aber Ausgaben dafür können ein relativ großes Loch in das Gartenbudget reißen. Und schon wieder Plastik kaufen, wenn man doch versucht so umweltbewusst wie möglich zu leben! Warum also nicht deshalb die Plastikbehälter, die ungewollt mit dem Einkauf ins Haus gelangen recyceln? Längliche **Behälter**, die einst Gemüse enthielten, eignen sich für die kleinen Samen der Lichtkeimer. Abgeschnittene **Wasserflaschen** und **Milchkartons** haben die richtige Größe für die Jungpflanzen von Kürbissen, Gurken und Zucchini, und **Trinkbecher** geben den langen Wurzeln von Paprika, Chilis und Mangold genügend Platz. Man sollte allerdings nicht vergessen, Löcher in die Böden der Flaschen, Becher und Kartons zu stechen, um Staunässe zu vermeiden – am besten mit einem ausgedienten, an der Spitze erhitzten Schraubenzieher.

Beschriften nicht vergessen!

Ein Fehler, gegen den man selbst als erfahrener Gärtner nicht gefeit ist, dass man glaubt sich erinnern zu können, welche Samen in welchem Topf keimen. Ein paar Tage oder Wochen vergehen, man erblickt die ersten grünen Lebenszeichen und fragt sich: „Was war das noch mal?" Keimblätter der verschiedensten Pflanzen sehen sich sehr ähnlich, aber spätestens an den ersten richtigen Blättern kann man (meistens) erkennen, ob es sich um Tomaten, Paprika oder Kapuzinerkresse handelt. Doch welche Sorte genau, wird bis zur Blüten- oder Fruchtbildung ein Rätsel bleiben. Daher sollte man nicht vergessen, die Töpfe mit Etiketten zu versehen (z. B. aus recycelten **Verpackungsmaterialien**, ausgedienten **Bleistiften**, **Schneckenhäusern**, **Tonscherben** und **Eisstielen**), einem weichen Bleistift oder einem wasser- und möglichst lichtfesten Stift zu beschriften.
Jetzt kann es losgehen! Die Anzuchterde, verschiedene Töpfchen und Schalen hat man vor sich ausgebreitet und allerhand Gartenwerkzeug in greifbarer Nähe deponiert. Man liest sich die Anleitungen auf der Rückseite der Samenpäckchen durch und fühlt sich

Vermiculit entsteht durch Erhitzen des im Tonmaterial erhaltenen Wassers, das in Form von Dampf das Ausgangsmaterial ausdehnt und zu eckigen Würmchen formt.

Vermiculit: Ein preiswertes Füllmaterial

Die Gärtner Englands streuen eine dünne Schicht Vermiculit nach der Aussaat auf die Erdoberfläche, auch bei Samen der Lichtkeimern. Vermiculit sieht Katzenstreu oder Styroporflocken ähnlich, besteht aber aus einem natürlich vorkommenden Tonmaterial (meist eine Mischung aus Silikat, Magnesium und Aluminium) und Luft. Es ist leicht, reflektiert Licht, speichert Feuchtigkeit und wird deshalb auch im Gemüseanbau als Deckmaterial und Substratverbesserer verwendet. Im deutschsprachigen Raum bekommt man Vermiculit meist im Zoohandel, da es bei der Reptilienhaltung verwendet wird.

bestens informiert. Sollte man seine Samen jedoch von Tauschbörsen, Nachbarn, Freunden bezogen haben oder diese von gekauftem Gemüse aufbewahrt oder selbst gesammelt haben, stellen sich jetzt meist folgende Fragen: Wie tief müssen die Samen in die Erde? Wann muss ausgesät werden? Wie viel Sonnenlicht brauchen die Pflanzen? Wie oft muss gegossen werden?

Verluste beim Aussäen vermeiden: Saattiefe beachten

Samen werden grob in Licht- und Dunkelkeimer eingeteilt und dementsprechend tief (oder auch nicht) in die Erde gesteckt. Als **Lichtkeimer** (Tabelle, S. 64) bezeichnet man Pflanzen, deren Samen Licht zum Keimen benötigen. Deshalb werden diese meist sehr kleinen Samen nur wenig bedeckt. So mancher mischt die kleinen Samen mit Sand, so dass man die Samen regelmäßiger verteilen kann. Licht kann eine dünne Schicht aus Sand, Erde, Mulch oder Vermiculit durchdringen und es reicht oft schon ein kurzer Lichtimpuls, um den Samen zum Keimen zu bringen. Die Samen der Tabakpflanze keimen schon, wenn sie weniger als eine Sekunde Licht erhalten – und anscheinend sogar bei Mondlicht!
Das Gegenteil von lichtbedürftigen Samen sind die **Dunkelkeimer**. Bei Dunkelkeimern wird die Keimung durch Wasseraufnahme, Temperatur oder andere Umwelteinflüsse initiiert, aber durch Licht verhindert.

Eine solche Licht-Dunkel-, bzw. Schwarz-Weiß-Malerei wird jedoch der facettenreichen Natur nicht gerecht. So manche Lichtkeimer treiben auch im Dunkeln, wenn sich im Boden die richtige Mischung aus verschiedenen Elemen-

Die Samen-Versicherung

Schiefgehen kann immer etwas, selbst mit jahrelanger Erfahrung, dem besten Saatgut und dem perfekten Substrat. Deshalb sollte man nie alle Samen einer bestimmten Sorte aussäen, sondern immer ein paar Samen aufbewahren. Im Notfall kann nachgesät werden, man kann (bei älteren Samen) einen Keimtest machen, die verbliebenen Samen können bei der Identifizierung der Sorte helfen und man hat ein paar Samen als Sprossen und Mikrogrün übrig (S. 191).

1 Stockrosen bevorzugen einen dunklen, feuchten Platz zum Keimen und treiben selbst bei niederen Temperaturen aus.

2 Ein Papiertöpfchen aus buntem Packpapier.

ten befindet. Zum Beispiel können gewisse Stickstoffverbindungen Samen zum Keimen bringen, die eigentlich Licht dafür benötigen würden. Und obwohl im generellen Pflanzen mit großen Samen Dunkelkeimer sind, gibt es großsamige Pflanzen, die einem Lichteinfall ziemlich gleichgültig gegenüber stehen, wie z. B. Tomaten, Paprika und Sonnenblumen. Diese Samen sollten trotzdem das zwei- bis vierfache ihrer Samenlänge tief in die feuchte Erde gesetzt werden, so dass die Keimlinge Wurzeln bilden können und nicht vertrocknen.

Für starke Jungpflanzen: Mit Bedacht gießen

Unregelmäßiges Gießen oder kalte und nasse „Füße" nehmen Ihnen die jungen Pflänzchen übel. Besonders Acht geben sollte man vor allem bei südseitigen Fensterbänken, da dort die Töpfe schneller austrocknen. Man ist versucht, durch übermäßiges Gießen einer Austrocknung vorzubeugen, was allerdings zu Wurzelfäule oder zum Knicken der zarten Stängel führen kann. Deshalb wären die Sprösslinge auf einer Ost- oder Westseite besser aufgehoben, sollte man diese Möglichkeit haben. Lieber sparsam und regelmäßig mit einer **Sprühflasche** (z. B. eine sauber ausgewaschene Sprühflasche eines Haushaltsreinigers) gießen als selten und viel, da es zur Oberflächenverschlämmung und Verkrustung führen kann. Sollte sich die oberste Schicht der Erde verfestigen, kann man sie mit den Zacken einer alten Küchengabel vorsichtig lockern (S. 119).

Im **Haus** und auch im **Frühbeet** gießt man am besten mit **erwärmtem, abgestandenem Wasser**, wobei man das Fenster des Frühbeets so wenig wie möglich öffnen sollte,

GUT ZU WISSEN

Die Saat-Dosierflasche

Mit einer Flasche als Sähilfe spart man Zeit und Saatgut. Man bohrt durch den Korken einer Glasflasche ein Loch, durch das ein Strohhalm passt. Die Flasche wird mit einer Mischung im Verhältnis 1 : 1 aus Samen und feinem Sand gefüllt und mit dem Korken samt Strohhalm verschlossen. Somit rieseln die Samen sparsam und gleichmäßig in die Saatrillen und man erspart sich späteres Ausdünnen der Keimlinge.

Ein Tomatenpflänzchen mit Keimblättern (A) und den ersten richtigen Blättern (B). Um Verletzungen beim Umsetzen oder Pikieren zu vermeiden, fasst man die Pflanze nur bei den Keimblättern an.

um das empfindliche Mikroklima des Beetes nicht zu stören. Lüften und Gießen ist allerdings unbedingt notwendig, wenn die Sonne länger auf das Frühbeet scheint. Rote Spinnmilben fühlen sich in trockenen, eingeschlossenen Räumen wohl und sind nicht wählerisch in ihrer Kost. Man vertreibt sie am besten mit feuchter Luft, d. h. Abspritzen der Pflanzen mit Wasser und kräftiges Gießen, oder mit einem selbstgemachten Pflanzenschutzmittel (S. 112).

Keimlinge warm halten mit improvisierten Gewächshäusern

Viele Pflanzen, vor allem nicht winterharte, brauchen eine relativ hohe Temperatur zum Keimen. Zum Beispiel keimen Chilis und Paprika am besten bei mehr als 20°C, Physalis brauchen 25°C. Auch Samen von Wurzelgemüse oder Kohl keimen nicht, wenn es zu kalt ist, oder die Keimlinge stellen gar das Wachstum ein. Da der Frühling im Bergland und im Norden spät eintreffen kann und man außerdem nicht vor strengen Spätfrösten gefeit ist, sollte man versuchen, die Wachs-

Die Samen des Ziertabaks brauchen nur einen kurzen Lichtimpuls zum Keimen.

Die Bohnen in der oberen Reihe wurden mit Magermilch und Wasser gebeizt, die untere Reihe nur in Wasser gelegt.

tumsperiode im Gemüsegarten zu verlängern. Das ist besonders wichtig, wenn man sich soweit wie möglich selbst versorgen möchte. Wer nicht der glückliche Besitzer eines (beheizbaren) Glashauses oder Wintergartens ist, kann sich mit **Einmachgläsern, Käseglocken, Fensterscheiben** und **Aquarien** behelfen.

Aquarien und Terrarien

Sollte man ein stillgelegtes Aquarium oder Terrarium im Keller stehen haben, könnte man diesem ein zweites Leben als Minigewächshaus einhauchen – vielleicht sogar **mit Licht**, sollte dies noch funktionieren! Sollte das der Fall sein, könnten die Jungpflanzen in einem warmen, dunklen Raum vorgezogen werden, da die meisten Aquarienbeleuchtungen genügend Licht für das Wachstum der Keimlinge geben.

☞ GUT ZU WISSEN

Ein Samenbad aus Milch und Honig

Schon seit der Antike hat man Samen gebeizt, um die Keimfähigkeit zu steigern und die Samen vor Krankheitserregern und Schädlingen zu schützen. Schwarzer Tee und Kamillentee, Sude aus Eichenrinde und -blättern oder ein Bad aus einem Gemisch im Verhältnis 1 : 1 aus Magermilch und Wasser sollen antibakterielle Eigenschaften haben. Schachtelhalmbrühe und Warmwasserbehandlungen hat man gegen Pilzerkrankungen und Schädlingsbefall verwendet, und so mancher Gärtner schwört auf Baldrian (Tabelle, S. 114). Die relativ dünnhäutigen Samen der Kohl- und Kürbisgewächse sollte man 20–30 Minuten lang einweichen, dickschalige Schmetterlingsblütler wie Bohnen und Erbsen bis zu 2 Stunden und alle anderen Gemüsearten ca. 1 Stunde lang.

Faltanleitung für Anzuchttöpfchen aus Papier

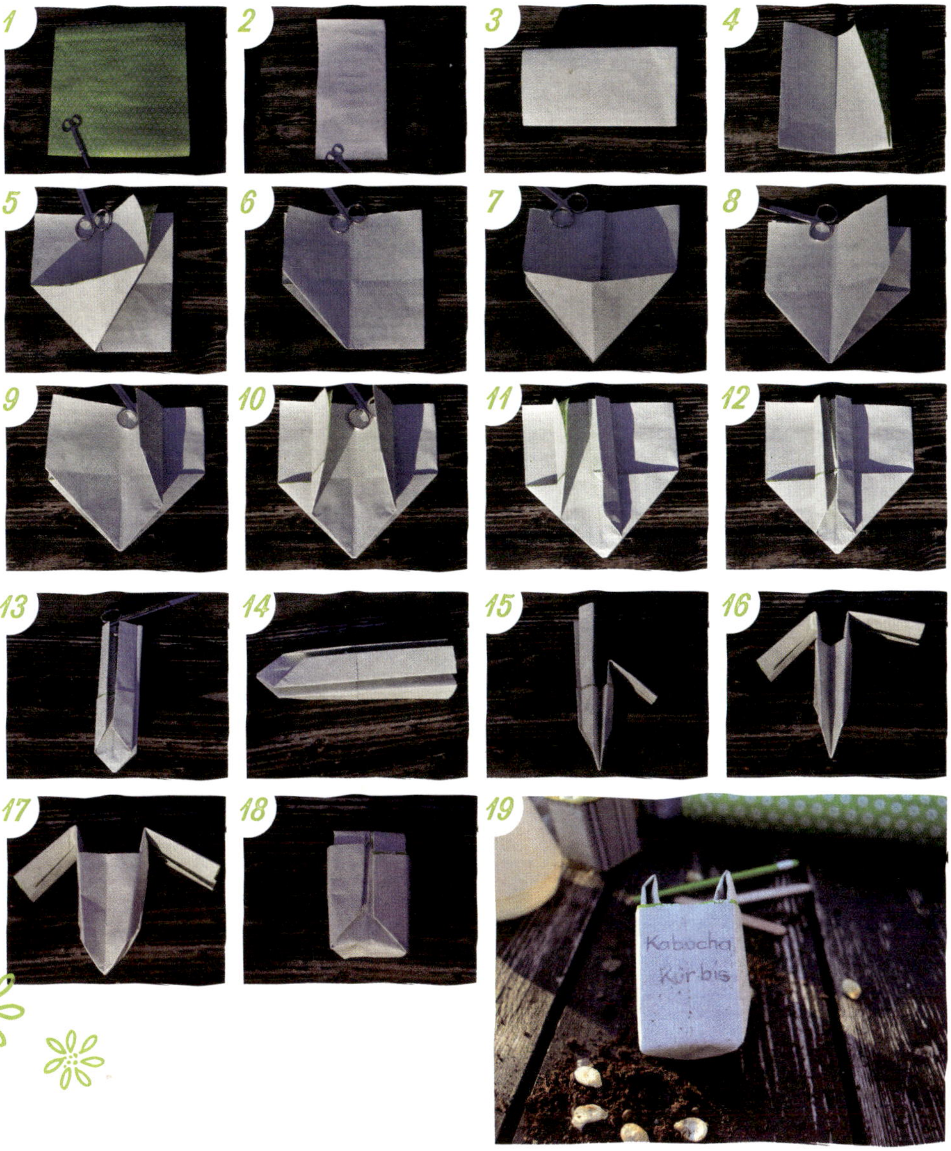

Faltanleitung Papiertopf: Ein Stück Papier wird einmal quer und dreimal entlang der Länge gefaltet (1, 2, 3). Man legt das gefaltete Teil vor sich hin wie ein offenes Buch (4) und klappt die linke Seite auf, wobei sich im unteren Teil ein Dreieck faltet (5). Das stülpt man ins Innere und klappt die linke Seite wieder zu (6). Man klappt die rechte Seite auf und wiederholt den Vorgang (7, 8). Als nächstes nimmt man den rechten oberen Flügel, klappt ihn bis zur Mitte ein und wiederholt den Vorgang links. Der rechte Flügel wird noch einmal in die Hälfte gefaltet, genauso links (11, 12). Man dreht das Papier um und faltet die zweite Seite genauso wie die erste Seite, bis eine Art gefaltete Rakete entsteht (13, 14). Die Seitenteile biegt man um (15, 16), zieht den Topf sanft auseinander (17-19) und drückt den Boden und die beiden Laschen links und rechts hinein. Fertig!

Kleine Samen mischt man am besten mit Sand, sät diese in ein flaches Gefäß und pikiert die Keimlinge sobald sich die ersten richtigen Blätter zeigen. Von rechts oben im Uhrzeigersinn: Samen von Andenbeere, Johanniskraut, Bohnenkraut, Schnittlauch, Lobelien und Basilikum.

Auch Paprika und Chili profitieren von einem Minigewächshaus aus Wasserflaschen. Hier wurde der Flaschenboden entfernt. Während einer nassen und kühlen Periode werden die Flaschen verschlossen. Sobald sich Boden und Luft erwärmen, öffnet man den Flaschenverschluss.

Keimlinge pikieren

Wer mehrere kleine Samen breitwürfig in größere Gefäße gesät hat, sollte die Pflänzchen etwa nach der Bildung des zweiten Blattpaares (d. h. die ersten richtigen Blätter) pikieren.
Am besten füllt man dafür die vorgesehenen neuen Gefäße mit Erde, wässert sie und bohrt in der Mitte (z. B. mit einem Zahnstocher) ein Loch. Damit die oft schon langen Wurzeln nicht beschädigt werden, sollte das Loch recht tief sein. Dann setzt man den Keimling vorsichtig (an den Blättern anfassen, damit der Stängel nicht verletzt wird) in das Loch, so dass alle Wurzeln mit Erde bedeckt sind. Danach wird die Erde leicht angedrückt, ggf. auch noch aufgefüllt. Beim Andrücken sollte man es nicht übertreiben, um die Wurzeln nicht zu beschädigen.

Große Gurkengläser, durchsichtige Plastikbehälter und Flaschen

Ein Gurkenglas oder eine bodenlose Plastikflasche über ein Töpfchen gestülpt und klare Plastikverpackungen, in denen Trauben, Beerenobst o. ä. enthalten waren, eignen sich besonders gut als **Minigewächshäuser**. Sie schützen den Keimling vor Temperaturschwankungen und erhöhen die Luftfeuchtigkeit. Es kann jedoch unter diesen Plastikhüllen und Gläsern leicht zu Schimmelbildung kommen, daher sollte man auf ausreichend Luftzufuhr achten und sparsam gießen, am besten mit einer Sprühflasche.
Auch im Freiland schützt man Keimlinge vor kühlerem Wetter, indem man eine Wasserflasche, ein großes Gurkenglas oder eine alte Käseglocke darüberstülpt. Sobald die Pflanzen aus ihren gläsernen Gefängnissen entweichen wollen, entfernt man diese.

Gemüsepflanzen können auch von getrockneten Hülsenfrüchten und Gewürzkörnern gezogen werden. Von links nach rechts: Kürbis, Senfkörner, Feuerbohnen, Wachsbohnen, Kümmel, Erbsen, Koriander, Saubohnen (Puffbohne), Gurken und Chilis.

Von der Gemüsekiste in die Samentöpfchen

Sollte man nur ein paar Samen für einen Balkonkasten brauchen, kann man Kümmel, Fenchel, Koriander und Senfkörner vom Gewürzregal verwenden.
Auch getrocknete Bohnen und Erbsen eignen sich zum Aussäen, allerdings sollte man mit einer verminderten Keimfähigkeit rechnen.
Aus Samen von im Lebensmittelhandel gekauften Tomaten, Paprika und Chili können kräftige Pflanzen wachsen, jedoch eignet sich nicht jede Sorte für den Hausgarten. Nehmen Sie nur ein paar Samen oder Körner und pflanzen Sie nur die drei kräftigsten aus. Sollte sich nach der Ernte herausstellen, dass die Früchte nicht den Erwartungen entsprechen, hat man nicht viel Platz, Töpfe und Zeit verloren. Aber sollte sich Tomate X aus Supermarkt Y als ein Favorit herausstellen, hat man genügend Früchte (und Samen), um diese Sorte weiterhin anzupflanzen.

Fensterscheiben an der Hausmauer

Robustere Pflanzen (z. B. Rüben, Lauch, aber auch viele Wildblumen) geben sich mit **Fensterscheiben** oder einer **Duschkabinen-Tür**, die an einer süd- oder südwestseitig gelegenen Hausmauer gelehnt sind, zufrieden. Das Mikroklima ist selbst unter einer nur angelehnten Glasscheibe um einiges freundlicher zu den Keimlingen als außerhalb dieses improvisierten Frühbeets. Die Pflänzchen sind vor Wind und leichten Frösten geschützt, und nicht nur an Sonnentagen ist die Temperatur unter den Scheiben höher als die der Umgebung.

Mist hält die Füße der Pflanzen warm

Mit Treiblöchern geht's schneller

Wer viele Kürbispflanzen oder Fruchtgemüse, wie z. B. Paprika und Tomaten direkt säen möchte, kann sich mit **Treiblöchern** oder einem Mistbeet behelfen. Dafür braucht man **alte Fenster** oder Plexiglas-Schiebetüren (die vielleicht einmal ein Teil einer Duschkabine waren) und **Pferdemist** oder guten **Kompost**. Man hebt einen ca. 40 cm tiefen Graben aus, der ein wenig schmäler ist als das Fenster oder die Schiebetür. Diesen Graben füllt man nun bis auf die letzten 7 cm mit Pferdemist oder Kompost, darüber kommt eine Schicht guter Gartenerde. Die Fenster oder Duschkabinentüren werden darauf gelegt, dann wartet man, bis sich die Erde darunter erwärmt hat (Grafik, S. 65).

Bakterien und andere **Mikroorganismen** erzeugen während des Abbaus von Pferde-

Unterschiede Lichtkeimer zu Dunkelkeimern

Lichtkeimer	Dunkelkeimer
kleine Samen	große Samen
nach dem Aufquellen brauchen sie einen Lichtimpuls zum Keimen	Licht hemmt die Keimung
meist großflächig aussäen und pikieren, oft Direktsaat ins Beet	am besten jeden Samen in einen eigenen Topf oder max. drei Samen pro Topf
Samen nicht oder nur ganz dünn bedecken	mindestens 2–4 mal so tief in den Boden stecken, wie der Same lang ist
z. B. Thymian, Basilikum, Salat, Möhren, Fleißiges Lieschen, Schafgarben, Löwenmäulchen	z. B. Bohnen, Erbsen, Ringelblumen, Rittersporn, Flockenblumen, Kapuzinerkresse

mist und Kompost Wärme, die die Keimung der Samen vorantreibt und dem Wachstum hilft. Das Erwärmen des Bodens unter der Fensterscheibe dauert je nach Witterung von ein paar Tagen bis zu einer Woche. Sobald der Boden sich durch den Verrottungsprozesses des Pferdemists und durch die Sonneneinstrahlung erwärmt hat, kann man aussäen.

Frühbeete gegen Bodenfrost

Frühbeete aus Plexiglas und Holz werden im Fachhandel angeboten, aber wenn man ein paar **Holzlatten**, **Bretter** und eine **Glasscheibe** (auch Milchglas funktioniert) übrig hat, ist ein einfacher Frühbeet-Kasten schnell zusammen gezimmert (Grafik, S. 67). Auch hier gilt es den Boden mit Pferdemist vorzubereiten, so dass das Mikroklima im Frühbeet auch an kalten Nächten bedeutend angenehmer ist, als das im Freiland. Die niedere Seite des Frühbeetes sollte nach Süden oder Südwesten ausgerichtet sein und man könnte zur besseren Isolation Erde um den Holzkasten herum anhäufen.

Plastikfolie und Karton: Dunkles Material wärmt den Boden

Eine **schwarze Plastikfolie** ist eine günstige Methode, um den Boden vor dem Säen oder Auspflanzen zu erwärmen und Beikräutern Einhalt zu gebieten. Auf einem vorbereitetem Beet werden Kartons und/oder dunkle Plastikfolien (oder auch leere Erdsäcke, mit der schwarzen Innenseite nach oben) auf das vorbereitete Beet gelegt und mit Steinen oder Ziegeln beschwert.

– 65 –

Pflanzen aus Samen ziehen: So gelingt's!

1

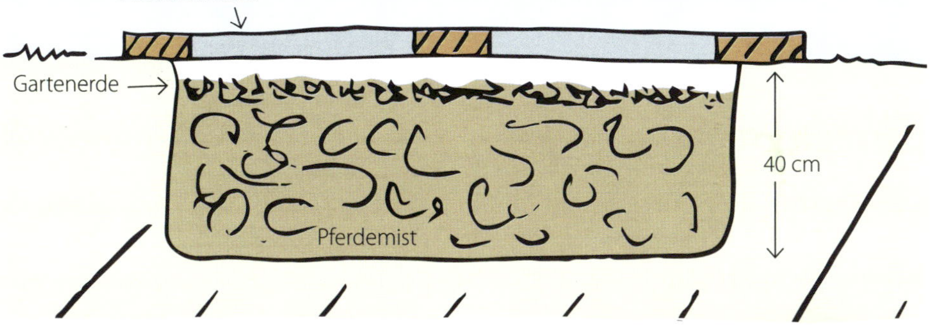

2

3

1 Ein Mistbeet für Kürbisse und Gurken und andere wärmeliebende Pflanzen, das sich auch zum Vorziehen eignet.

2 Selbstgefaltete Papiertöpfe mit Artischocken-Keimlingen in einem umfunktionierten Aquarium mit Licht. Die Etiketten wurden aus Milch- und Saftverpackungen geschnitten.

3 Ein- und mehrjährige Pflanzen werden in einem selbstgemachten Gewächshaus aus Paletten und Folie vorgezogen.

4 Kornraden von Samen gezogen für Wildblumenwiesen und Beete.

5 Auberginen können sehr nachtragend sein, wenn sie kalte Füße bekommen. Sie fühlen sich in einem Mistbeet wohl, das wärmt ihnen die Füße und versorgt die hungrige Pflanze mit Nährstoffen.

4

5

Frostschutz für das Hochbeet aus einer Palette und den Schiebetüren der alten Duschkabine ohne großen Aufwand selbst gemacht.

Gemüse von Samen zu ziehen kostet wenig und man hat eine große Auswahl an alten und selten gewordenen Sorten.

Phänologie: Veronica, der Lenz ist da!

Schon seit Jahrhunderten haben Bauern die Zeichen der Natur beobachtet und dadurch erfahren, wann der beste Zeitpunkt zum Säen und Setzen ist. Man lernte Kohl, Karotten und Rüben auszusäen, wenn der Flieder seine ersten Blätter bekam und der Löwenzahn blühte, mit Gurken und Bohnen zu warten, bis der Flieder in voller Blüte stand.

Aus so manchen Beobachtungen haben sich die Bauernregeln entwickelt. Da hier die Naturbeobachtungen an einen bestimmten Zeitraum gebunden sind (z. B. Lichtmess im Klee, Ostern im Schnee), hat sich deren Trefferquote in Zeiten des Klimawandels deutlich vermindert.

Man fährt um einiges besser, wenn man auf den phänologischen Kalender achtet, da sich dieser nach dem Auftreten wiederkehrender biologischer Ereignisse im Jahresverlauf richtet, wie beispielsweise das Pflanzenwachstum, der Bienenflug und die Vogelmigration. Schneeglöckchen läuten den Vorfrühling ein und das Gartenjahr beginnt mit der Vorbereitung von Beeten und dem Pflanzen wurzelnackter Stauden. Im Hochfrühling erinnern uns strahlend gelbe Forsythien an das Rosenschneiden und -düngen. Der Spätsommer verabschiedet sich mit den roten Beeren der Eberesche und das letzte bisschen Brennsesseljauche kommt den spät blühenden Astern, Dahlien und Sonnenbräuten zugute.

Das Eintreten dieser biologischen Ereignisse deckt sich nicht mit bestimmten Tagen im Jahr, sie sind regional unterschiedlich und können sich von Jahr zu Jahr ändern. In Gartenmagazinen, im Buchhandel und im Internet findet man Phänologische Kalender und Hinweise, welche Gartenarbeiten wann durchgeführt werden sollten. Aber natürlich könnte man auch, sollte man Lust, Laune und Zeit dazu haben, seine eigenen Beobachtungen machen, wie sich der Garten im Laufe eines Jahres verändert. So findet man wirklich am zuverlässigsten heraus, wann man die Rosen schneiden sollte, ob es sinnvoll ist die Paprika schon bei der Forsythienblüte vorzuziehen und, ob man doch besser mit dem Setzen der Frühlingsblüher warten soll, bis sich das Laub der Kastanien verfärbt hat.

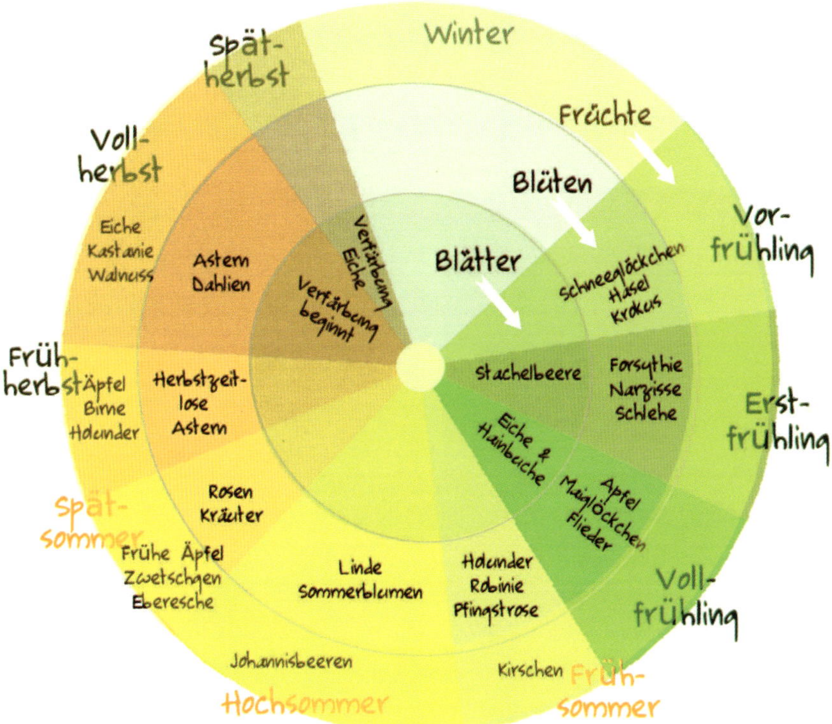

Ein vereinfachter phänologischer Kalender für Mitteleuropa.

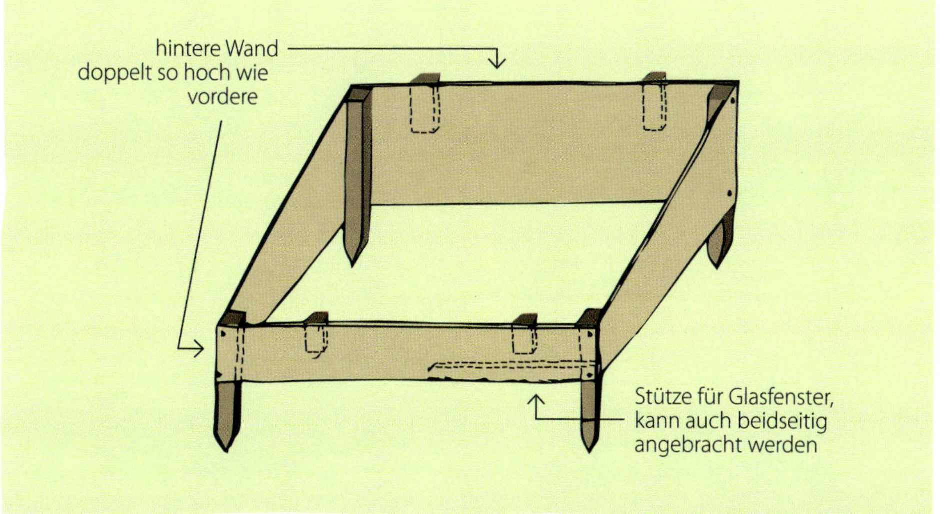

Ein Frühbeet ist aus ein paar alten Brettern, Kanthölzern und einem alten Fenster schnell selbst gebastelt. Das Frühbeet sollte mind. 50 cm breit und vorne ca. 15 cm hoch sein. Es muss möglich sein, das Fenster an warmen Tagen zum Lüften zu kippen oder es zu entfernen. Während kalter Nächte kann man das Beet mit Karton, einer alten Decke oder Jutesäcken zudecken.

Aus eins mach viele oder wie man Pflanzen vegetativ vermehrt

Wilde Lupinien im Gartenbeet, die aus selbst gesammelten Samen gezogen wurden. Die rosa Lupinie war eine freudige Überraschung.

Viele Pflanzen lassen sich durch Ableger, Knollen oder Wurzelballenteilung vegetativ vermehren und da die Jungpflanze aus einem Teil der Mutterpflanze entsteht, ist sie mit ihr genetisch identisch, ein Klon sozusagen. Diese Vermehrungsart kann man bei **Wildblumen** anwenden, natürlich auch bei den meisten der eigenen **Gartenpflanzen** und so kann man sich auch Pflanzen von Familie und Freunden in den eigenen Garten holen.

Vegetative Vermehrung eignet sich auch gut, wenn man zum Beispiel Großmutters Geraniensorten vervielfachen möchte, **alte Bauerngartenblumen** zu sich holen will oder mit **Beerensträuchern**, von denen man selbst als Kind naschte, den Garten der eigenen Kinder bereichern möchte.

Vegetative und generative Vermehrung

Unter vegetativer Vermehrung versteht man die ungeschlechtliche Vermehrung von Pflanzen aus bestimmten Teilen der Pflanze, beispielsweise von Trieben, Wurzeln oder Blättern. Diese Pflanzen enthalten das gleiche Erbgut und somit die gleichen Eigenschaften als die Mutterpflanze, da sie aus ihrem Gewebe stammen.

Im Gegensatz dazu werden Samen durch Befruchtung gebildet (generative Vermehrung), d. h. die Eigenschaften von zwei Pflanzen werden kombiniert. Da die Jungpflanze durch die Kombination des Erbgutes zweier Elternpflanzen entsteht, ist sie den Elternpflanzen ähnlich, aber nicht identisch. Das bekannteste Beispiel für generative Vermehrung sind die Erbsen Gregor Mendels, der beobachtete, dass aus einer Kreuzung weißer mit violetten Erbsen rosa Erbsen entstanden sind. Generative Vermehrung bzw. Kreuzung verwendet man, um neue Pflanzen mit neuen Eigenschaften zu züchten.

Vermehrung durch Teilung – Wurzeln, Knollen & Zwiebeln

Wurzelballenteilung bei Stauden, Kräutern und Gräsern

Die einfachste Methode der vegetativen Vermehrung ist eine Wurzelballenteilung. Hierfür braucht man nicht mehr als einen **Spaten**, eine Pflanze mit einem großen, **mehrtriebigen Wurzelballen** und Platz für die Teilstücke. Eine Teilung ist auch bei Stauden zu empfehlen, die für ihren Platz zu groß oder blühfaul geworden sind. In diesem Fall ist das Teilen eine Verjüngungskur!
Diese Methode funktioniert am besten, wenn sie die ersten grünen Triebe zeigen, aber noch bevor das Wachstum so richtig in die Gänge kommt. Auch im Herbst, nachdem die grünen Teile braun geworden sind, kann man einen Wurzelballen teilen.
Graben Sie an einem trüben, kühlen Tag den Wurzelballen aus, teilen Sie ihn mit der Hand (oder mit dem Spaten, im Notfall mit einem Messer) in möglichst viele kleine Stücke. Kürzen Sie die Wurzeln ca. 1/3 ein und stecken Sie das Teilstück in feuchte, aber nicht nasse Erde. Selbstgemachte Anzuchterde (S. 54) eignet sich ausgezeichnet.

In den ersten Wochen muss der Wurzelballen vor Austrocknung geschützt werden, da er erst feine Wurzeln bilden muss, um genügend Wasser und Nährstoffe aufzunehmen. Wurzelballenteilung ist bei vielen mehrjährigen Pflanzen möglich, wie z. B. **Sonnenhut**, **Lampionblumen** und **Astern**, aber auch bei **Kräutern** (z. B. Oregano und Thymian) und bei Ziergräsern (Tabelle, S. 77).

Ein im Herbst ausgegrabener Wurzelballen eines Sonnenhutes (1) wird mit einem scharfen Messer in mehrere Teile geschnitten (2). Die Wurzelballen werden von toten Wurzeln gereinigt (3), in Töpfe gepflanzt und gut eingegossen (4).

GUT ZU WISSEN

Ziersträucher rasch vermehren

Viele (Zier)Sträucher bilden mehrere Triebe, die getrennte Wurzeln haben. Wer einen schönen Strauch hat und wem eine Vermehrung durch Stecklinge zu lange dauert, kann ihn ausgraben und noch vor dem Austreiben in mehrere Teile reißen oder hacken. Der Strauch wird ca. 1/3 zurückgeschnitten und eingegraben.

Wurzelschnittlinge vom Bauerngarten

Wurzelschnittlinge werden auch Wurzelstecklinge genannt, da man von einer dicken, fleischigen Wurzel, die entlang der Oberfläche läuft, Stückchen schneidet und diese in Anzuchterde steckt. Pflanzen, zum Beispiel Malven, Schlehen und Adlerfarn, die sich durch **Wurzelausläufer** selbst vermehren können, sind dafür besonders gut geeignet. Man braucht ein **Wurzelstück**, auf dem sich **mindestens ein Knospentrieb** befindet, eine Grabegabel, ein scharfes Messer (oder eine Schere) und (selbstgemachte) Töpfe gefüllt mit Anzuchterde (S. 55).
Wurzelschnittlinge werden ebenso wie Wurzelballen entweder am Anfang oder am Ende der Wachstumsperiode ausgegraben, also entweder am **Frühlingsanfang** oder im **Spätherbst**. Die Wurzel wird in Stücke geschnitten, die mindestens einen Knospentrieb aufweisen. Dann wird das Wurzelstück in einen Topf mit Anzuchterde gesteckt, so dass der **Knospentrieb nach oben** zeigt. Stellen Sie den Topf an einen hellen Platz, sobald sich der erste kräftige Trieb zeigt.

1

2

3

Oregano bildet Ausläufer, aus denen man neue Pflanzen ziehen kann. Ein Ausläufer mit gut ausgebildeten Wurzeln (1) wird von der Mutterpflanze abgeschnitten, in einen Topf mit feuchter Anzuchterde gegeben (2), sanft festgedrückt und mit Kies o. ä. bedeckt (3).

Gelingt (fast) immer – die Vermehrung von Sonnenhüten durch Wurzelteilung.

Pfingstrosen haben knollenartige Wurzeln, ähnlich der Dahlien, die man als Wurzelschnittlinge vermehren kann.

Blumenzwiebel und -knollen

Kräftige Pflanzen bilden an der Mutterknolle kleine Auswüchse – die Tochterknollen genannt – die in ca. 2–4 Jahren zu einer erwachsenen, blühenden Pflanze werden. Graben Sie **nach dem Vergilben des Laubes** die Mutterpflanze vorsichtig aus, befreien Sie sie von Erde und lassen Sie sie ein wenig **trocknen**. Entfernen Sie die Töchter von der Mutterzwiebel oder -knolle erst, nachdem sie trocken sind, da dies Pilzbefall vorzubeugen scheint.

Die Mutterpflanze kann wieder zurück an ihren angestammten Platz, die kleinen Zwiebelchen werden jedoch kühl, dunkel und trocken überwintert. Im Frühling sollten sie in ein **nährstoffreiches Beet** gesetzt werden, wo sie die nächsten Jahre ungestört gedeihen können. Wer aus Platz- oder Zeitgründen die kleinen Zwiebeln nicht vorziehen möchte, kann diese an den ihnen bestimmten Platz setzen. Dann sollten Sie jedoch gut mit **Kompost** oder **Pferdemist** mulchen, um den Zwiebelchen die nötigen Nährstoffe zu geben.

GUT ZU WISSEN
Beerenobst vermehren

Stachel- und Johannisbeeren kann man zwar aus Stecklingen ziehen, aber sie wachsen kräftiger und man bekommt schneller größere Pflanzen, wenn man sie von Absenkern vermehrt. Dazu nimmt man einen langen, einjährigen Trieb, biegt ihn zum Boden und steckt ihn fest. Nach einem Jahr sollte er gut gewurzelt sein und kann umgepflanzt werden.

Vermehrung durch Stecklinge

Viele mehrjährige Gehölze, Sträucher und Stauden können durch Stecklinge vermehrt werden, da sie zur **natürlichen Ablegerbildung** neigen. So kann sich z. B. die Forsythie vermehren, indem sie einen Ast auf den Boden senkt und dieser dort Wurzeln bildet, wo er den Boden berührt.

GUT ZU WISSEN

Rosen vermehren

Die Königin des Gartens lässt sich, entgegen dem Volksglauben, relativ leicht vermehren. Die meisten der Strauch- und Buschrosen wachsen problemlos aus einem Steckling. So holte man sich früher üppige Rosenbüsche in den Bauerngarten und trug dabei unbewusst zum Erhalt alter Sorten bei.

Kletterrosen kann man durch Ableger vermehren, indem man einen biegsamen, grünen Trieb mit einem Widerhaken oder gabelnden Ästchen am Boden befestigt. Um das Wurzeln zu beschleunigen, kann man an der Stelle, an dem der Rosentrieb den Boden berührt, den Trieb anritzen, die Erde rundum anhäufen und zusätzlich ein paar Weidenzweige hineinstecken.

Stecklinge von Rosen kann man während der Wachstumsperiode nehmen, am besten eignen sich grüne, feste Triebe. Mit diesen verfährt man so wie mit anderen verholzenden Trieben, vor allem sollte man aber darauf achten, die Rosenstecklinge vor direktem Sonnenlicht zu schützen.

Absenker und Ausläufer: Eine Pflanze klont sich selbst

Da sich in diesem Fall die Pflanze selbst vegetativ vermehrt, kann diese Methode genau genommen nicht zur Stecklingsvermehrung zählen. In der Nähe von Forsythien, Erdbeeren, Himbeeren oder Wildrosen finden sich **Jungpflanzen**, die aus Ausläufern oder Zweigabsenkern gewachsen sind. Sie sind

Mit Kletterrosen den Garten verschönern.

vielleicht noch mit einer,Nabelschnur' in Form eines dünnen Triebes mit der Mutterpflanze verbunden, die man beim Ausgraben jedoch getrost durchtrennen kann. Dieser Selbstvermehrung kann ein bisschen nachgeholfen werden, indem man Absenker mit einem Widerhaken oder einer Astgabel **am Boden befestigt** und die Erde um die wurzelbildende Stelle anhäuft.

Holzige oder verholzende Triebe von Sträuchern, Kletterpflanzen und Beerenobst

Diese relativ einfache Methode kann bei vielen holzigen Pflanzen angewandt werden und eignet sich hervorragend, Schmetterlingsflieder, wilden Wein oder Johannisbeeren zu vermehren (Tabelle, S. 77). Es kann zwar bis zu einem Jahr dauern, bis die Setzlinge Wurzeln und Triebe bilden, aber dafür ist die Ausfallquote relativ gering. Stecklinge schneidet man am besten in der **Ruheperiode** der

Rosenstecklinge werden in Anzuchterde gesteckt und regelmäßig mit Weidenwasser gegossen (1). Nach 1–2 Monaten sollten sich die ersten Wurzeln geformt haben (2) und nach einem weiteren Monat die ersten Blätter (3). Herstellung Weidenwasser S. 75.

Pflanze, nach dem Laubfall und noch vor dem Austreiben.
Man nimmt **einjährige, unverzweigte Triebe** mit etwa 4–6 Knospen, die unter einem Auge (Knospe) schräg abgeschnitten werden. Die grünen, noch nicht verholzten Triebspitzen der Ästchen werden mit einem geraden Schnitt entfernt. Die Stecklinge können, mit der schrägen Schnittstelle nach unten, **direkt in den Boden gepflanzt werden** oder in Töpfen mit feuchter Anzuchterde an einem frostfreien Platz überwintern.

Ein bunter Balkon dank grüner Triebspitzen: Kopfstecklinge

Von **nicht verholzenden, mehrjährigen Sommerblühern und Kräutern** kann man aus den noch weichen Triebspitzen der Mutterpflanze junge Pflanzen ziehen. Man nimmt dazu die Spitze eines kräftigen Triebes der Mutterpflanze (Kopfsteckling), noch bevor sich Blütenknospen bilden. Davon entfernt man 2/3 der Blätter (die unteren zuerst) und steckt den Trieb in feuchte Anzuchterde.

Kopfstecklinge werden während der Wachstumsperiode, idealerweise **vor dem Blühen** genommen. Da dies von Pflanze zu Pflanze unterschiedlich ist, werden grüne Steckling – im Gegensatz zu holzigen und immergrünen Stecklingen – zu verschiedenen Zeiten genommen.

Grüne Stecklinge, die man schon in Frühling nimmt, kann man nach ein paar Wochen bereits auspflanzen. Stecklinge, die jedoch erst im Sommer oder Herbst geschnitten wurden, z. B. von Astern, überwintert man am besten hell und frostfrei. Auf diese Art und Weise kann man nicht nur seinen Kräutergarten mit den verschiedensten Sorten

1 Die farbenfrohen Dahlien, die Bauerngärten schmücken, lassen sich aus Kopfsteckling und Knollen ziehen.

2 Der immergrüne Efeu lässt sich leicht vermehren und verschönert so manche Ecke.

3 Duftviolen werden durch Wurzelballenteilung und Wurzelschnittlinge vermehrt.

aufstocken, sondern auch mit Astern, Geranien und Flammenblumen (Phlox) Farbe in den Bauerngarten bringen

Immergrün bleibt immer grün

Allerhand immergrüne Stauden, wie z. B. Efeu, Dickmännchen oder Rosmarin kann man selbst durch Triebstecklinge vermehren, die man **ab dem Spätsommer** schneiden kann. Man nimmt nur die Triebe, die dieses Jahr gewachsen sind und bereits zu verholzen beginnen. Auch von ihnen entfernt man zwei Drittel der Blätter und lässt sie in Anzuchterde anwachsen, was bei Immergrün etwas länger dauern kann. Nur nicht die Geduld verlieren!

Geranien und Fetthennen durch Blätter vermehren

Unsere Großmütter haben schon ihre Geranien, Usambaraveilchen und Echeverien (Dickblattgewächse) von Blättern gezogen. Wenn man darauf achtet, dass die Blätter genügend Wärme und Feuchtigkeit zum Keimen haben, kann nichts mehr schief gehen. Man **schneidet ein Blatt** von der Mutterpflanze, ritzt die Blattunterseite ein und legt das Blatt mit der **eingeritzten Seite nach unten** auf Anzuchterde. Topf und Pflanze hell, aber nicht sonnig, und eventuell unter ein Minigewächshaus stellen. Ein umgedrehtes Gurkenglas genügt – aber Lüften nicht vergessen!

Gärtnern mit Selbstversamern und ausläuferbildenden Stauden. Hier haben sich Goldfelberich, gelber Wald-Scheinmohn und Polsterglockenblumen zwischen Taglilien und Frauenmantel eingenistet.

Altbewährte Tipps zur Stecklingsvermehrung

Weidenwasser: Ein natürliches Präparat für die Bewurzelung

Gärtnereien, und so mancher Hobbygärtner, verwenden synthetische Bewurzelungspräparate, die das Wurzelwachstum anregen und als Pulver, Tabletten oder Lösungen im Fachhandel erhältlich sind. Wer sich diese Ausgaben sparen möchte, kann auf ein altbewährtes Mittel zurückgreifen: **Weiden**. Sie wurzeln besonders rasch und ihre Pflanzenhormone regen auch andere Pflanzen an, Wurzeln zu schlagen. Oft reicht es schon, ein frisch geschnittenes Weidenzweiglein zu den Stecklingen zu geben, um die Wurzelbildung anzuregen.

Wundverschluss

Es kann vorkommen, dass man den Steckling nicht sofort einpflanzen kann, weil sie z. B. stark „blutet" (wenn Flüssigkeit aus einer Schnittwunde tropft). Die Pflanze verliert Wasser und Krankheitserreger dringen in die offene Wunde ein. Im Fachhandel ist eine

Weidenwasser: ein natürliches Bewurzelungs-hormon

Weiden sind Überschwemmungen ausgesetzt, deshalb wachsen sie rasch und können aus abgerissenen Zweigen austreiben und so neuen Lebensraum besiedeln. Die Salicylsäure (auch unter Aspirin bekannt), die in Weiden enthalten ist, verhindert ein Verschließen der Wunde, so dass ein Weidenzweig ungehindert Wasser und Nährstoffe aufnehmen kann. In Weiden findet man auch besondere Wachstumshormone (Auxine), die für eine rasche Wurzelbildung sorgen.
Um selbst Weidenwasser herzustellen, schneidet man von einer Weide junge, grüne Zweige ab und zerteilt diese weiter in ca. 3 cm lange Stücke. Bedecken Sie die Zweigstücke mit (Regen)Wasser und lassen Sie sie abgedeckt ca. 24 Stunden ziehen. Gießen Sie Ihre Stecklinge mit diesem Wasser, so dass die Erde leicht feucht, aber auf keinen Fall nass ist. Wer kein Weidenwasser zur Hand hat, aber in der Nähe eines Gewässers wohnt, schneidet einen Weidentrieb je Steckling ab und pflanzt diese beiden nebeneinander. Auch sind schon Aspirin-Tabletten in das Gießwasser gegeben worden, da die darin enthaltene Salicylsäure die Stecklinge schneller zum Wurzeln bringen soll.

Vielzahl von Wundverschlussmitteln erhältlich, als kostensparende Methode empfiehlt sich Holzkohleasche, Lehm oder die Wunde kurz in heißes Wasser eintauchen.

Hohe Luftfeuchtigkeit: Wurzeln treiben aus

Durch hohe Luftfeuchtigkeit kann man den Steckling zum Austreiben der Wurzeln animieren. Die Standardmethode, um durch hohe Luftfeuchtigkeit den Steckling zu animieren, Wurzeln auszutreiben, ist, eine Plastiktüte mit Löcher über Topf und Steckling zu stülpen – und regelmäßiges Lüften möglichst nicht zu vergessen. Jedoch hat sich durch persönliche Erfahrung und Austausch mit Hobbygärtnern gezeigt, dass ein Ausfall durch Schimmelbildung bei dieser Methode sehr hoch sein kann. Weit bessere Erfahrungen wurden gemacht, wenn die Stecklinge zum richtigen Zeitpunkt, bzw. beim „richtigen" Wetter geschnitten und gesetzt wurden. Schneiden Sie die Stecklinge an einem **kühlen**, **bedeckten** und **windstillen Tag** und stellen Sie die Töpfchen an einem hellen Ort, jedoch **geschützt vor Zugluft und direktem Sonnenlicht**.

Stecklinge lieben warme Füße

Benützen Sie deshalb schwarze Plastiktöpfe, die von einem Pflanzenkauf im Frühling übrig geblieben sind und stellen Sie die Töpfe auf eine dunkle Unterlage, z. B. ein dunkles Holzbrett oder auf eine warme Mauer. Wer Stecklinge direkt ins Freiland setzen möchte, kann ihnen warme Füße mit Hilfe eines **Mistbeetes** (S. 65) bieten. Heben Sie im Herbst einen spatenstichtiefen Graben aus, füllen Sie ihn bis zu einem Drittel mit Mist und zu zwei Drittel mit Anzuchterde. Durch die Verrottung des Mists wird Wärme frei gesetzt, die die Füße der Stecklinge wärmt. Vorsicht jedoch, dass die Stecklinge die Mistschicht nicht berühren – sein hoher Nährstoffgehalt würde die Wurzelbildung hemmen!

Die Tabelle auf S. 77 *Pflanzen für vegetative Vermehrung* ist bestenfalls unvollständig, da sich viel mehr Pflanzen für diese Art der Fortpflanzung eignen als Platz ist. Wenn Sie selbst ausprobieren möchten, ob sich eine bestimmte Pflanze vegetativ vermehren lässt, sehen Sie nach, ob die Pflanze vielleicht selbst Ableger, Ausläufer oder Rhizome bildet. Diese abschneiden und im Frühling, bei kühlem, feuchten Wetter dort setzen, wo Sie die Tochterpflanze gerne sehen würden. So einfach geht's!

Nicht alle Traubensorten müssen gepfropft werden, manche Sorten können durch Stecklinge vermehrt werden.

Pflanzen für vegetative Vermehrung

		unterirdisch: Wurzeln		oberidrisch: Stecklinge				
Pflanzen	**typisch für**	**WBT**	**WS**	**grün**	**wann**	**holzig**	**immer-grün**	**Ausläufer & Absenker**
Astern	Bauerngarten	WBT		gS	Sommer			A
Bambus	Gräserbeet, Sichtschutz	WBT	WS					A
Bartblume	Gräserbeet, Ziergarten					hS		
Bartnelke	Bauerngarten	WBT		gS	Früh-sommer			
Buche, Hain-	Hecke					hS		
Buchs	Beeteinfassung, Ziergehölz						Ig	
Dickmännchen	Bodendecker, Schatten			gS	Früh-sommer			A
Eberesche	Hecke, freistehend			gS	Früh-sommer	hS		
Efeu	Bodendecker, Kletterpflanze		WS				Ig	A
Erdbeeren	Beerenobst			gS	Sommer			A
Felberich	Bauerngarten	WBT	WS					A
Fetthenne	Bauerngarten, Steingarten			BS	Früh-sommer			
Forsythien	Hecke, freistehend			gS	Frühling	hS		A
Frauenmantel	Bodendecker, Feuchtbiotop	WBT						
Fuchsien	Balkon, Bauerngarten			gS	Früh-sommer			
Garternmohn	Bauerngarten	WBT						
Geißblatt	Kletterpflanze			gS	Sommer	hS		
Geranien	Balkon, Bauerngarten			BS, gS	Früh-sommer			
Glockenblumen, Polster-	Steingarten	WBT						
Gräser, Zier-	Gräserbeet	WBT						A
Hauswurz	Steingarten			BS				A

Legende
A - Ausläufer
BS - Blattsteckling
gS - grüner Steckling
hS - holziger Steckling
Ig - Immergrün
WBT - Wurzelballenteilung
WS - Wurzelschnittlinge

		unterirdisch: Wurzeln		oberidrisch: Stecklinge				
Pflanzen	**typisch für**	**WBT**	**WS**	**grün**	**wann**	**holzig**	**immergrün**	**Ausläufer & Absenker**
Heiligenkraut	Bauerngarten, Kräuter			gS	Frühling			
Himbeere	Beerenobst		WS			hS		A
Holunder	Hecken, freistehend			gS	Spätsommer			
Hortensien	Bauerngarten			gS	Spätsommer	hS		
Iris	je nach Art	WBT	WS					
Johannisbeeren	Beerenobst					hS		
Johanniskraut	Kräuter	WBT						
Katzenminze	Bauerngarten	WBT		gS	Frühsommer			
Kornelkirsche	Hecken					hS		
Kugeldistel	Gräserbeet, Ziergarten		WS					
Lampionblumen	Bauerngarten	WBT						
Lavendel	Kräuter						lg	
Lilien	Bauerngarten	WBT						
Majoran/ Oregano	Kräuter	WBT		gS	Frühherbst			
Malven	Stauden		WS					A
Margerite	Bauerngarten	WBT		gS	Frühsommer			
Mauerpfeffer	Steingarten	WBT		BS	Frühsommer			
Minze	Kräuter		WS					A
Mondviole	Bauerngarten, Schatten	WBT		gS	Sommer			
Nelke, Stein-	Steingarten	WBT		gS	Frühsommer			
Perovskia	Gräserbeet, Ziergarten			gS	Sommer	hS		
Pfaffenhütchen	Hecken		WS			hS		
Pfingstrosen	Bauerngarten		WS					
Phlox	Bauerngarten	WBT		gS	Frühherbst			
Prachtspiere	Feuchtbiotop		WS					
Rainfarn	Bauerngarten, Wildblumenwiese			gS	Sommer			

		unterirdisch: Wurzeln		oberidrisch: Stecklinge				
Pflanzen	**typisch für**	**WBT**	**WS**	**grün**	**wann**	**holzig**	**immer-grün**	**Ausläufer & Absenker**
Rittersporn	Bauerngarten	WBT		gS	Frühling			
Rosen	je nach Art					hS		
Rosmarin	Kräuter, Steingarten			gS	Sommer			
Salbei	Kräuter, Steingarten	WBT					lg	
Schafgarbe	Bauerngarten, Wildblumen-wiese	WBT		gS	Früh-sommer			
Schlehen	Hecken			gS	Früh-sommer	hS		A
Schmetterlings-flieder	Hecke, freistehend			gS	Früh-sommer	hS		
Schneeball	Hecke, freistehend					hS		
Schnittlauch	Kräuter	WBT						
Schwertlilie	je nach Art		WS					
Seifenkraut	Bauerngarten, Steingarten		WS					A
Sonnenauge	Bauerngarten	WBT		gS	Sommer			
Sonnenhut	Bauerngarten	WBT		gS	Sommer			
Stachelbeere	Beerenobst		WS			hS		
Sterndolde	Bauerngarten	WBT						
Stockrose	Bauerngarten		WS					
Storchschnabel	Bauerngarten, Bodendecker	WBT		gS	Früh-sommer			
Tränendes Herz	Bauerngarten	WBT						
Veilchen	Bauerngarten	WBT		gS	Sommer			A
Wegwarte	Wildblumen-wiese		WS					
Wilder Wein	Kletterpflanze					hS		
Zaubernuss	Zierstrauch					hS		
Zierquitte	Hecke, freistehend					hS		
Zitronenmelisse	Kräuter	WBT						

Legende
A - Ausläufer
BS - Blattsteckling
gS - grüner Steckling
hS - holziger Steckling
lg - Immergrün
WBT - Wurzelballenteilung
WS - Wurzelschnittlinge

Nützlinge anlocken und Schädlinge vertreiben

Hier wird der Natur auf die Finger geschaut. Sie lernen erwünschte und unerwünschte Gartentiere besser kennen, erfahren, wie Sie ein Heim für viele (nützliche) Arten schaffen und mit der Natur im Garten die Schädlinge im Zaum halten.

Wenn es an einem warmen Frühlingstag im Garten summt und brummt, fühlt man, dass die Natur so richtig zum Leben erwacht ist. Bienen besuchen die nektarreichen Blüten, Schmetterlinge taumeln über die Wiese und wenn der Tag sich verabschiedet, tanzen Mücken in den letzten Sonnenstrahlen. Wir freuen uns zwar über die Tiere im Garten, hätten aber trotzdem gerne, dass nur die ‚Guten' bei uns ein Heim finden. Auf Übeltäter wie Blattläuse, Schnecken und Raupen kann man gerne verzichten.
Ein artenreicher Garten, der den Tieren **verschiedene Lebensräume** bietet, ist die beste Versicherung gegen ein Überhandnehmen von Schädlingen und Krankheiten. Dadurch spart man sich so manchen Euro, den man ausgegeben hätte, um Pflanzen zu ersetzen und um Schädlingen beizukommen. Unaufgeräumte Ecken mit **Totholz**, Laub und Steinen oder Gartenblumen mit ungefüllten, einfachen Blüten und Gräser, die erst im Frühling zurückgeschnitten werden, bieten den verschiedensten Tieren Nahrung und Unterschlupf. Wer kann, lockt Nützlinge an, indem man einen Saum aus **Wildblumen** oder sogar eine Blumenwiese anlegt, eine **Trockensteinmauer** baut oder einen Platz für einen Teich oder ein **Feuchtbiotop** schafft.

Sanfte Pflege spart Arbeit und bringt Nützlinge

Manche Gärten kann man mit Insektenhotels regelrecht zupflastern, und trotzdem finden sich nur wenige Nützlinge ein. Solange Sie jedes Ästchen oder vertrocknete Blatt entfernen, das Gras mit Hilfe eines strengen Mäh- und Düngeregimes in einen exakten, aber monotonen Rasen verwandeln, exotische Pflanzen und barock gefüllte Blumen in die Beete setzen und Sie selbst der kleinsten Laus mit Pestiziden der Garaus machen, werden Sie keine Nützlinge anlocken.
Daher reicht es oft schon aus, Pflegemaßnahmen zu ändern (S. 162). So sollte man beispielsweise Stauden und Ziergräser erst **im Frühjahr zurückschneiden**, da sie vielen Nützlingen ein Überwinterungsquartier bieten und ihre Frucht- und Samenstände als Nahrungsquelle für Vögel dienen. **Vermeiden Sie nackte Oberflächen**, denn unter Bodendeckern, Mulch, abgestorbenen Pflanzenteilen und Laub versteckt sich eine Vielzahl an Räubern, wie z. B. Ohrwürmer und Laufkäfer, und Bodenorganismen sind vor hartem Frost geschützt. Versuchen Sie auch, gefüllte Blüten zu vermeiden, denn die vielen, dichten Blütenblätter verhindern, dass Insekten Zugang zu Pollen und Nektar haben.

☞ GUT ZU WISSEN

Schädlinge sollte man nicht ganz ausschließen und das Ökosystem nicht zu sehr stören, so dass Nützlinge noch etwas zu fressen haben und sich im Garten heimisch fühlen.

Eine Blattlausmutter sucht ein Heim für sich und ihre Nachkömmlinge.

Schwalbenschwanzraupen findet man auf Doldengewächsen, wie z. B. Fenchel, Pastinake und Wilde Möhre.

Lebensräume für Nützlinge schaffen: Vielfältig und ressourcenschonend

Legen Sie in Ihrem Garten oder auf Ihrem Balkon doch verschiedene Lebensräume an, anstatt viel Zeit und Geld in die Schädlingsbekämpfung zu investieren. Diese erhöhen die pflanzliche und somit auch tierische **Artenvielfalt** und schaffen ein Gleichgewicht zwischen den Pflanzenfressern, Räubern und Parasiten.

Igel sind willkommene Gäste in unserem Garten, denn auf ihrem Speiseplan stehen viele für uns lästige Gartenbewohner wie Schnecken und Käfer. In einem Laub- und Reisighaufen finden Igel ein **Überwinterungsquartier** und im Sommer können sie ihren Durst an aufgestellten **Wasserschalen** stillen. Im Herbst knabbern Igel auch gerne an Fallobst, um Kräfte für den Winterschlaf zu sammeln. Leider sind Igel in Gärten nicht mehr häufig anzutreffen und man muss ein bisschen Glück haben, damit sich ein stacheliger Geselle ansiedelt. Wer einem Igel ein Heim geben möchte, kann sich aber auch an **Tierschutzorganisationen** und **Wildtierheime** wenden (S. 207), die manchmal Tiere überwintern, die im Frühling wieder zurück in die Natur sollen.

Singvögel vertilgen eine beachtliche Menge an Insekten. Ein brütendes Meisenpaar etwa bis zu 36 kg pro Jahr! Seien Sie deshalb nicht allzu rigoros mit der Schädlingsbekämpfung. Falls nötig, kann man ein paar Blattläuse einfach abstreifen oder zerquetschen, vereinzelte Raupen sind schnell gesammelt, und sollte man ein paar übersehen haben, freuen sich Vögel, Igel, Kröten und auch Schlupfwespen.

Hecken: Früchte zum Konservieren und Lebensraum für viele Tiere

Hecken aus heimischen Gehölzen sind ein wunderbares Ökosystem, das nicht nur vielen Insekten, Spinnen, Vögel und Säugetieren einen Lebensraum bietet, sondern auch unser Leben bereichert. Eine ‚wilde' Hecke ist nicht nur in jeder Jahreszeit schön, sondern sie bereichert auch unsere Speisekammer mit **Tees, Säften** und **Eingemachtem** aus u. a. Schlehen, Kornelkirschen und Hagebutten. Immer mehr Gärtnereien bieten **heimische Gehölze** an, aber wer ein wenig Geduld hat, kann diese **aus Stecklingen und Ablegern** ziehen (S. 77). Oft findet man auch in einer unbeachteten Ecke des Gartens von selbst aufgegangene Jungsträucher, die nur darauf warten, umgepflanzt zu werden.

1 Ungefüllte Blüten der Stockrose locken Bestäuber und Nützlinge an.

2 Frösche brauchen seichte Stellen im Wasser, um warme Sonnenstrahlen tanken zu können.

3 Eidechsen siedeln sich oft schon nach kurzer Zeit auf nach Süden oder Südwesten ausgerichteten Trockenmauern an.

Erdkröten brauchen Totholzecken und Feuchtbiotope

Die dämmerungsaktiven **Erdkröten** fressen gerne Schnecken, Raupen, Asseln, Käfer und Fliegen. Sie fühlen sich in einer unaufgeräumten **Ecke** wohl, **in der sich Steine, Totholz und Laub** befindet. Zur Fortpflanzung brauchen sie allerdings schattige Stillgewässer mit einer Mindesttiefe von 50 cm, in denen sie ihren Laich ablegen können.

Wer kann, sollte daher einen kleinen Teich oder ein **Feuchtbiotop** (S. 126) anlegen. Nicht nur, um Erdkröten anzulocken, sondern auch um den räuberischen, schillernden Libellen, Fröschen und Molchen ein Habitat zu geben. Ratgeber zur Anlage eines Teiches findet man im Internet und bei den Naturgartenvereinen. Wer es aber ganz einfach und schnell will, kann es auch mit einem **eingegrabenen Trog** oder einem Scheffel versuchen. Ausstiegshilfe nicht vergessen!

Trockensteinmauern und Steingärten für flinke Jäger

Reptilien, **Spinnen** und **Insekten** finden in Trockensteinmauern einen Unterschlupf und

Rotkehlchen, **Zaunkönig** und **Heckenbraunellen** finden in deren Spalten Futter. In den Weinbaugebieten Süddeutschlands gehören Trockenmauern zum Kulturerbe und stehen teilweise sogar unter Naturschutz. Mit etwas Geschick und Geduld ist es möglich, sogar aus unregelmäßigen Findersteinen, die auf dem Grundstück im Weg liegen, eine **Steinmauer selbst zu errichten**, aber oft lohnt es sich auch, eine zerfallene und überwachsene Mauer zu restaurieren (S. 150).

Die Pflanzenvielfalt dieses Bauerngartens im Freilichtmuseum Stübing sorgt dafür, dass Schädlinge nicht überhand nehmen.

Wildblumenwiesen anlegen

Wildblumenwiesen bereichern jedes Stückchen Natur und jeden Garten, im Miniaturformat selbst Terrassen und Balkone. Durch ihren Artenreichtum helfen sie eine ökologische Balance zu schaffen, die Ihren Garten gesund hält. Wichtig ist, dass Sie eine **Blumensamenmischung** verwenden, die auf Ihren Boden abgestimmt ist, und dass die Mischung viele **heimische Pflanzen** enthält. Viele der angebotenen Blumensamen-Mischungen enthalten exotische Arten, die Sie einmal und nie wieder sehen werden. Auch werden Samen von Pflanzen gemischt, die normalerweise nicht in einer Gemeinschaft vorkommen. In der Natur sieht man selten Ringelblumen zwischen Margeriten, oder Kapuzinerkresse zwischen Glockenblumen, doch, da sie eine bunte Vielfalt versprechen, werden sie gerne gekauft. Viele Pflanzenarten, die in diesen Mischungen vorhanden sind, müssen jedes Frühjahr erneut ausgesät werden, man muss also jedes Jahr aufs Neue investieren.

Um eine nachhaltige und pflegeleichte Wiese anzulegen, sollten Sie Samen erwerben, die auf Ihre **speziellen Bodenverhältnisse** abgestimmt sind. Geeignete Samen bekommt

Eine Wildblumenwiese anlegen

Egal, ob Sie eine weitläufige Rasenfläche in eine Blumenwiese oder ein ehemaliges Beet in einen Wildblumensaum verwandeln möchten, beachten Sie:

- Stecken Sie die Fläche ab, wie bei der Anlage eines Beetes (S. 41).
- Falls vorhanden, heben Sie die Grassode ca. 5 cm tief ab.
- Nehmen Sie eine Bodenprobe (S. 17) vor, um beim Samenkauf geeignete Pflanzen für die Wildblumenwiese zu wählen.
- Lockern Sie die obersten 2–3 cm des Bodens, am besten mit einer Grabegabel.
- Ziehen Sie den Boden mit einem Rechen gleich, säen Sie aus und rechen Sie die Samen leicht ein. Manche Samen sollten nur dünn mit Erde bedeckt sein, da sie Lichtkeimer sind.
- **Tipp:** Mischen Sie unter Ihre Samenmischung Mohn- und Leinsamen (aus dem Lebensmittelschrank), da diese bereits im ersten Jahr blühen und die Wiese schnell bunt aussehen lassen. Im zweiten Jahr sind diese beiden Arten zwar oft schon verschwunden, aber zwischenzeitlich haben sich andere Blumen etabliert.

1

2

3

4

5

1 Eine Holzkiste mit Rampe, die mit Dachpappe oder Folie abgedeckt und unter einem Laubhaufen versteckt ist, bietet Igeln ein sicheres Winterquartier.

2 Schmetterlingsflieder locken Insekten an und eignen sich gut für trockene, sandige Böden. Man kann sie selbst aus Stecklingen ziehen und schneidet, falls überhaupt nötig, die Büsche erst im Vorfrühling zurück.

3 Holzbienen fressen Pollen und Nektar am liebsten von Schmetterlingsblütlern. Da sie eigenständig ihre Niströhren in mürbes Holz bohren, bevorzugen sie unaufgeräumte Totholzecken gegenüber künstlichen Nisthilfen.

4 Totholz bietet Nahrung und Lebensraum für Tiere und Pilze.

5 In einem der Natur überlassenen Weiher haben sich Fische, Libellen, Frösche und Ringelnattern angesiedelt.

Schädlinge, Nützlinge und der Klimawandel

In natürlichen oder naturnahen Lebensräumen hält sich das Vorkommen von Pflanzenschädlingen und Nützlingen meist die Waage. Zwar kann es auch hier zu einer plötzlichen Vermehrung von Blattläusen kommen, doch meist ist dieser Ausbruch auf wenige Pflanzen beschränkt und es dauert nicht lange, bis Marienkäfer oder andere Fressfeinde die Blattläuse dezimieren.

Vielleicht ist Ihnen ja aufgefallen, dass die Kirschessigfliege in den letzten Sommern besonders aktiv war, oder dass Ihre Balkonpflanzen mehr als gewöhnlich unter einem Befall mit Dickmaulrüsslern zu leiden hatten? Aber kommt es einem nur so vor oder war in der Vergangenheit wirklich alles besser und es gab weniger Schädlinge? In unserer Umwelt vollziehen sich gerade nicht immer sofort erkennbare, aber nichtsdestotrotz dramatische Veränderungen. Der Hauptverursacher hierfür ist der Klimawandel. Zum einen sind die steigenden Temperaturen sowohl für viele Menschen und Tiere ein großer Stressfaktor und so manche Art versucht sich in kühlere Gefilde zurückzuziehen. Aber nicht jeder gelingt das. So haben es viele Hummeln, unverzichtbare Bestäuber in unseren Gärten, nicht geschafft, mit den höheren Temperaturen in ihren südlicheren Verbreitungsgebieten zurechtzukommen, und sind dort ausgestorben. Vielen Tieren ergeht es aber wie denjenigen von uns, die sich nach etwas milderen Temperaturen sehnen, so auch dem Rosskastanienminiermotte. Dieses ursprünglich auf dem Südbalkan beheimatete Insekt hat sich im Zuge der Temperaturerhöhung auf fast ganz Mitteleuropa ausgebreitet. Den Schaden verursacht nicht die eigentliche Motte, sondern deren Larven, die in den Blättern der Rosskastanie heranwachsen, was dazu führt, dass Blätter sich braun verfärben und absterben. Zwar treiben Motten auch in ihrem ursprünglichen Verbreitungsgebiet ihr Unwesen, doch zu einem weit geringeren Grad, da sie dort von Parasiten und Räubern in Schach gehalten werden.

Es gibt noch viele weitere durch den Klimawandel verursachte Umweltveränderungen, aber nicht alles ändert sich für den Gärtner zum Schlechteren. Die trockeneren Sommer sind nachteilig für die meisten Pilzerkrankungen unserer Pflanzen, und nachlassende Winde könnten dazu führen, dass Nutzinsekten weniger oft von schwankenden Pflanzen abgeschüttelt werden und daher mehr Schadinsekten vertilgen können. Wie sich der Klimawandel auf die Beziehung zwischen Nützlingen und Schädlingen auswirken wird, ist schwer vorherzusagen. Verlassen Sie sich nicht auf Prognosen, die ankündigen, dass in den nächsten Jahren in Mitteleuropa ein mediterranes Klima herrschen wird, und überlegen Sie genau, ob Sie Ihren Garten wirklich mit Olivenbäumchen und Aloen schmücken wollen. Auf ein trockenes, heißes Jahr kann ein feuchtes, kühles kommen, das nach Moosen, Farnen und Sumpfdotterblumen verlangt. Ein bunt gemischter Balkon oder Garten mit verschiedensten Lebensräumen, die den unterschiedlichsten Pflanzen und Nützlingen Nahrung und Lebensraum bieten, ist sicherlich die beste Möglichkeit, sich gegen zukünftige Veränderungen zu wappnen.

man günstig von Wildblumen-Samengärtnereien-Versandfirmen oder Naturgartenvereinen (Bezugsquellen, S. 205), die auch in der Anlage beraten und bei der Identifizierung der Bodenart helfen können. Eine etwas arbeitsaufwendigere, dafür aber auch erfüllende Vorgehensweise, um an Saatgut zu gelangen: beim nächsten Spaziergang in der näheren Umgebung einfach die reifen **Samen von Wiesenblumen selbst sammeln** (S. 53). Diese Samen werden mit großer Wahrscheinlichkeit gut für Ihren Boden geeignet sein, das Sammeln erspart den Samenkauf und Sie tun auch Ihrer Gesundheit etwas Gutes.

Die Samen lassen Sie zu Hause auf Zeitungspapier trocknen, dann kommen sie in eine beschriftete Papiertüte. Bewahren Sie die Samenpäckchen dicht verschlossen, am besten in einem ausgedienten Speiseeis-Container an einem kühlen Ort auf. Wurden Samen von Standorten gesammelt, an denen Frost keine Seltenheit ist, brauchen Ihre Wildblumensamen wahrscheinlich Temperaturen unter null Grad, um zu keimen. Stellen Sie den fest verschlossenen Container ins Freie, um die Samen zu **stratifizieren**, d. h. um die Keimung anzuregen.

Eine Blumenwiese verändert sich stetig, besonders in den ersten drei Jahren. Manche Pflanzen brauchen etwas länger, bis sie sich etabliert haben, andere wiederum verschwinden und machen Platz für jene, die an den jeweiligen Standort besser angepasst sind. Die Blumenwiese wird sich mit den Jahren zu einem interessanten und hübschen Lebensraum entwickeln, der Ihnen außerdem das lästige Rasenmähen erspart. Wenn man eine größere Rasenfläche in eine Wildblumenwiese verwandeln möchte, kann man sich auch von Baumärkten einen **Sodenschneider** und eine **Gartenfräse** ausleihen. Allerdings ist eine Bearbeitung von Hand viel freundlicher zum Boden und auch zur Geldbörse.

Insektenhotels: Wenn, dann selber bauen

Insekten, beispielsweise Wildbienen, Schlupfwespen und Florfliegen, bevorzugen zwar natürliche Nisthilfen, aber wenn richtig gestaltet und positioniert, bieten (künstlich angelegte) Insektenhotels einen Brut- und Lebensraum für zahlreiche Nützlinge. **Insektenhotels** funktionieren besser dort, wo natürliche Nistplätze selten sind, wie z. B. in urbanen Gebieten, auf Balkonen, Terrassen oder in kleinen Gärten. Der **Eigenbau** eines Insektenhotels ist fast kostenfrei: die benötigten Materialien können Sie bei Ihrem nächsten Spaziergang einfach selbst sammeln und für das Gehäuse findet sich im Keller oder Dachboden bestimmt etwas Passendes.

Bevor man sich ein Insektenhotel zulegt, sollte man ein Auge auf Bastelanleitungen von Naturschutzbünden werfen, wie bei diesem selbst gebasteltem Unterschlupf. Die meisten angebotenen Insektenhotels sind für Wildbienen und Nützlinge nur wenig geeignet.

1 Weißfleck-Widderchen findet man auf Doldenblütlern in einer Wildblumenwiese.

2 Ohne Bienen wären unsere Gärten farblos und wenig ertragreich.

3 Obstbäume wachsen hier auf einer Wildblumenwiese. Sie bietet Schutz und Nahrung für eine artenreiche Insektengemeinschaft, die die Obstbaumschädlinge in Schach hält und für eine gute Bestäubung sorgt.

Nützlinge und ihren Lebensraum erkennen

Steckbriefe der wichtigsten Nützlinge

Marienkäfer

Der Marienkäfer ist das inoffizielle Symboltier der Nützlinge. Man weiß inzwischen um die Gefräßigkeit der Larven, die bis zu **150 Blattläuse pro Tag** vertilgen können, aber auch die erwachsenen Käfer haben einen gesunden Appetit. Marienkäfer sind zwar die bekanntesten, aber bei weitem nicht die einzigen Nützlinge auf Ihrem Balkon oder in Ihrem Garten finden können. Sie überwintern in südseitigen **Holzwänden**, **Schuppen** und **Gartenhäuschen**. Warten Sie mit dem Frühjahrsputz, bis sich die Temperaturen etwas erholt haben und die Käfer aktiv werden.

Schwebefliegen

Schwebefliegen sind als Erwachsene wichtige **Bestäuber**, ähnlich den Marienkäfern sind ihre Larven aber auch schon effiziente **Räuber** von Blattläusen und kleinen Raupen. Ihre Eier legen Schwebefliegen auf denselben Pflanzen ab, auf denen sich auch ihre Beute befindet. Die Eier der Schwebefliegen werden deshalb leicht mit denen von pflanzenfressenden Schmetterlingsraupen, wie z. B. dem Kohlweißling, verwechselt. Achten Sie auf ein Gelege aus weißen, dicht gedrängten, **stäbchenförmigen Eiern** – diese könnten sich als Schwebefliegenlarven entpuppen!

Florfliegen

Florfliegen sind schlanke, grüne Insekten mit großen Flügeln und Augen. Ihre braun-beigen Larven erinnern ein bisschen an einen Tausendfüßler, der sich die Kneifzangen eines Ohrwurms ausgeliehen hat. Diese Kneifzangen eignen sich ausgezeichnet dazu, Fliegen, Thripse (Fransenflügler), Mücken, Raupen und vor allem Blattläuse aufzuspießen. Florfliegenlarven haben einen weiteren Trick, um an ihre Beute zu kommen: Sie bauen sich einen Panzer aus den Überresten ihrer Beute, unter dem sie als ‚**Blattlauslöwen**' ihrer Beute auflauern. Als Überwinterungsquartier werden sie Ihnen einen **Laubhaufen** danken.

Schlupf- und Erzwespen

Die für den Menschen ungefährlichen Schlupf- und Erzwespen sind nützliche Helfer im Garten und werden auch in der biologischen Schädlingsbekämpfung eingesetzt. Sie sind meist kleine, schwarze oder metallisch-schillernde Insekten, die man auf den ersten Blick mit Fliegen oder Bockkäfern verwechseln kann. Erzwespen sind die Winzlinge unter den Wespen, manche Arten werden nicht einmal einen Millimeter groß. Diese Wespen entwickeln sich parasitisch in Raupen, Maden, Blattläuse und Motten, indem sie ihre Eier in die (noch) lebenden Tiere ablegen. Der Nachwuchs der Wespen ernährt sich bis zur **Verpuppung von dem lebenden Raupenkörper**. Die erwachsenen Wespen schlüpfen aus der toten Raupe und machen sich auf die Suche nach Nektar und Pollen. Viele Arten der Erz- und Schlupfwespen überwintern in **vermodernden Baumstümpfen oder in hohlen Stängeln**, deshalb sollte man auch etwas **Totholz liegen und Ziergräser stehen lassen.**

1

2

3

1 Erwachsene Schwebefliegen sind wichtige Bestäuber im Garten. Ihre Larven vertilgen Blattläuse.

2 Eine einzige Königskerze beherbergt eine Vielzahl an Nützlingen, unter anderem auch Raubwanzen , die sich von Läusen über Ohrwürmer bis hin zu Hornissen ernähren.

3 Ein natürlicher Garten bietet Ohrwürmern genügend Unterschlupf, auch zum Überwintern. Wer auf Nummer sicher gehen will oder sie auf den Balkon oder Terrasse locken will, kann ein Ohrwurmnest bauen, indem man einen Topf mit Stroh oder Heu füllt, das Füllmaterial mit einem Maschendraht oder grobem Jutematerial befestigt und den Topf fest direkt an einen Ast bindet.

Ohrwürmer

Ohrwürmer (auch Ohrenkneifer oder Ohrenzwicker genannt) verstecken sich untertags zwischen Blättern, in Dolden und Baumrinden und gehen erst in der Dämmerung auf Nahrungssuche. Ohrwürmer knabbern zwar gerne an den Blütenblättern, vor allem unsere hübschen Rosen scheinen es ihnen angetan zu haben. Aber, da sie Allesfresser sind, verschmähen sie auch proteinhaltige Kost nicht, wie z. B. Blattläuse, Raupen oder Maden, und sogar Mehltau (S. 107) steht auf dem Speiseplan. Sie überwintern in Laub, Heu, Stroh und in selbst gebastelten Ohrwurmtöpfen.

Raubwanzen

Raubwanzen stellen sich meistens von alleine ein, wenn sie genug Nahrung und Unterschlupf finden. Sie sind anspruchslose, aktive Jäger und suchen in Blüten, zwischen Blättern, aber auch auf Mauern, nach so ziemlich allem, was ihnen in die Fänge kommen kann. Selbst Wespen sind Raubwanzen nicht gewachsen! Als Larven überwintern sie in **Mulchmaterial**, **Bodendeckern**, unter **Steinen** oder in **Samenständen**.

Spinnen

Sowie Raubwanzen verstecken sich auch die **Krabbenspinnen** zwischen Blüten und Blättern und warten darauf, ihre Beute rasch mit ihren Zangen packen zu können. Der Körper der weiblichen Krabbenspinnen ist farblich meist den Blüten, in denen sie sich verstecken, angepasst und man muss genau hinsehen, um sie zu entdecken. Die Spinnen in Mitteleuropa sind für den Menschen meist nicht gefährlich, dafür aber umso mehr für allerhand Insekten, deshalb sollte man sie dort lassen, wo man sie findet.

Gallmücken

Blasen auf den Blättern von Bäumen und Büschen verbergen oft die Maden der **Gallmücken**. Sobald die Larve die Galle durchbricht, geht sie auf Beutefang, vor allem Läuse, Thripse (Fransenflügler) und weiße Fliegen haben es ihr angetan. Als **biologisches Pflanzenschutzmittel** werden manche Gallmückenarten in der Forst- und Landwirtschaft eingesetzt. Gallmücken können Pflanzen durch Gallbildung allerdings auch schaden, vor allem wenn eine Pflanze durch eine Krankheit oder Mangelerscheinung bereits geschwächt ist.

Ohrwürmer verstecken sich gerne in Doldenblütlern, wie z. B. in Blüten von Karotten und Pastinaken.

Raupen von Motten und Schmetterlingen werden von Ichneumon-Schlupfwespen parasitiert, wie z. B. die des Ameisenbläulings. Die Bläulinge wiederum sind Brutparasiten, denn sie legen ihre Eier in Ameisennester, wo sie bis zum Schlüpfen von den Ameisen durchgefüttert werden.

Häufige Schädlinge und wie man sie (biologisch) los wird

Den Schädlingen durch Helferpflanzen Einhalt gebieten

Da es besser ist, einem Befall vorzubeugen als ihn zu heilen, sollte man **Abwehrmaßnahmen** treffen, sobald Schädlinge überhandnehmen. Man kann mit einer Armee aus duftenden Blüten in die Defensive gehen, Barrieren aus **Bodendeckern** schaffen oder den gefräßigen Horden eine Alternative bieten, wie z. B. Kapuzinerkresse, alte Salatblätter oder Rucola, die man abseits des zu beschützenden Gemüses platziert. Kresse und Senf locken **Erdflöhe** an (und somit weg von Kohlgewächsen), Lavendel und Fenchel schützen Gemüse und Rosen mit ihren schwefelhaltigen, ätherischen Ölen vor **Läusen** und anderen Fressfeinden. Deshalb sollte man auch Zwiebeln zwischen Karotten pflanzen und Knoblauchzehen gut verteilt ins Gemüsebeet stecken. Wurzelausscheidungen der Studentenblume, aber auch die vieler Kräuter und Wildpflanzen vertreiben **Fadenwürmer** (*Nematoden*), **Schnecken** fressen nur ungern die rauen, haarigen Blätter von Borretsch, der eine Barriere um zarten Salat bilden könnte.

Aus Fenchel, Wermut, Schafgarbe, Rainfarn und vielen anderen Pflanzen hat man schon seit langem **Jauchen, Tees** und **Sude** gewonnen, die Pflanzenfressern Einhalt gebieten. Wer einen eigenen Garten hat, kann gezielt Hilfskräuter ansiedeln, aber auch auf Spaziergängen findet man so manches Kraut, das gegen so einiges gewachsen ist (S. 103).

Nützlinge vom Fachhandel

Das Angebot an räuberischen Insekten, wie z. B. Schlupfwespen, Florfliegen und Marienkäfer und den verschiedensten Fadenwürmern wird von Jahr zu Jahr größer. In Stadt und Land versucht man einer Schädlings-Plage so sanft und nachhaltig wie möglich Herr zu werden und scheut sich nicht, dafür auch zu zahlen. Damit diese Ausgaben nicht umsonst sind, sollte man sich sicher sein, mit welchem Schädling man es zu tun hat, um genau den Nützling zu sich zu holen, dem die angebotene Beute auch schmeckt. Im Freiland können sich die schnellen Räuber rasch verflüchtigen, wenn sie beim Nachbarn ein besseres Angebot finden. Wer dagegen in einem Glashaus einen Schädlingsbefall bekämpfen möchte, ist beispielsweise mit Schlupfwespen, Florfliegen und Raubwanzen gut bedient. Anders verhält es sich mit Fadenwürmern, die gegen Schnecken und Larven eingesetzt werden. Sie sind durchaus für den Garten geeignet, man sollte sich allerdings genau über die Anwendungsmethode informieren. Die parasitischen Fadenwürmer machen sich nur auf die Wirtssuche, wenn sie sich in einem mäßig-warmen und feuchten Boden befinden.

1

2

3

4

5

6

1 In den Blüten von Königskerzen findet man so manchen Nützling.

2 Die Dünen-Trichternarzisse ist auf sandigen, trockenen Stränden im Mittelmeer beheimatet.

3 Eine Raubwanze (*Rhynocoris iracundus*) lauert im Rosmarinbusch auf Beute.

4 Eine kleine Spinne mit großen Ambitionen. Die Raupe eines Eulenfalters lässt sich beim Knabbern an Rosenblättern von diesem Räuber nicht stören.

5 Eine bereits von Pilzen befallene Ulme hat nicht mehr genug Abwehrkräfte, um sich vor einer Gallenbildung durch Insekten zu wehren.

6 Bockkäfer können Blühstauden und Bäumen erheblichen Schaden zufügen. Natürliche Feinde dieser Insekten sind Schlauchpilze (z. B. Beauveria oder Cordyceps), die sich im Inneren eines Käfers vermehren und bei dessen Tod durch die dünne Haut der Gelenken als weiße Masse hervordringen. Diese insektenbefallenden (entomopathogenen) Pilze werden vermehrt in der Land- und Forstwirtschaft als biologische Kontrollorganismen von Schädlingen eingesetzt. Sollten Sie einen Käfer mit „Wattebäuschchen" finden, lassen Sie ihn am besten liegen, um die Verbreitung der Pilzsporen zu ermöglichen.

Steckbriefe der wichtigsten Schädlinge

Dickmaulrüssler

Ein Dickmaulrüssler kommt selten allein und die gefräßigen Käfer finden selbst in Balkontrögen und -kästen ein Zuhause. Die weißen Larven im Boden knabbern an den Wurzeln, die erwachsenen Käfer machen sich über Blätter und Blüten her. **Sammeln** Sie die braun-schwarz gesprenkelten Käfer ab, wenn Sie sie sehen, und halten Sie bei der Bodenbearbeitung Ausschau nach den weißen, dicken Larven mit bräunlichem Kopf. Feinde haben Dickmaulrüssler wenige, stehen jedoch bei **Krabbenspinnen**, **Wespen** und **Hornissen** auf dem Speiseplan. Bei massivem Befall kann man die Käfer mit **Nematoden** (Fadenwürmer) bekämpfen, die als biologisches Pflanzenschutzmittel erhältlich sind.

Läuse

Läuse kann man mit einem scharfen **Wasserstrahl abspritzen**, zerquetschen, oder aber man behandelt die befallenen Pflanzen mit selbst hergestellten Hausmitteln (Tabelle, S. 114).

> ☞ **GUT ZU WISSEN**
>
> Wenn sich Blattläuse bei Bohnen und Erbsen zu sehr ausbreiten, die Pflanzen aber schon zahlreiche Hülsen gesetzt haben, sollte man die Triebspitzen abschneiden. Achten Sie auch auf Ameisen, die den Läusen Schutz vor Räubern gewähren. Es kann daher auch notwendig sein, ein Ameisennest zu zerstören oder zu übersiedeln.

Drahtwürmer

Drahtwürmer sind bis zu 3 cm lange, schmutzig-gelbe, sich hart anfühlende und mit drei Beinpaaren versehene **Larven des Saatschnellkäfers** (*Agriotes lineatus*), die die ersten vier bis fünf Jahre im Boden verbringen und Wurzeln fressen. Sie verursachen kahle Stellen im Rasen und im Gemüsebeet knabbern sie bevorzugt an den Wurzeln von Salat, der selbst im feuchten Boden zu welken beginnt. Noch lieber als Wurzeln mögen sie Kartoffelschalen oder halbierte Kartoffeln, mit denen man sie vom Gemüse weglocken kann.

Erdflöhe – kleine, springende Käfer

Einen Erdflohbefall erkennt man an **kleinen runden Löchern in den Blättern** von Radieschen, Kohl und Kresse. Wenn man rasch eingreift, kann man Schlimmeres verhindern, denn die millimetergroßen schwarzen Käfer vermehren sich rapide. **Gießen Sie gut** und vermeiden Sie, dass der Boden austrocknet. Ein **Brett mit Leim** bestrichen, das man ca. 10 cm über den Pflanzen schwenkt, dient als Fanghilfe.

Raupen von Schmetterlingen, Wespen und Käfern

Raupen, beispielsweise die des **Kohlweißlings**, sammelt man am besten ab, sobald man sie sieht. Sollten Raupen darunter sein, die sich nicht bewegen oder wie betäubt wirken, könnte es sein, dass sie von **Schlupfwespen** befallen sind. Diese Raupen sollten Sie sammeln und mit ein paar Kohl(Futter)blättern in ein altes Gurkenglas geben, mit einem atmungsaktiven Material bedecken und beobachten. Wenn sich der Verdacht bestätigt, dass die Raupen Schlupfwespenjunge beherbergen, können Sie der ‚Geburt'

beiwohnen. Versuchen Sie, die jungen Wespen bei Ihnen anzusiedeln.
Eine Eiablage des Kohlweißlings kann man verhindern, indem man **alte Gardinen** über die Kohlpflanzen spannt oder die Beetpflanzen mit selbstgemachten Jauchen besprüht (S. 112).
Obstbäume und Beerenstauden werden gerne von Nachtfalter-, **Frostspanner**-, **Gespinstmotten**- und **Nestraupen** befallen. Letztere überwintern in zusammengesponnenen Blättern am Baum, die man **abschüttelt** oder mit einem kräftigem Strahl aus dem Wasserschlauch abwäscht. Ein **Abspritzen** hilft auch gegen andere Raupenarten und selbst die Gespinste des Apfelspinners kann man so von den Astgabeln lösen. Die Weibchen des Frostspanners sind keine guten Flieger, daher klettern sie vom Boden auf die Obstbäume. Am Stamm sollte man **Leimringe** oder **Schafwolle** noch im Herbst anbringen, da die Weibchen noch vor dem Winter ihre Eier in der Nähe der sich neu bildenden Knospen ablegen. Wolle ist nicht nur oft billiger als Leimringe, sie hat auch den Vorteil, dass man Nützlinge, die sich vereinzelt darin verfangen haben, leicht heraus fischen kann. Wenn man auf den Pflanzen Raupen sieht, müssen diese nicht unbedingt von Schmetterlingen oder Motten stammen, sondern können auch Jugendstadien von **Sägewespen** und **Käfern** sein. Auch hier sollte man die Raupen so schnell wie möglich **sammeln** und den Vögeln an einer entfernten Stelle zur freien Entnahme anbieten.

Wühlmäuse

Schaden können nicht nur Insekten anrichten, sondern man hat auch schon von Gärtnern gehört, die durch Wühlmäuse zum Verzweifeln gebracht wurden. Leider gibt es kein hundert

GUT ZU WISSEN

Höhenangst bei der Karottenfliege

Die Karottenfliege ist kein risikofreudiger Flieger, denn sie vermeidet Wind und fliegt nicht gerne höher als 30 cm. Daher hat sich ein Karottenbeet auf einem Balkon, ein Hochbeet oder ein auf Sockeln gestellter Pflanztrog als eine gute Abwehrmethode erwiesen.

Die längliche Karotte ‚Purple Haze' wächst ebenso gut wie die runden Pariser Karöttchen, frei von den Maden der Karottenfliege. Ausgesät wurde in einem alten Plastiktrog auf einer Gartenmauer, gefüllt mit einem 3 : 1 Erde-Sand-Gemisch.

Zwei Dickmaulrüssler bei der Familiengründung.

Lavendelöl gegen Wühlmäuse, Läuse und Fliegen

Füllen Sie ein sauberes Marmeladenglas bis zum Rand mit Lavendelblüten, die Sie kurz nach dem Aufblühen geschnitten haben. Füllen Sie das Glas mit geschmacksneutralem, erwärmtem Öl und lassen Sie das Lavendel-Öl-Gemisch ca. 2 Wochen an einem hellen, warmen Platz stehen. Ein längliches Hölzchen oder dicke Pappe darin einweichen und diese in die Eingangslöcher von Wühlmausgängen stopfen. Alternativ kann man das Gemisch abseihen und Kletterstangen für Tomaten und Erbsen damit einreiben. Auch Läuse und weiße Fliegen verabscheuen Lavendelduft!

prozentiges (Hilfs)Mittel gegen Wühlmäuse. Katzen helfen ganz bestimmt, wem aber die kleinen Nager leidtun, kann auch Lebendfallen aufstellen, die man im Fachhandel bekommt. Beim Fallenaufstellen sollte man Handschuhe anziehen, da Wühlmäuse sehr **geruchsempfindlich** sind und nicht in die Falle gehen, wenn sie Menschen riechen.

Dank ihres guten Geruchssinns kann man sie aber auch vertreiben, indem man Bratheringe, Makrelen, Knoblauch oder menschliches Haar in ihre Löcher stopft. Auch pflanzliche Gerüche sollen helfen (S. 115).

Schnecken

Zum Schluss nur ein paar wenige Worte über Schnecken, denn es sind schon unzählige Zeilen über dieses leidige und hartnäckige Problem geschrieben worden. Ein allgemeingültiges Mittel zur Lösung des Problems wurde leider noch nicht gefunden, deshalb ist man inzwischen gut beraten, eine Kombination aus Folgendem zu versuchen:

- in schneckenresistente Pflanzen mit haarigen, dicken Blättern, die stark riechen oder milchigen Saft absondern, zu investieren, z. B. Wolfsmilchgewächse, Wollziest, Efeu, Farne und Lavendel,
- die Schnecken mit zarten Pflänzchen weg von den besseren Stücken zu locken
- Schnecken-Verstecke regelmäßig mit Knoblauchtee zu gießen (S. 102)
- und auszuprobieren, welche Maßnahme am besten in Ihrem Garten funktioniert.

Sollte jemand jemals das Allheilmittel gegen Schnecken finden, dann ist ihr oder ihm sicherlich eine goldene Zukunft beschieden!

Lavendelöl vertreibt mit seinem wunderbaren Duft unangenehme Zeitgenossen.

1

2

3

4

5

6

1 Ameisen animieren Blattläuse dazu, ihren zuckerhaltigen Saft auszuscheiden, indem sie auf den Hinterleib der Läuse trommeln. Der Honigtau der Läuse ist ein begehrter Leckerbissen für die Ameisen, die zum Dank ihre ‚Zuckerkühe' vor Räubern wie Marienkäfer und Schwebefliegen beschützen.

2 Eine veränderliche Krabbenspinne macht nicht nur Jagd auf ungeliebte Gartenbesucher, auch Bienen und Hummeln sind auf ihrem Speiseplan.

3 Die Raupe des Schlehen-Bürstenspinners (*Orgyia antiqua*) bevorzugt Kirsch- und Pflaumenbäume, knabbert aber auch gerne an allerhand anderen jungen Trieben. Man bietet der Vermehrung dieses Nachtfalters am besten Einhalt, indem man in Bäumen Zuckerfallen aufhängt.

4 Ungewaschene Schafwolle mit Bindfaden um den Stamm eines Apfelbaumes gewickelt, um zu verhindern, dass eiablegende Mottenweibchen zu den Knospen hochklettern.

5 Zwei Larven der Rosenbürstenwespe (*Arge pagana*) in verschiedenen Entwicklungsstadien.

6 Lebendfallen für Wühlmäuse. Man sollte die Fallen jeden Tag nach Tieren untersuchen, da nicht nur Wühlmäuse, sondern auch Spitzmäuse in die Falle gehen können, hochaktive fleischfressende Nager, die rasch verhungern.

Nützlinge und ihre Beutetiere

Nützling	Blattläuse	Motten/Spinner	Käfer (Larven)	Spinnmilben	Weiße Fliegen	Dickmaulrüssler	Thripse	Schnecken	Pilze/Mehltau	Habitat
Florfliegen	X			X			X			Überwintern an geschützten trockenen Orten, z. B. in strohgefüllten Holzkästen mit seitlichen Einflugschlitzen. Rote Farbe lockt die Tiere an.
Gallmücken	X			X						Überwintern im Boden, Bodenbedeckung gibt Schutz. Eier werden auf Blättern (oft von Laubbäumen) abgelegt.
Glühwürmchen								X		Trockensteinmauern, Stein- und Asthaufen, offene Flächen, Laubhecken; bevorzugen magere Wiesen.
Krabbenspinnen/ Spinnen	X	X	X			X				Verstecken sich in Blüten und zwischen Blättern, überwintern unter Laub und Bodendeckern.
Laufkäfer		X	X					X		Nachtaktiv, verstecken sie sich in Ritzen, zwischen Steinen, Holz, Laub, Erdhöhlen.
Marienkäfer	X						X			Überwintern in Hecken, wenig genutzten Böschungen, Steinhaufen, Totholzecken, etc.
Ohrwürmer	X	X							X	Überwintern als erwachsende Tiere im Boden, in hohlen Pflanzenstängeln sowie in Reisig- oder Laubhaufen.
Raubmilben	X	X		X						Boden- als auch Pflanzenbewohner.
Raubwanzen	X	X	X	X	X	X	X			Am Boden, auf Blüten, im Gebüsch und auf Bäumen.
Schlupfwespen & Erzwespen		X	X							Erwachsene Schlupfwespen ernähren sich von Nektar und Honigtau; in Gärten, an Waldrändern, in Feldrainen und bei Brennnesseln.
Schwebefliegen	X			X	X		X			Die erwachsenen Insekten ernähren sich von Nektar, Pollen und Honigtau. Die Weibchen legen ihre Eier in der Nähe von Blattlauskolonien ab.
Thripse	X			X			X		X	Manche Arten ernähren sich von Pilzen & totem Holz; auch Räubern von Milbeneiern, Schildläusen oder anderen Thripsen.
Wespen & Hornissen		X	X			X				Dachboden, Hecken, Bäume, Schuppen; manche Arten bauen Nester unterirdisch.

GUT ZU WISSEN

In Töpfen und Trögen, in denen Zierpflanzen wachsen, hilft der Schwefel in den Zündholzköpfen, Läuse und Trauermücken zu vertreiben, und beugt Pilzkrankheiten vor. Man steckt die Zündhölzer mit dem Kopf nach unten ca. 1 cm in die Erde und tauscht sie einmal wöchentlich aus.

1

2

3

1 Vor Wespen und Hornissen halten wir uns lieber fern. Dennoch sind sie nützliche Tierchen für unsere Pflanzen.

2 Marienkäfer sind kleine Nimmersatt, sie vertilgen täglich eine größere Menge an Läusen.

3 Mit Hilfe von Zündhölzern, können diese schönen Zierpflanzen wachsen und gedeihen, ohne von Schädlingen befallen zu werden.

Pflanzengesundheit aus der Natur: Selbstgemachte Mittel gegen Schädlinge und Krankheiten

Jauchen, Sude und Tees, die keinen Cent kosten, lassen sich aus einer Vielzahl von Pflanzen herstellen: Hausmittel für die Gartenapotheke selbst brauen und Krankheitserregern den Garaus machen.

Im Frühsommer, wenn die Kirschen und der Holunder blühen, zeigt sich ein Garten von seiner üppigsten und schönsten Seite. In jeder Ecke sprießt und blüht es, doch gerade in dieser Zeit, wenn Pflanzen ihre Kräfte in das Wachsen stecken und sie weiche Triebe haben, können sich Krankheiten ausbreiten. Viele dieser Störfaktoren verschwinden von alleine, sobald die Pflanzen das Wachstum verlangsamen und wieder in ihre Abwehrkräfte investieren. Sollte es dennoch nötig sein, sie dabei ein wenig zu unterstützen, kann man sich mit geschickter Gartenpflege und mit einfachen, selbstgemachten Mitteln behelfen, die noch dazu keinen Cent kosten.

Pflanzen für Jauchen, Tees und Sude

Viele Wildpflanzen, die sich in unseren Gärten und Terrassen als Unkraut breit machen, eignen sich als Dünger und Pflanzenschutzmittel. Auch unter unseren Kräutern, Gemüse- und Zierpflanzen findet sich so mancher grüne Gartenhelfer. Selbst der (Schwarz)Tee, den wir trinken, schreckt, zu einer hellen Flüssigkeit verdünnt, Läuse, Raupen und Milben ab. Farne, Hortensien und Azaleen schätzen eine Kopfdüngung aus leichtem Tee. In den nächsten Absätzen werden ein paar Beispiele aus einer Vielzahl an Kräutern und Stauden erwähnt, die als Hilfsmittel eingesetzt werden können. Mehr Helferpflanzen finden Sie in der Tabelle *Pflanzen für Jauchen, Sude und Tees* am Ende dieses Kapitels (S. 114).

Helferpflanzen wachsen überall

Vom Gemüse- und Kräutergarten

So ist beispielsweise **Knoblauch**, ein Lauchgewächs (*Allium*), das mit seinen ätherischen Ölen Pflanzenfresser von den Beeten vertreibt, des Gärtners bester Freund. Nicht nur Knoblauch, sondern auch Zwiebel und Schnittlauch können als Tee gegen Läuse, Pilze und Bakterien eingesetzt werden, da sie **schwefelhaltige Verbindungen** enthalten, mit denen sich viele Lauchgewächse gegen Fressfeinde und Krankheitserreger wehren. **Knoblauchtee** kann auch gegen Schnecken eingesetzt werden, wenn man ihn im Verhältnis 1 : 50 mit Gießwasser verdünnt und als Barriere rund um die Pflanzen ausgießt. Das vertreibt die erwachsenen Tiere, die Eier hingegen erwischt man, indem man mit dem Beginn der Eiablage (meistens im Hochsommer) die Stellen gießt, an die sich die Schnecken gerne zurück-

Die Hechtrose, eine im Alpenraum heimische Pflanze, die in Deutschland als gefährdet eingestuft ist. Diese Wildrose braucht nur wenig Pflege und eignet sich hervorragend als Bienenweide.

ziehen, z. B. in lockeren Boden, zwischen Steinen und unter Hölzern.
Auch **Rosmarin, Thymian** und **Lavendel** schützen vor Schädlingsbefall. Aufgrund ihrer Inhaltsstoffe lassen sich auch aus diesen Kräutern Sude und Tees herstellen, die bei einigen Gartenproblemen helfen. Aus dem Küchenkraut **Borretsch** kann man Jauchen herstellen, um zu Düngen, gefräßige Insekten zu verscheuchen und einem Pilzbefall vorzubeugen.

Auf Spaziergängen sammeln

Beinwell, Rainfarn und Schafgarben säumen oft die Wegränder, Holunderbüsche findet man am Rand von lichten Wäldern und Efeu klettert im Schatten an Bäumen und Mauern empor. Es ist erstaunlich, was man so alles an nützlichem Kraut auf Spaziergängen entdeckt und sammeln kann. Daher braucht man, selbst als Balkongärtner, nicht auf hausgemachte, umweltverträgliche Mittel verzichten. **Schafgarbe, Kamille** und **Minze**, die so manchen Spazierweg säumen, hemmen Keimung und Wachstum von Pilzen und Bakterien. **Beinwell** kann man zu einem kaliumreichen Dünger verarbeiten. Vom Erstfrühling bis zum Frühsommer findet man zarte Pflänzchen, die sich nicht nur ausgezeichnet in der Küche verwenden lassen, sondern aus denen man auch natürliche Pflanzenschutzmittel herstellen kann.
Die **Schafgarbe** eignet sich als Dünger sehr gut, da ihre Blätter viel Silikat (Kieselsäure) und Kalium enthalten, die die Pflanze stärken und ihr Wachstum fördern. Zusätzlich enthalten die Blüten der Schafgarbe ein keimhemmendes ätherisches Öl, das gegen Pilzkrankheiten wie Pflanzenrost, Monilia und Kräuselkrankheit wirkt.

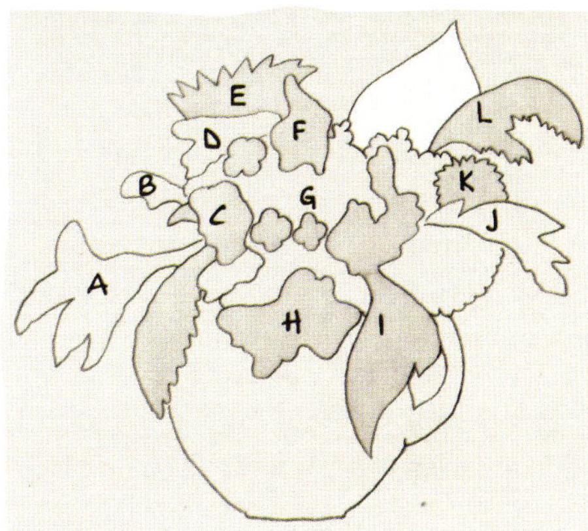

Grüne Helfer von Spaziergängen und aus dem Garten. A) Kermesbeere, B) Lavendel, C) Rucola, D) Schafgarbe, E) Ackerschachtelhalm, F) Borretsch, G) Holunder, H) Kapuzinerkresse, I) Salbei, J) Brennnessel, K) Schnittlauch, L) Wermut.

Borretsch und Thymian im Gemüsebeet sind nicht nur für Mischkultur und als Bienenweide geeignet, auch Pflanzenschutzmittel lassen sich daraus herstellen.

1 Beinwell, Kamille und Schafgarbe findet man am Wegrand gerne.

2 Brennnessel wachsen auf humosen, nährstoffreichen und feuchten Böden.

3 Rainfarn wächst auf trockenen, mageren Wiesen und wird für die Naturapotheke und für den Pflanzenschutz gesammelt.

Beikräuter

Der auf schweren, verdichteten Böden wachsende **Ackerschachtelhalm** enthält viel Silikat (Kieselsäure), das im Pflanzengewebe in Form von Silikat-Kristallen eingelagert ist. Diese Kristalle kann man, etwa durch einen Sud, auch anderen Pflanzen zugutekommen lassen. Ein Besprühen der Blattoberfläche mit einem im Verhältnis 1 : 10 verdünnten Ackerschachtelhalmsud bildet eine Schutzschicht auf der Blattoberfläche, dadurch wird das Pflanzengewebe gestärkt und Schädlinge und Pilzsporen können nicht so leicht in die Pflanze eindringen.

Die **Brennnessel** haben wir als Schmetterlingspflanze und als gesundes Wildkraut widerwillig lieben gelernt. Diese Pflanze ist mittlerweile auch eine der bekanntesten ‚Gartenheilpflanzen'. Sie ist reich an Nährstoffen und Spurenelementen und kann, zu Jauche und Sud verarbeitet, zum Stärken vieler Pflanzen und zur Abwehr von Schädlingen und Krankheitserregern verwendet werden.

Auf die Frage, was man denn gegen **Giersch** unternehmen sollte, war die Antwort eines erfahrenen Gärtners: Aufessen!
Diesem möchte ich mich anschließen, aber den Vorschlag auch noch etwas erweitern. Giersch ist, wie Karotten und der giftige Bärenklau (Achtung, nicht verwechseln!) ein Doldenblütler, der in den Wurzeln **Falcarinol** (ein natürlich vorkommender ungesättigter Alkohol) enthält. Bereits seit ein paar Jahren wird untersucht, ob sich diese Substanz zur Pilzbekämpfung eignet. Wer selbst die Wirksamkeit des Gierschs auf Mehltau und Rost untersuchen möchte, kann es mit einem **Sud aus den Wurzeln** versuchen. Giersch enthält außerdem viel Kalium, Eisen, Kupfer und Mangan, deshalb wirkt **Gierschjauche** wachstumsfördernd.

Ackerschachtelhalmsud selbst brauen

Achten Sie darauf, den Ackerschachtelhalm nicht mit dem Sumpfschachtelhalm zu verwechseln. Der ist nämlich giftig! Ackerschachtelhalm erkennt man an den grünen bis leicht bräunlichen Scheideblättchen (1, Pfeile). Diese sind beim Sumpfschachtelhalm dunkelbraun. Für einen Sud wird der Schachtelhalm in grobe Stücke geschnitten (2), diese werden locker in einen Topf gegeben (3) und der Topf bis zum Rand mit Wasser aufgefüllt. Köcheln Sie das Pflanzen-Wasser-Gemisch ca. 20 Minuten lang. Nehmen Sie den Topf vom Herd und lassen Sie das Gemisch noch weitere 24 Stunden ziehen, danach abseihen (4).

Lassen Sie sich nicht durch viele verschiedene Rezepte verwirren

Jauchen, Sude und Tees: Unterschiede und Grundrezepte

Generell werden **Jauchen** eher zur Düngung, **Tees** und **Sude** hingegen eher zur Schädlingsabwehr oder gegen Pilzbefall eingesetzt. Tees kann man auch aus getrockneten Pflanzenteilen machen, aber wenn frische Pflanzen zur Verfügung stehen, sollte man diese verwenden. Am besten pflückt man sie morgens und noch bevor sie zu blühen beginnen.

Eine gute Mischung: Pflanzenschutzmittel selbst kombinieren

Kombinationen von verschiedenen Mitteln lassen sich einsetzen, wenn man zwei Fliegen mit einer Klappe erschlagen möchte, oder anders ausgedrückt: Läuse und Pilze auf einmal loswerden. Zum Beispiel wirkt ein Gemisch im Verhältnis 1 : 1 aus **Rhabarberjauche und Schachtelhalmtee** gegen Pilze, Bakterien, Läuse und Raupen. **Brennnesseljauche kombiniert mit Minze** ist ein wirksamer Cocktail gegen Milben, weiße Fliegen und Erdflöhe. Probieren Sie es selbst aus! Sie können die Tabelle *Jauchen, Sude und Tees* zu Rate ziehen (S. 112) oder Sie versuchen es mit eigenen Mischungen, auf Pflanzen und Schädlinge abgestimmt.

Krankheiten in Schach halten

Das bisschen Mehltau, das wir im Frühling an den Rosen finden oder das punktuelle Auftreten von Rostflecken an wenigen Blättern, sollte uns nicht allzu sehr beunruhigen. Viele Pflanzen wachsen meist aus ihren **Frühlingskrankheiten** heraus und bis zum Hochsommer haben sich viele Probleme von

Brennnesselsud eignet sich zur Düngung, zur Schädlingsabwehr und -bekämpfung.

Echter Rosentaupilz (*Podosphaera pannosa*), eine Art des Echten Mehltaus auf dem Stiel einer Rosenknospe. Der untere Teil des Stiels ist bereits braun und beginnt zu vertrocknen.

Thymian vom Kräuterbeet oder auf Spaziergängen gesammelt, wirkt als Tee oder Sud gegen Pilze, Bakterien und so manches lästige Insekt.

GUT ZU WISSEN

Strohbeete gegen Pilz

An feuchten Standorten oder bei Pflanzen, die empfindlich für Pilzerkrankungen sind, wurden früher Strohbeete angelegt oder Strohkompost eingearbeitet. Stroh enthält Kieselsäure, die die Pflanzen aufnehmen und ihre Zellen vor dem Eindringen der Pilzsporen schützt. Stickstoff ist in Stroh jedoch nur in geringen Mengen vorhanden, daher sollte man ein Strohbeet mit stickstoffhaltiger Jauche düngen oder Pferdemist beimengen.

selbst erledigt. Sollte eine Krankheit allerdings immer wieder auftreten, kann dies andeuten, dass die Pflanze vielleicht am **falschen Platz** steht, dass **der Boden** ihr nicht zusagt, oder dass sie unter einer **Mangelerscheinung** leidet. Man sollte nach den Ursachen einer Krankheit suchen, denn oft ist recht einfach, diese mit ein wenig Dünger oder einem einfachen Umsetzen zu beheben. Krankheitserreger haben es einfacher sich auszubreiten, wenn viele Wirtspflanzen **eng gepflanzt** sind, daher sollte man ab und zu ein wenig auslichten. Auch eine Mischkultur im Gemüsebeet oder eine abwechslungsreiche Pflanzenvielfalt im Ziergarten verhindern, dass sich Krankheiten rasch ausbreiten.

Wie kommt der Pilz auf die Rose?

Krankheitserreger, z. B. Pilze, Einzeller (Protisten), Bakterien oder Viren, werden durch **Wind, Wasser** und **Tiere** übertragen. Vor allem Bakterien und Viren finden mit Hilfe von Insekten neue Wirtspflanzen. Manche Krankheitserreger können sich aber auch **im Boden** einnisten, wie z. B. der Einzeller, der Kohlhernie verursacht (*Plasmodiophora brassicae*) . Deshalb sollte man gerade bei Kohlgemüse auf Fruchtfolge achten (S. 45). Das gleiche gilt auch für Lauch, der von Fäulnisbakterien im Boden befallen werden kann.

Ein gesunder Garten durch Hausmittel und Hausverstand

Luftstau vermeiden

Wenn es irgendwo zu dicht wächst und die Gefahr besteht, dass durch Luftstau das Pilzwachstum gefördert wird, lichten Sie die Staude ein wenig aus. Auch im Gemüsegarten sollte man darauf achten, dass vor allem Tomaten, Erbsen und Bohnen von einer guten Durchlüftung profitieren. Sollte es trotz aller Liebe und Pflege zum Auftreten von Krankheiten kommen, kann man immer noch zu hausgemachten Mitteln greifen, um das Schlimmste zu verhindern.

Pilze: Hartnäckig, aber nicht unbesiegbar

Mit Wasser verdünnte **Milch oder Molke** ist ein altes Hausmittel gegen Pilze, Bakterien und Einzeller, und wird auch als Saatgutbeize eingesetzt (S. 60). Man vermutet, dass die Mikroorganismen (die „guten" Bakterien) in der Milch Sporen am Wachstum hindern. Wer es selbst versuchen möchte, sollte am besten unsterilisierte Magermilch oder Molke verwenden, diese 1 : 6 mit Wasser verdünnen und die Pflanzen einmal wöchentlich damit besprühen.

Dem **Salz** wird nachgesagt, das Pilzwachstum zu hemmen. Jedoch sollte man Salz mit äußerster Vorsicht anwenden, denn gerade die zarten, frischen Blätter und Stängel, auf denen man Mehltau oder Rostpilze findet, werden durch Salz leicht verbrannt. Versuchen Sie es stattdessen mit **Backpulver**!

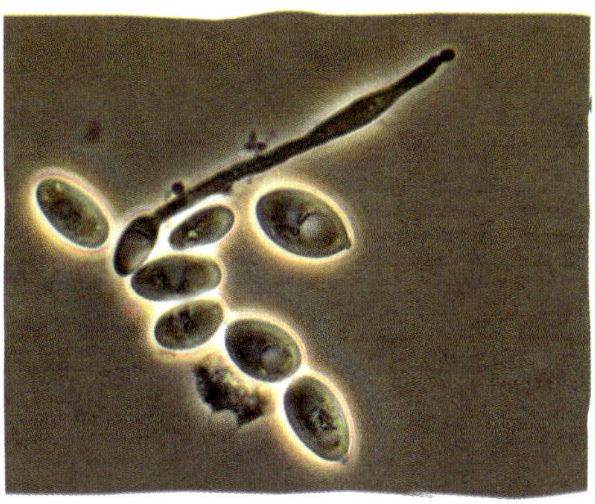

Pilzsporen eines Schlauchpilzes, zu denen auch der Erreger des Echten Mehltaus und der Brennfleckenkrankheit an Bohnen gehört. Die einzelnen Sporen sind nur 0,01 mm lang. Eine der Sporen keimt, man sieht eine lange, schlauchförmige Zelle, ein Hyphe, die der Pilz zur Nahrungsaufnahme und Ausbreitung bildet.

Echter und Falscher Mehltau sind die im Garten und Balkon am häufigsten auftretenden Pilzkrankheiten. **Echter Mehltau**, ein Schlauchpilz (*Ascomycota*) überzieht beispielsweise junge Triebe und Blätter von Rosen, Phlox, Ringelblumen und Obstgehölzen mit einem mehlartigen Belag. Triebe und Blätter verfärben sich ein wenig später braun und vertrocknen. Der Echte Mehltau verbreitet sich vor allem bei trockenem und warmem Wetter, während der Falsche Mehltau Feuchtigkeit und Wärme zur Verbreitung braucht.

Falscher Mehltau wird, genau genommen, nicht von Pilzen, sondern von Organismen verursacht, die mehr mit Algen, als mit Pilzen gemein haben (*Oomyceten* auch Eipilze genannt). Die Diagnose ist nicht immer einfach, da so manches Krankheitsbild, welches auf Falschen Mehltau deutet, auch von Viren, Nematoden oder Bakterien verursacht sein könnte. Eine Art des Falschen Mehltaus weist gelbe und weiße Flecken auf der Blattoberfläche auf, die sich rasch ausbreiten. Die Flecken verfärben sich braun und werden größer, bis ein ganzes Blatt oder Pflanzenteil abgestorben ist. Eine zweite Form des Falschen Mehltaus sieht dem Echten Mehltau ähnlich. Dieser formt einen weißen, pusteligen Belag auf den Blättern, der sich bei genauerem Hinsehen als kleine Krater erweist. Die Sporen des Falschen Mehltaus können im Boden überwintern, ein weiterer Grund, um Fruchtfolge und Mischkultur zu beachten. **Schachtelhalmsud** oder **Backpulverspray** können die Ausbreitung des Falschen Mehltaus ein wenig hemmen, aber da dieser

Krankheitserreger besonders hartnäckig sein kann, sollte man die vom Falschen Mehltau befallen Pflanzenteile rigoros abschneiden und wenn möglich verbrennen.

Die **Rostpilze** gehören, wie auch die Hallimasch oder Steinpilze, zur Gruppe der Ständerpilze (*Basidiomycota*). Rostpilze, die meist rostrote oder braune Pusteln und Flecken verursachen, sind hartnäckige und widerstandsfähige Krankheitserreger. Sie richten in der Landwirtschaft große Schäden an, andere wiederum verursachen „Hexenbesen" (buschartige Verwachsungen) an Nadelbäumen. Manche Arten von Rostpilzen lassen sich selbst von den schwefelhaltigen Abwehrstoffen der Zwiebel und des Knoblauchs nicht einschüchtern. Da sich Rostpilze Zwischenwirte suchen und im Boden überwintern können, sollte man befallene Pflanzenteile rasch beseitigen und die Bekämpfung mit einem Cocktail aus **Schachtelhalm- und Schafgarbentee** versuchen, oder auch **Backpulverspray** zum Einsatz bringen.

Braunfäule bei Tomaten, Kartoffeln oder Kraut wird durch einen weiteren Eipilz verursacht, der unaussprechliche *Phytophthora infestans*. Von den Blatträndern her treten dunkelbraune, runde bis ovale Flecken auf. Bei feuchtem Wetter breitet sich dieser Organismus rasch aus und kann innerhalb kürzester Zeit die gesamte Pflanze befallen. Ein Besprühen mit **Rhabarberjauche** oder Schachtelhalmtee kann bei manchen Pflanzen ein Ausbreiten verhindern. Man sollte versuchen, die Pflanzen so trocken wie möglich zu halten und für eine **gute Luftzufuhr** zu sorgen. So mancher Gärtner schwört auf ein Dach über seinen Tomaten! Wer

☞ GUT ZU WISSEN

Speisesalz und Backen mit „Chemie"

Speisesalz (NaCl) kam in Omas Garten gegen Pilzerkrankungen zum Einsatz und wahrscheinlich auch mit Erfolg, da das Natrium (das Na des NaCl) die Elektrolytbalance der Pilzzellen stört und die Pilzsporen folgedessen zusammenfallen. Soda und Natron sind sich chemisch sehr ähnlich, der einzige Unterschied zwischen diesen beiden ist ein Wasserstoffatom (H). Kristallsoda (Natriumcarbonat Na_2CO_3) enthält kein Wasserstoffatom, verbindet sich daher gerne mit Wasser (H_2O) und wirkt dadurch wie eine Lauge. Natron, auch Natriumhydrogencarbonat ($NaHCO_3$) oder Backpulver genannt, verliert beim Erhitzen sein Wasserstoffatom (H) – deshalb geht der Kuchen mit Hilfe von Backpulver auf. Natron ist auch nicht so scharf wie Soda, deshalb ist Backpulver besser für Pflanzen geeignet. Wer weder Salz noch Kristallsoda auf seine Pflanzen sprühen möchte, sollte den sanfteren Backpulverspray versuchen. Ein Gemisch aus zwei Teelöffel Backpulver, das in einem Liter Wasser mit ein paar Tropfen Spülmittel aufgelöst wird. Mit einer Sprühflasche am Abend oder an einem bewölkten Tag auf die befallenen Stellen aufsprühen, dies ein- bis zweimal pro Woche wiederholen, besonders im Frühling.

Tomaten im Hochbeet pflanzt, kann sich mit biegbaren Plastikröhren oder mit Zweigen behelfen, über die bei Regen eine klare Folie gespannt wird. Vorsicht jedoch, dass unter dem Regenschutz die Luft gut zirkuliert. Durch hohe Luftfeuchtigkeit und Tau- oder Kondensationsbildung verbreitet sich die Braunfäule fast noch besser, als draußen im Regen.

Die **Kräuselkrankheit** an Pfirsichblättern wird durch den Schlauchpilz (*Taphrina deformans*) verursacht. Stärken Sie Ihren Pfirsichbaum, indem Sie um den Stamm mit Pferdemist oder Kompost mulchen, übersprühen Sie ihn mit Schafgarbentee oder **Schachtelhalmsud**, der Silikat zur Verteidigung und Kalium zur Stärkung enthält.

Auf Obstbäumen, besonders gerne auf Apfelbäumen, findet man im Herbst nach dem Blattfall verschrumpelte Früchte mit oft kreisförmig angeordneten Punkten. Das ist **Monilia**, ein Schlauchpilz der Frucht- und Spitzenfäule verursacht. Auch hier entfernt man befallen Teile, verdorrte Äste und Fruchtmumien. Bei einem kleineren Baum kann ein **Sud aus Schachtelhalm, Schafgarben** und **Wermut** gut gegen diesen Pilz eingesetzt werden.

Bakterien: widerstandsfähige Opportunisten

Bakterien sind wichtig für ein gesundes Ökosystem im Garten, genauso wie wir Bakterien in unseren Verdauungsorganen brauchen, um gesund zu bleiben. Man hört oft von ‚guten' Bakterien in Lebensmitteln, die unsere Lebensqualität ungemein erhöhen können. Aber Bakterien in ‚Gut' und ‚Böse' einzuteilen ist problematisch, da diese Kleinstlebewesen äußerst wandlungsfähig sind und sich ihrer Umwelt anpassen können. Beispielsweise kann eine ‚gute' Bakterie, die als Zersetzer im Boden oder auf verrottendem Pflanzenmaterial ihr Dasein fristet, plötzlich zur ‚bösen' werden, wenn sie auf eine geeignete, lebende Wirtspflanze trifft.
Bei bakteriellen Erkrankungen sollte man so rasch wie möglich die **befallenen Teile entfernen und entsorgen** (aber nicht auf dem Kompost!). Versuchen Sie bei bakteriellen Erkrankungen auch mit **Brennnesseljauche** vorzugehen, vielleicht gemischt mit antibak-

Die durch Pilze hervorgerufene Kräuselkrankheit an Pfirsichblättern. Auch hier gilt es, die befallenen Teile so rasch wie möglich zu entfernen, die Pflanze zu stärken und gegen Pilzbefall zu behandeln.

Apfelmumien, die durch den Monilia-Pilz verursacht wurden. Befallene Früchte und Fruchtmumien entfernen.

Das Küchenkraut Oregano und sein wilder Verwandter, der Dost, haben antibakterielle Eigenschaften, die als Tee auch im Garten eingesetzt werden können.

teriellen Extrakten aus **Schafgarben**, **Kamille**, **Knoblauch** oder **Minze**, die man auf die Blätter sprüht.

Manche Bakterienstämme richten kaum Schaden an auf den Wirtspflanzen, da diese Pflanzen bereits ‚gelernt' haben, mit ihnen zu leben. Andere wiederum, wie z. B. der **Feuerbrand**, sind sehr gefürchtet. Er infiziert unter anderem auch Ebereschen und Weißdorne, besonders gefährlich ist er aber für Obstgehölze, da diese sehr empfindlich sind. An feuchtwarmen Tagen im späten Frühling oder im frühen Sommer befallen die Bakterien Blätter und Blüten, die vom Blattstiel welken und verfärben. Die braunen, verwelkten Triebspitzen sehen verbrannt aus, daher rührt auch der Name der Krankheit.
Ebenfalls durch Bakterien verursacht werden die **Blattfleckenkrankheit** bei Rüben, Spinat und Mangold sowie die **Nassfleckenkrankheit** bei Zierpflanzen.

GUT ZU WISSEN

Gesunde Tomaten

Tomaten brauchen gerade während der Fruchtbildung ausreichend Magnesium (Mg). Für ein paar Euro bekommt man Bittersalz (Magnesiumsulfat $MgSO_4$) in der Apotheke, das Blütenendfäule vorbeugt und die Tomatenpflanze stärkt. Man löst 1 EL Bittersalz in 5 Liter Wasser auf und gießt ein- bis zweimal wöchentlich die Pflanze damit.

Viren werden häufig durch Insekten übertragen

Das Krankheitsbild eines Virenbefalls ist dem eines Pilzes sehr ähnlich und äußert sich durch braune Flecken, vergilbte Blätter sowie durch unansehnliche, gefleckte Blüten und Früchte mit matschigen Stellen. Gegen Viren scheint wirklich noch kein Kraut gewachsen zu sein, aber da Pflanzenviren hauptsächlich von Insekten oder Nematoden verbreitet werden, sollte man versuchen, diesen Einhalt zu gebieten. So werden z. B. **Vergilbungsviren** und die **Kräuselkrankheit** (bei Rüben) von Blattwanzen übertragen. Hier helfen auch hausgemachte Mittel: **Beinwell**, **Wermut**, **Rainfarn** und so einige andere stehen auch hier den Gärtnern und Pflanzenliebhabern zur Seite!
Gurken, Kürbisse und Zucchini können von dem **Gurkenmosaikvirus** heimgesucht werden. Das Krankheitsbild ist ähnlich des Falschen Mehltaus oder eines Befall mit Thripsen (Fransenflügler), d. h. an Blättern (und Früchten) bilden sich gelbe, unregelmäßige Flecken und das Blatt vertrocknet vom Blattrand aus. Im Unterschied zu Falschem Mehltau oder Thripsenbefall breiten sich die

1 *Albugo candida* – Weißer (Pustel)Rost, oft auf Kreuzblütlern, hier auf einem jungen Pfaffenhütchen. Am besten schneidet man die befallenen Triebe ab, um einer weiteren Ausbreitung vorzubeugen.

2 Rosenrost kann sehr hartnäckig sein. Ein wiederholtes Auftreten kann durch einen Kaliummangel hervorgerufen werden, der mit einer einmal wöchentlichen Zugabe von Rhabarberjauche zum Gießwasser behoben werden kann.

3 Falscher Mehltau auf der Unterseite eines Weinblattes.

4 Der einst so beliebte Feuerdorn ist eine der Wirtspflanzen der Feuerbrand-Bakterie *Erwinia amylovora*.

5 Bakterienbrand an Steinobstbäumen kann man verhindern, indem man Obstbäume schneidet, wenn sie noch „im Saft stehen", d. h. während der Wachstumsperiode. Die Bäume verschließen dann die Wunden schneller und Bakterien können nicht in das Pflanzeninnere eindringen.

Flecken jedoch von den Blattadern und teilweise auch vom -rand aus, außerdem findet man weder einen weißen Belag auf der Unterseite des Blattes, noch stecknadelkopfgroß, längliche Insekten. Das Gurkenmosaikvirus wird von Blattläusen übertragen, die auf Gräsern überwintern. Leider nützen Spritzmittel, auch hausgemachte, wenig, da die Läuse durch die Mittel aufgeschreckt werden und rasch von Blatt zu Blatt, Stängel zu Stängel hüpfen und dabei den Virus weiter ausbreiten. Am besten, Sie beseitigen befallene Teile sofort; Fruchtwechsel beachten und **im Gewächshaus Nützlinge einsetzen**, auf deren Speisekarte Läuse stehen!

Brennnessel, Giersch und Co. die noch vor wenigen Jahren unbarmherzig mit allerlei Herbiziden bekämpft wurden, werden heutzutage in Küche, Naturapotheke und im Garten geschätzt. Immer mehr Menschen bevorzugen die natürlichen Hausmittel im Gegensatz zu künstlich hergestellten Spritzmitteln, und man erinnert sich an Tricks und Kniffe, die schon den Großeltern das Gärtnern erleichtert haben.

Leider ist dies noch lange nicht der Weisheit letzter Schluss. Viele Wirkstoffe verschiedener Pflanzen sind noch unentdeckt, von einigen weiß man zwar von ihrer Existenz, allerdings ist die Wirkung noch unerforscht. Man soll sich auch in Erinnerung rufen, dass **Pflanzen Kombinationen verschiedener Wirkstoffe enthalten,** die die Pflanze, je nach Witterung, Standort, Schädlings- oder Krankheitsbefall unterschiedlich einsetzt. An Universitäten und Hochschulen wird zu diesem Thema intensiv geforscht und eine fast unüberschaubare Flut an Publikationen erreicht jedes Jahr Fachleute und interessierte Laien.
Deshalb kann sich dieses Kapitel unmöglich mit Vollständigkeit rühmen! Stattdessen möchte ich es mit einem Vorschlag beenden: Scheuen Sie nicht davor zurück, mit den verschiedensten Pflanzen selbst zu experimentieren! Es kann nicht viel schief gehen, wenn Sie die neu gebrühten Mittelchen erst einmal auf kleinem Raum testen, und wer weiß, vielleicht haben Sie mit Ihrem Hausmittel das Rezept gegen Viren, Bakterien und Pilze (und Schnecken) gefunden!

Jauchen, Sude, Tees: Unterschiede und Grundrezepte

Jauchen zum Düngen (im Freien ansetzen, da sie Gerüche entwickeln können)	Einen Eimer locker mit frischem Pflanzenmaterial, z. B. Brennnessel oder Gierschblätter bis 5 cm unter den Rand füllen; mit Wasser auffüllen und 10–14 Tage an einem warmen Platz gären lassen; jeden Tag einmal umrühren. Durch ein (Unkraut)Vlies in einen zweiten Eimer abseihen und in Flaschen abfüllen. Man verwendet ca. 200 ml (eine Kaffeetasse voll) pro 10 l Gießkanne.
Tees zur Düngung, Schädlingsabwehr und -bekämpfung	Ein Gefäß zu 1/5 mit getrocknetem (oder zu 1/3 mit frischem) Pflanzenmaterial füllen, mit kochendem Wasser aufgießen, ca. 1/2 Std. ziehen lassen, dann abseihen. Als Dünger wie Jauchen anwenden, als Spritzmitteln 1 : 10 verdünnen.
Sude zur Düngung, Schädlingsabwehr und -bekämpfung	Einen 2 l Topf locker bis zur Hälfte mit frischem Pflanzenmaterial füllen; mit Wasser auffüllen und ca. 1/2 Std. kochen lassen, abseihen. Als Dünger wie Jauchen anwenden, als Spritzmitteln 1 : 10 verdünnen.

Aus Holunderblüten, Lavendel und Kamille lassen sich hervorragend Öle und Mittelchen brauen, die sich bestens zur Schädlingsvertreibung und Vorbeugung von Krankheiten eignen. Weitere Pflanzen und Beikräuter, die der Schädlingsbekämpfung dienen, finden Sie in der Tabelle auf S. 114-115.

Eine Liste von Beikräutern und wild wachsenden Pflanzen für Jauchen, Sude und Tees

	Hilft gegen						
Pflanze/Mittel	Raupen	Läuse	Milben	Fliegen & Käfer	Erdflöhe	Ameisen	Nematoden
Acker-Schachtelhalm	Sud	Sud		Sud			
Baldrianblüte							
Beinwell		Jauche	Jauche	Jauche			
Borretsch		Jauche	Jauche	Jauche			
Brennesseln	Jauche	Jauche	Sud	Sud			
Chili	Tee	Tee					
Efeu		Jauche					
Eichenblätter		Jauche	Jauche	Jauche		Jauche	
Farne (Adler- & wurm)	Jauche	Jauche					
Giersch							
Holunder	Jauche			Blätter & Blüten	Mulchen mit Blättern	Jauche	
Kamille							Sud, Tees
Kapuzinerkresse							
Kermesbeere							
Knoblauch	Tee	Tee	Tee	Sud, Pflanze		Tee	
Lavendel		Öl, Blüten		Tee		Öl, Blüten	
Löwenzahn	Tee						
Minze			Tee	Tee	Tee		
Rainfarn	Sud	Sud	Sud		Sud		Sud
Rhabarberblätter		Jauche	Jauche	Jauche	Jauche		
Ringelblume							
Rosmarin	Sud			Sud			
Salbei	Sud			Sud			
Sauerampfer	Jauche	Jauche	Jauche	Jauche			
Schafgarbe	Sud	Sud	Sud	Sud	Sud		
Spitzwegerich							
Tee (schwarzer)	Tee	Tee		Tee			
Thymian	Tee	Tee					Tee
Tomatenblätter	Jauche	Sud	Sud	Sud			Sud
Wacholder						Blätter	
Wermut					Sud		

				Verwendung	
kterien	Pilze	Schnecken	Wühlmaus	als Dünger	Bemerkung
	Sud				Leicht mit giftigen Arten zu verwechseln!
	Sud, Tee				fördert Blüten und Fruchtbildung
uche	Jauche			Kalium	
uche	Jauche				lockt Bestäuber an, geeignet für Mischkultur
	Sud			Stickstoff	Nahrung für Schmetterlingsraupen
e	Tee	Tee			
					junge Blätter verwenden, Saatbeize
	Jauche	Jauche			
d (Wurzel)	Sud (Wurzel)			Kalium (ganze Pflanze)	
			Jauche, Blätter & Blüten		
d, Tees	Sud, Tees				Saatbeize
d	Sud				
		Sud, Tee von Beeren			
e	Tee	Sud, Pflanze	Sud, Pflanze		Saatbeize
			Öl, Blüten		
		Sud, Jauche		Kalzium, Spurenelemente	
d	Sud				
	Sud, Tee	Jauche		Kalium	enthält Oxalsäure – giftig
		Sud, Tee			
		Tee, Öl			
		Jauche			enthält Oxalsäure – giftig
	Sud, Tee				
					einreiben mit Blättern hilft bei Insektenstichen aller Art
	Tee			zur Düngung von Farnen	
	Tee				
		Sud		für Kohlgewächse	
			Blätter		
		Sud			

Wasser weise verwenden

Der Klimawandel bringt unberechenbares Wetter mit sich. Wie Sie Ihren Garten oder Balkon gestalten können, damit selbst in knochentrockenen oder pitschnassen Zeiten Pflanzen gedeihen, erfahren Sie in diesem Kapitel.

Bei so ziemlich jeder Gartenunterhaltung kommt man, eher früher als später, auf das Wetter zu sprechen. Immer öfter hört man Bedenken, dass man sich auf das Wetter nicht mehr verlassen kann. *Früher, ja früher, da hatte man doch im Juli oder August nie eine lang anhaltende Regenperiode? Oder war es jemals so heiß? Über 40 Grad?*

Auf einen heißen, trockenen scheint ein nasser, kalter Sommer zu folgen, dafür soll der Niederschlag im Herbst und Winter ausbleiben. Wenn es regnet, dann meist heftig und es besteht die Gefahr von Verschlammung und Auswaschung von Nährstoffen und Mineralien. Der Klimawandel bringt nicht nur steigende Temperaturen, unser Wetter scheint auch wesentlich temperamentvoller und launischer zu werden. Das stellt nicht nur die Landwirtschaft vor neuen Herausforderungen, auch wir Gärtner sollten über eine Anpassung an den Klimawandel nachdenken.

Eine gut durchdachte Auswahl an (heimischen) Pflanzen für Balkon und Garten, die Anlage eines Steingartens und/oder eines Feuchtbiotops und wassersparende Maßnahmen nehmen den Auswirkungen des Klimawandels, zumindest im eigenen Garten, die Schärfe. Und wenn man bereits vorhandenes Material bei der Gartengestaltung wieder verwendet, trägt man zum Klimaschutz bei, denn man spart Ressourcen und Wege und verringert so den CO_2-Ausstoß.

Wasserspartipps für Garten und Balkon

Die Kästen, Töpfe und Tröge am Balkon zu gießen kann zu einer abendfüllenden Aufgabe werden. Aber auch im Garten verbringt man während der heißen Tage viel Zeit damit, den Durst von Gemüse und Zierpflanzen zu stillen.

Sparen Sie Zeit und Wasserkosten, indem Sie

- Beete und Töpfe **mulchen** (S. 36),
- **Bodendecker** und Polsterstauden pflanzen,
- Töpfe so platzieren, dass der Topf, aber nicht die Pflanze **beschattet** wird,
- Pflanzen nicht direkt in **unglasierte Ton- oder Metalltöpfe** setzen, da diese Art von Töpfen das Austrocknen beschleunigen,

Storchschnabel, Rosmarin, Lavendel und Thymian teilen sich ein nach Süden ausgerichtetes Beet mit trockenem Boden.

- Erde für Tröge und Töpfe mit **Blähton**, **Vermiculit** oder **Schafwolle** (S. 57, S. 33) mischen, da sie Wasser speichern,
- die **Bodenoberfläche lockern** bevor man gießt, da gelockerte Erde weniger Wasser verdunstet lässt als harte, verschlämmte und
- Töpfe isolieren oder einkleiden mit Stoffen, Rinde, Schilf, Holz etc. Machen Sie ein Upcycling-Projekt daraus!

Wasser recyceln

Wer einen Garten hat, ist gut beraten eine **Regentonne** aufzustellen oder **Grauwasser** zu sammeln. Grauwasser ist allerdings nicht für säureliebende Pflanzen (z. B. Azaleen, Preiselbeeren) geeignet, da es aufgrund der enthaltenen Seifen- und Spülmittelreste meist leicht alkalisch (basisch) ist. Es ist auch für Gemüse nicht geeignet, kann aber ohne Bedenken für den Ziergarten, Gehölze und Blumenkästen verwendet werden.

Mit abgekühltem **Kochwasser von Gemüse und Eiern** bringen Sie nicht nur Feuchtigkeit zu den Wurzeln der Pflanze, sondern auch ein paar Nährstoffe, Spurenelemente und im Fall von Eiern, auch Kalzium. Das Wasser von **Fischteichen und Aquarien** ist reich an Nährstoffen, daher ist dieses besonders gut geeignet, zum Gießen von Beeten und Topfpflanzen.

Gießen mit Grauwasser

Unter Grauwasser versteht man all jenes im Haus anfallende Abwasser, das nicht mit Urin oder Fäkalien belastet ist. Solch gering belastetes Wasser fällt etwa im Badezimmer, in der Küche oder beim Wäschewaschen an. Wohingegen seine Aufbereitung zum weiteren Hausgebrauch (etwa zum Duschen) kompliziert und teuer ist, können Sie Ihren ökologischen Fußabdruck dadurch verringern, dass Sie Grauwasser auf dem Balkon oder im Garten zur zusätzlichen Bewässerung verwenden. Ihre Pflanzen werden es Ihnen danken, denn viele für das Pflanzenwachstum notwendigen Nährstoffe (S. 29) sind im Grauwasser enthalten.

Sollten Sie nur geringe Mengen an Grauwasser benötigen, um den Durst Ihrer Balkon- oder Gartenpflanzen zu stillen, reicht es oftmals aus, das beim Abwasch anfallende Wasser in einer Wanne aufzufangen und zum Gießen zu verwenden. Um das Abwasser der Waschmaschine oder der Dusche zu nutzen, bedarf es zwar etwas mehr handwerkliches Geschick, in den meisten Fällen ist es aber der Mühe wert.

Auf die Bewässerung von Gemüsepflanzen mit Grauwasser sollte verzichtet werden, da die Möglichkeit besteht, dass das Gemüse mit im Grauwasser enthaltenen Keimen kontaminiert wird. Man sollte Grauwasser auch nicht länger als ein paar Tage aufbewahren, da sich Keime und Bakterien breit machen, und mit ihnen auch unangenehme Gerüche.

Viele im Haushalt verwendete Reinigungs- und Waschmittel enthalten Weichspüler, Parfüme, Salze oder Bleichmittel. Da diese Ihre Pflanzen schädigen können, sollten Sie Haushaltsreiniger und Duschgels nur sparsam verwenden und möglichst auf umweltverträgliche, biologisch abbaubare Produkte zurückgreifen.

Gießen mit Luftdruck: Stechen Sie rund um den Hals einer Plastikflasche Löcher und füllen Sie die Flasche zu ca. 2/3 mit Wasser. Die Flasche wird kopfüber in den Boden eingegraben, so dass das mit Luft gefüllte Drittel noch herausschaut. Wenn die Sonne die Luft in der Flasche erwärmt, dehnt sich diese aus und drückt das Wasser unten durch die Löcher heraus. Bei kühlem Wetter entsteht ein Unterdruck und das Wasser bleibt in der Flasche.

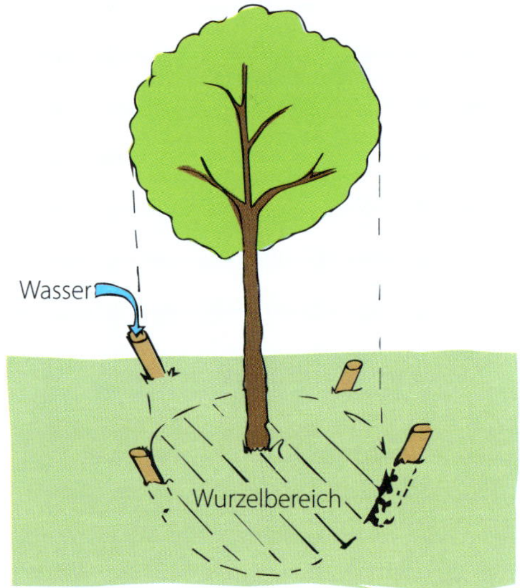

Gießröhren für junge Bäume. Damit Wasser direkt an die Wurzeln von jungen Obstbäumen kommt, gräbt man vier Plastikrohre am Rand des Wurzelbereichs ein. Die Ausbreitung der Wurzeln (schraffierter Bereich) entspricht ungefähr die der Baumkrone.
Die Rohre sollten ca. 50 cm lang sein und ca. 10 cm Durchmesser haben. In jene 2/3 des Rohres, die in die Erde eingegraben werden, werden Löchern gebohrt. Ca. 1/3 oder weniger des Rohres steht aus der Erde heraus und dient als Einfüllstutzen für Wasser.

Ein Hochbeet-Bewässerungssystem aus Wasserflaschen, die mit der Öffnung nach unten in den Boden gesteckt werden. Dadurch vermeidet man direktes Gießen auf den Boden, was zur Verschlammung des Bodens führen kann. Das Wasser gelangt so direkt zu den Wurzeln und die Verdunstung wird reduziert.

Richtig gießen: Gesunde Pflanzen mit wenig Wasser

Pflanzen lassen nicht nur die Köpfe hängen, wenn sie verdursten, sondern auch, wenn sie ertrinken. Sollte man sich nicht sicher sein, ob gegossen werden muss, kann man mit einem Finger, Stöckchen oder einer Hacke an der **Oberfläche des Bodens kratzen**. Zeigt es sich, dass der Boden ca. 1–2 cm unter der Oberfläche noch feucht ist, haben die Pflanzen noch reichlich Wasser und man sollte das Gießen verschieben. Ein Überwässern wäscht Nährstoffe aus, die ersetzt werden müssen und führt dazu, dass sich die Wurzeln nahe der Oberfläche ausbreiten, anstatt in die Tiefe zu bohren. So erzieht man wasserver-

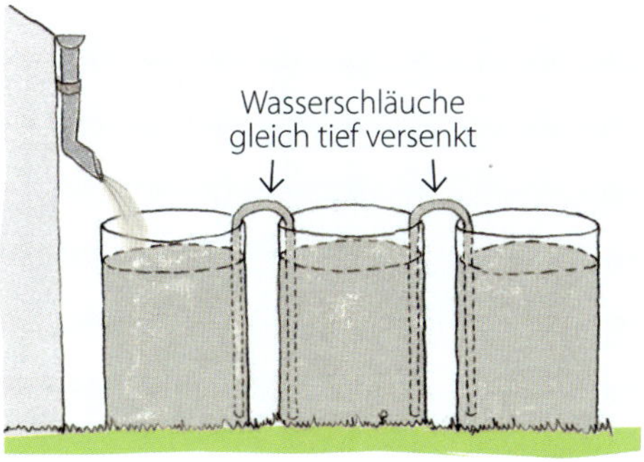

Sparen Sie Regenwasser mit Hilfe von Gartenschläuchen, anstatt Geld für Pumpen und Installationsarbeiten auszugeben. Wichtig ist, dass die Wasserschläuche gleich tief in die Tonnen hängen. Um Wasser von einer Tonne zur anderen zu leiten, füllen Sie den Schlauch mit Wasser, verstöpseln beide Schlauchenden und hängen Sie ihn in zwei Tonnen, aber so, dass der Schlauch bei beiden Tonnen den Boden fast berührt, dann entfernen Sie die Stöpsel. Wird eine Tonne geleert, fließt Wasser aus den anderen Tonnen nach.

Eine Vogeltränke für gefiederte Freunde

Stellen Sie an einer ruhigen Ecke des Gartens (oder des Balkons) eine Vogeltränke auf, um insektenfressende Singvögel anzulocken. Alte Suppenteller oder Untersetzer, die man auf einen Zaunpfosten klebt, reichen dazu aus.

wöhnte Pflanzen, die selbst nach einer kurzen Trockenzeit trotzig ihre Köpfe hängen lassen.

Ob man morgens oder abends gießt, darüber scheiden sich die Geister. Eine Pflanze, die im Sommer unter **Trockenstress** leidet, sollte man sofort gießen. Auch wenn es Mittag ist! Das Gärtnerlatein, dass Wassertropfen auf der Blattoberfläche die Sonnenstrahlen bündelt und die Pflanze verbrennt, ist eine Legende, die sich leider hartnäckig hält. Im Gegenteil, das Wasser verdunstet und kühlt dadurch die Pflanze. **Gießen sollte man die Wurzeln direkt**, nicht die Luft, um Wasser zu sparen und sicher zu gehen, dass das Wasser auch wirklich zu den Wurzeln gelangt. Ein regelmäßiges Verteilen des Wassers über das gesamte Beet hat zur Folge, dass auch unerwünschtes Beikraut mit gegossen und die Luftfeuchtigkeit erhöht wird, was Ihnen Schnecken und Pilzsporen danken werden.

Wie viel man gießen sollte, hängt von der Bodenbeschaffenheit ab. Wasser versickert rasch in sandigen Böden, während Wasser in tonigen Böden zu Staunässe führen kann. In beiden Fällen sollte **reichlich organisches Material** eingearbeitet werden, denn Kompost, Pferdemist und Co speichern Wasser im sandigen Boden und lockern dichte, tonige Böden (S. 16).

Sickerschlauch & Co übernehmen das Gießen während des Urlaubs

Der technisch klingende **Sickerschlauch** ist nichts anderes als ein Gartenschlauch, in dem Löcher dort gebohrt werden, wo das Wasser herausrinnen soll, und der mit einem Korken auf einer Seite verschlossen wird. Diese Schläuche können auch unterirdisch verlegt werden, sollte man sie regelmäßig verwenden. Am besten verwendet man Sickerschläuche bei lehmigen Böden. Je dichter ein Boden ist, desto mehr breitet sich das Wasser um die Löcher herum aus. Bei sehr sandigen Böden versickert selbst das Wasser von Sickerschläuchen schnell. **Tröpfchenbewässerung**, d. h. langsames, stetiges Gießen wie bei Sickerschläuchen ist besser für die Pflanzen und spart beim Wasserverbrauch, da das Wasser direkt zur Wurzel kommt und nicht abrinnt, wie es bei einem starken Strahl der Fall wäre.

Hochbeete und Balkontröge können mit Hilfe von Plastikflaschen und Röhren bewässert werden, die man, ein wenig umkonstruiert, in den Boden steckt (S. 120).

Pflanzen für trockene Stellen

Trockenheitsresistente Pflanzen

Wie viel Wasser man in Beete und Töpfe gießen muss, hängt auch von den jeweiligen Pflanzen ab. Kleinwüchsige Pflanzen, die dem Boden Schatten spenden und kleine Blätter haben, die eventuell **behaart** oder **ledrig** sind, sind genügsam in ihrem Wasserbedarf. Die ledrigen Blätter der Lorbeerpflanzen und die mit einem Flaum bedeckten des Wollziests und Heiligenkrauts verdunsten weniger Wasser, als die Blätter der Clematis oder Funkien. **Niedere Stauden**, die hübsche Polster formen, beispielsweise Polsterglockenblumen, Seifenkraut und Fetthennen sind durch ihre kompakte Form nicht so sehr den Sonnenstrahlen ausgesetzt und schützen den Boden vor dem Austrocknen. Die Blätter und Stängel von Sedum und Hauswurz **speichern Wasser** und sind daher die robustesten unter den trockenheitsliebenden Pflanzen.

Den Rasen nicht zu sehr verwöhnen

Einen Rasen grün zu halten kann an heißen Tagen viel Wasser verbrauchen. Besonders ein sehr kurz getrimmter Rasen trocknet schnell aus, da die kurzen Halme den Boden weniger beschatten als lange, außerdem bildet kurz gehaltenes Gras weniger Wurzeln als höheres. Sparen Sie Zeit und Benzin, indem Sie mit Ihrem Rasen nicht allzu streng sind. Wenn der Rasen im Sommer etwas vergilbt, greifen Sie nicht voreilig zum Rasensprenger. Erstens, da nur ein Bruchteil des versprengten Wassers die Graswurzeln erreicht und zweitens, da **kurzzeitiges Trocknen den Rasen auf lange Zeit hin nicht schädigt**. Sobald es regnet,

GUT ZU WISSEN

Ein Ertrinken der Pflanzen bei zu viel Wasser ist, streng gesehen, ein Ersticken, da kein Sauerstoff mehr an die Pflanze und an die Wurzeln kommt.

Der Bewässerungs-Lappen

Um Hauspflanzen oder Töpfe ein paar Tage lang mit Wasser zu versorgen, bedient man sich eines alten Stückes Stoff oder eines Lappens. Dieser wird fest zusammengedreht, ein Ende in einen Wassereimer gesteckt, das andere Ende in den Blumentopf leicht in die Erde eingegraben. Der Blumentopf sollte niedriger als der Wassereimer stehen. Nach und nach saugt sich der Lappen voll und das Wasser wandert in die trockene Erde.

Lichte, kleine Bäume, wie z. B. Felsenbirnen, spenden Schatten und passen gut in Stadtgärten und auf Balkone.

1 

2 

3 

4 

1 Eine Regentonne sollte in keinem Garten fehlen. Hier wurde sie hinter einer Schilfmatte versteckt, an der sich Platterbsen hochranken.

2 Steingartenpflanzen bevorzugen einen neutralen bis kalkigen Boden, sie können deshalb mit verdünntem Grauwasser gegossen werden.

3 Ein natürliches Trockenbiotop auf steinigem, kalkigem Boden.

4 Die Lösung für einen südseitigen, trockenen Hang: robuste und trockenheitsresistente Pflanzen, wie z. B. Lavendel, Ziergräser oder Stauden.

Ein Querschnitt durch ein Feuchtbiotop mit einer maximalen Tiefe von 30 cm.

Einen feuchten Rasen erneuern

Wenn der Rasen sehr in Mitleidenschaft gezogen wurde, Sie ihn aber gerne behalten würden, empfiehlt es sich, nach dem Vertikutieren den Boden oberflächlich zu lockern und Sand (ca. 3–4 Hand voll pro m²) und Nährstoffe (in Form von Kompost, Mist oder Dünger) einzuarbeiten. Der vorbereitete Boden wird gerade gezogen, festgetreten und darauf ein Gemisch im Verhältnis 1 : 1 Sand : Grassamen locker ausgestreut.

erholt er sich wieder von alleine. Wem große Rasenflächen nur ein Wasser- und Zeitfresser sind, kann diese zu einer Blumenwiese verwandeln (S. 85), ein Trockenbiotop anlegen oder, sollte ausreichend Feuchtigkeit im Boden vorhanden sein, Bäume und Büsche pflanzen.

Schattenspender pflanzen

Bäume sind die besseren Sonnenschirme und müssen dazu nicht einmal besonders groß sein. Gerade niedere Apfel- und Kirschbäume, Ebereschen oder Apfelbeeren (*Aronia*

Ein Steingarten aus upgecyceltem Strandgut und heimischen Pflanzen. Gesehen auf der Insel Krk, Kroatien.

melanocarpa) sind auch gut in einem kleinen Garten aufgehoben, wo sie, im Südwesten eines Sitzplatzes gepflanzt, im Sommer nachmittags Schatten spenden. Solange die Bäume noch klein sind und man sie noch gießen muss, sollte man ein paar Zentimeter **Erde rund um den Baum aufhäufen**, so dass beim Gießen das Wasser nicht abrinnt und es langsam zu den Wurzeln sickern kann.

Zuviel der Nässe

Das unzuverlässige Wetter bringt nicht nur Trockenheit, auch extrem nasse Perioden bringt der Klimawandel mit sich. Bei zu viel Feuchtigkeit formen sich Schlammpfützen auf

1

1 Aus einem natürlichen Bachlauf und einer versumpften Wiese wurde von Gärtnern und Ökologen ein artenreiches Feuchtbiotop geschaffen (Wakehurst Botanical Gardens, England).

2 Eine Seerose in einem Miniteich. Auch Algenblüte hat sich hier schon breit gemacht.

3 Ein kleiner Gartenteich mit einer Trockensteinmauer im Hintergrund wurde sofort nach Fertigstellung von Vögeln und Insekten besucht.

2

3

Algenblüte vorbeugen

Algenblüten, die rasche Vermehrung mikroskopisch kleiner Algen, die das Wasser trüben, können in einem geschlossenen System, wie es z. B. bei einem Zier- oder Naturschwimmteich ohne natürlichen Zulauf der Fall ist, mit Stroh reduziert werden. Das Stroh entzieht dem Wasser Nährstoffe, die die Algen zum Wachsen brauchen, und kleine algenfressende Krebstiere, finden im Strohballen Schutz vor ihren Feinden. Am besten eignet sich Gerstenstroh, das möglichst pestizidfrei angebaut wurde, um keine Schädlingsbekämpfungsmittel für Fische und Kleinstlebewesen in den Teich zu bringen. Man kann allerdings auch Stroh vom Weizen oder Lavendel verwenden. Diese Strohballen kann man selber machen, indem man einen Sack an einem „Schwimmreifen" aus Styropor, oder einem anderen leichten Material, befestigt. Dann stülpt man den Sack von innen nach außen und stopft Stroh hinein. Man benötigt ca. 250 g Stroh pro m² Wasseroberfläche und idealerweise sollte der Ballen in der Nähe des Wassereinlaufes befestigt werden. Nach ca. 1–2 Wochen wird sich das Wasser braun verfärben (die Gerbstoffe sind ausgetreten), aber nach und nach wird das Wasser klarer. Die Strohsack-Methode funktioniert am besten, wenn das Wasser noch warm ist (über 15 Grad) und erste Erfolge – ein signifikanter Rückgang der Algenblüte – sollten sich nach ca. sechs Wochen eingestellt haben. Das Stroh sollte, zwischen April und September alle sechs Wochen ausgetauscht werden.

dem Rasen, das Gras stirbt ab oder der Rasen kann vermoosen. Hier hilft **Vertikutieren**, d. h. das Moos wegkratzen und den Boden lockern. Dazu braucht man nicht unbedingt einen Vertikutierer kaufen oder ausleihen, ein Rechen reicht für eine kleine Fläche, um die Oberfläche vom Moosbewuchs zu befreien. Stechen Sie zusätzlich tiefe **Löcher in den Boden** mit einer Grabegabel, das erhöht die Luftzufuhr.

Sickergräben sind rasch gebaut

Permanent feuchte Stellen kann man mit einem vereinfachten **Sickergraben** entwässern. Dazu hebt man entlang der feuchtesten Stelle einen Graben aus, der mindestens eine Spatenlänge tief sein sollte. Sie können ihn mit Kies füllen, es eignet sich auch anderes grobes Material, wie z. B. **Ziegelstücke und Steinbrocken** vom Hausbau. Der Graben wird mit diesem Material bis 5 cm unter der Oberfläche gefüllt, danach kommt ein wasserdurchlässiges Vlies und darauf Grassoden. Statt Vlies und Grassoden könnte man auch schönen Kies oder Natursteine verwenden.

Ein Feuchtbiotop aus recyceltem Material

Ein Entwässerungsgraben kann auch zu einem artenreichen, bunten **Feuchtbiotop** ausgebaut werden. Sie brauchen dazu nicht viel mehr als einen freien Nachmittag, eine Schaufel, **grobes Material** (z. B. Ziegel), ein bisschen **Kies** und **Pflanzen**, die Feuchtigkeit lieben. Von den heimischen Pflanzen bietet

1 Blutweiderich und Schwertlilien haben sich an diesem Teich angesiedelt, die Seerosen waren ein Geschenk der Nachbarn.

2 Mit Gerstenstroh gefüllte Jutesäcke, die an Styroporringen befestigt wurden, helfen, Algenblüten in geschlossenen Systemen unter Kontrolle zu bringen.

sich der leuchtend pinke Blutweiderich an, dazwischen kann man Frauenmantel pflanzen, die am Rand des Feuchtbiotops wachsen. In der Sumpfzone pflanzt man Schwertlilien, Sumpfdotterblumen und Kalmus, die im seichten Wasser stehen können, Froschlöffel sind dagegen in einer Tiefe bis zu 30 cm zuhause.

Begegnen Sie den Herausforderungen des Klimawandels kreativ. Oft genügt schon eine kleine Veränderung, um sich auf lange Sicht Arbeit zu erleichtern oder eine Problemecke zu beseitigen! Denn der Klimawandel lässt sich nicht mehr aufhalten, wir können nur versuchen, ihm entgegenzuwirken.

Wenige Quadratmeter Glück: Der Balkon

Ein kleiner grüner Kaktus steht draußen am Balkon: Ob sonnig oder schattig, jeder Balkon kann mit ein paar Handgriffen und wenig Budget in eine grüne Wohlfühloase verwandelt werden.

Ein Balkon erhöht die Lebensqualität einer Wohnung und damit leider auch den Preis. Da wäre es doch schade, das persönliche Stück Himmel links liegen zu lassen, bestenfalls als Abstellplatz zu nützen. Egal, ob groß oder klein, schattig oder direkte Sonneneinstrahlung, es bedarf wenig finanzieller Mittel, um aus einem Balkon eine grüne Wohlfühloase zu schaffen. Mit nur ein bisschen Geschick, einer Prise Know-how und ein paar aufgemöbelten Stücken aus Keller und Dachboden lässt sich jeder Balkon in ein Stück Natur verwandeln. Und dabei kann man auch noch einen kleinen Beitrag zur Eindämmung des Klimawandels leisten!

Die Sommerhitze dämpfen

In Städten erhöht die **Rückstrahlungswärme** von Wänden die Temperatur nicht unerheblich. Das kann von Vorteil sein, wenn man an kühlen Abenden im Frühling oder Herbst von der Wärme einer nach Westen ausgerichteten Wand profitiert. Im Sommer jedoch wird es, dank der Rückstrahlungswärme, noch um einiges heißer. Da dies besonders in Städten den Sommer unangenehm machen kann, geht man dazu über, Wände zu bepflanzen, Dächer zu begrünen und auf ihnen Gärten anzulegen.

Die Markthalle in Avignon: Ein vertikaler Garten entworfen von Patrick Blanc, einem Botaniker, der mit seinen „Pflanzenwänden" bekannt wurde und viele Gärtner und Landschaftsarchitekten inspirierte.

In einem etwas kleineren Rahmen, am eigenen Balkon oder auf der Terrasse, braucht man glücklicherweise keine ausgeklügelten Bewässerungs- und Düngesysteme, um einen grünen Außenraum zu schaffen. Beachten Sie ein paar Grundsätze und erwerben Sie Pflanzen und Töpfe gut überlegt und passend zum Balkonklima – und dem persönlichen „hängenden Garten" kann nichts mehr im Wege stehen!

Mit großen Töpfen spart man Wasser und unnötige Ausgaben

Damit sich das Balkongrün auch kräftig ausbreiten kann, sollte man den Wurzeln genügend Platz geben. Je größer die Töpfe oder Tröge sind, desto mehr Raum haben Wurzeln und desto mehr Wasser und Nährstoffe können sie aufnehmen. In einen großen Topf passt mehr Erde, die sich, dank des größeren Topfvolumens, langsamer erwärmt und somit auch nicht so schnell austrocknet.

GUT ZU WISSEN

Petunien und Geranien am Balkon sollte man vor dem Urlaub zurückschneiden. Sie verlieren dadurch weniger Wasser, da die Verdunstung durch die Blattoberfläche reduziert wird. Das Stutzen fördert außerdem die Blütenbildung, Ihre Balkonkästen und Blumenampeln blühen üppiger nach Ihrer Rückkehr aus dem Urlaub.

Große Töpfe und Tröge können zunächst Kosten in der Gestaltung eines Balkons verursachen, deshalb ist man versucht, kleinere, günstigere zu wählen. Die Ausgaben, die man sich hier spart, werden sich jedoch später zu Buche schlagen, da man öfters gießt, umtopft, gute Erde nachkauft und um einiges mehr düngt. Daher gilt: Big is King!

Um bei großen Pflanzkübeln und Trögen zu sparen, könnte man sich mit **Taschen**, **Paletten, Koffern, löchrigen Gießkannen**,

Dem Sperrmüll abgeluchst: Pflanzgefäße für den Stadtbalkon, mit bunten Blumen verschönert.

mit alten **Suppentöpfen** und **Holzfässern**, oder sogar mit **Autoreifen** und **Gummistiefeln** behelfen. Aus der Not wird eine Tugend, wenn man unansehnliche Behälter, wie z. B. **Mörteltröge**, **Eimer** und Taschen mit Schilf- oder Grasmatten, mit Stoff, Jute und ein bisschen Farbe verschönert.

Kleine Balkone: Auf wenig Platz steil nach oben

Kleine Balkone haben naturgemäß wenig Fläche, daher sollten Sie in die Vertikale gehen. In Pflanztaschen oder Balkonkästen am Geländer und auf Mauern lässt sich allerhand Grün unterbringen, ohne kostbaren Sitzplatz zu stehlen. Reißfeste Einkaufstaschen sind wunderbar dazu geeignet!

Genügsame (heimische) Stauden für sonnige Balkone

Dichte, buschige **Steingartenstauden** und **Steppenpflanzen** sind auf einem sonnigen und windigen Balkon gut aufgehoben. Hauswurz, Mauerpfeffer und Fetthennen trotzen Frost, Wind und Trockenheit, Zistrosen erinnern an das Mittelmeer. Wer nicht jeden Winter Geranien, Oleander und Zistrosen überwintern und immer wieder aufs Neue Steingartenpölster aussäen möchte, der könnte seinen Balkon mit heimischer Flora füllen. Sammeln Sie auf Spaziergängen Samen und nehmen Sie Stecklinge (S. 53, S. 68) von Pflanzen, von denen Sie sich vorstellen können, dass sie sich auch bei Ihnen heimisch fühlen. So würden sich z. B. **Schafgarbe**, **Wegwarte** und **Johanniskraut** für einen sonnigen Balkon eignen, während **Akelei**, **Eisenhut** und **Frauenmantel** im Halbschatten zufrieden sind.

1

2

3

1 Efeu an den Mauern kühlt im Sommer einen sonnigen Stadtgarten und bietet einen Lebensraum für viele Tiere.

2 Aus einem ausgedienten Lampenschirm, der zum Hängekorb umfunktioniert wurde, wachsen Prachtwinden und Duft-Wicken.

3 Blumentöpfe aus Beton zum Selbergießen, verziert mit Steinen und Muscheln.

Einen unansehnlichen Mörteltrog verkleiden

Zuerst wird eine Schilfmatte auf die richtige Länge und Höhe zugeschnitten. Am Mörteltrog werden seitlich Holzklötze montiert, damit die Schilfmatte gerade am Mörteltrog hängt (1). Löcher werden in den Boden des Mörteltrogs gebohrt (2), der Trog umgedreht und die zurechtgeschnittene Schilfmatte mit Draht befestigt (3). Fertig!

Vom Winde (nicht) verweht

Große Töpfe sind nicht nur ökonomischer in Bezug auf den Wasserverbrauch, sie geben den Pflanzen auch mehr Standhaftigkeit. Das sollte man bedenken, wenn der Balkon kräftigen Winden ausgesetzt ist. Nasse Erde macht die Töpfe schwerer, deshalb empfiehlt es sich zu gießen, wenn der Wind weht.

Auf die richtige Pflanzenauswahl achten

Pflanzen mit dünnen, holzigen oder sperrigen Trieben, aber auch Stauden mit großen, schweren Blüten und Blättern eignen sich nicht besonders für Balkone. Mit **Gräsern** und **Wildblumen**, die sich im Wind biegen, ist man schon besser bedient. Auch **Polsterstauden** und kleinblättrige, kompakte **Bodendecker** und **niedere Farne** machen sich gut

1

2

3

1 Die Gräser und Stauden, die hier wachsen, werden in ein paar Monaten die unansehnlichen Stützpfeiler verdecken.

2 Rasch wachsender Knöterich und blaue Prachtwinden eignen sich auch für halbschattige Balkone.

3 Eine Hängetasche für das Balkongeländer. Schneiden Sie die Trageriemen einer wiederverwendbaren Einkaufstasche in der Mitte auseinander. Verknoten Sie die Riemen über dem Geländer, füllen Sie sie mit leichtem Material wie Stroh oder Verpackungschips und setzen Sie darauf die (so groß wie möglichen) Töpfe.

auf einem windigen Balkon – egal ob horizontal oder vertikal gepflanzt.
Wer auf einen schattenspendenden Baum trotz windigen Balkons nicht verzichten möchte, sollte sich für **kleinwüchsige Bäume** mit leichter Krone entscheiden. Beim Kauf eines (Obst)Baumes sollten Sie sich erkundigen, auf welchen Wurzelstock er gepfropft wurde, da dies ausschlaggebend für die Höhe eines Baumes ist (S. 137). Für einen Balkon, eine Terrasse oder kleinen Stadtgarten eignen sich Apfelbeeren, Felsenbirnen oder auch kleinwüchsige Ebereschen. Diese heimischen Gehölze sind nicht nur zu jeder Jahreszeit ein Blickfang, sie versorgen Sie auch in der Großstadt mir Wildobst.

Robuste Kletterpflanzen

Mauern, die dem Wind ausgesetzt sind, kann man mit **Wildem Wein**, **Kletterhortensie** oder **Efeu** begrünen, die sich mit Hilfe ihrer Haftwurzeln an den Mauern emporziehen. Sie halten Winden besser stand als zarte Clematis oder buschige Rosen, die eine Kletterhilfe benötigen.

Gräser und Bambus

Bambus, der im Garten am Wildwuchs gehindert werden muss, ist, in tiefe, schwere Töpfe gepflanzt, ein eleganter **Wind- und Sichtschutz** am Stadtbalkon. Da sich Bambus freudig durch unterirdische Wurzeln (*Rhizome*) ausbreitet und dadurch leicht zu vermehren ist (S. 167), muss man nur in ein bis zwei Pflanzen investieren und schon ist man vor Blicken geschützt. Wer mit einem etwas niederem Schutz zufrieden ist, z. B. ein offenes Balkongeländer füllen möchte, könnte einen **Miniatur-Präriegarten** aus Gräsern und hohen Sommerblühern, wie z. B. Kugeldisteln, Perovskia (Sibirischer Salbei) und Indianernessel, anlegen. Diese Pflanzenkombination wächst zwischen den vertikalen Verstrebungen des Balkongeländers und versteckt dieses dabei ein wenig. Ein Präriebeet bietet sich besonders für moderne, geradlinige Balkone und (Dach)Terrassen an, ist auch im Winter attraktiv und lockt außerdem so allerhand nützliche und hübsche Insekten auf den Balkon. Für einen Präriegarten sind auch viele heimische Pflanzen und Gräser geeignet, deren Samen man im Spätsommer und Herbst sammeln kann (S. 53) und somit an Ausgaben für Pflanzen sparen kann.

1 Ein Stückchen frühlingshafter Waldgarten mit Spiegel in der Wäschewanne.

2 Rhododendren haben eine reiche Farbpalette, vom sanften Weiß über Gelb und Pink bis hin zum dunklen Violett, und eignen sich hervorragend als Kübelpflanzen.

3 Ein Sichtschutz zum Nachbarn: Upgecycelt aus einer alten Tischtennisplatte, bemalten Holzkisten und Fundstücken vom Dachboden und der Garage.

Schattige Balkone nützen

Balkone, die nach Norden oder Osten zeigen, werden selten als grüne Wohnzimmer genutzt, da es hier kühl und dunkel sein kann. Das ist schade, denn gerade an heißen Tagen (und Nächten) ist ein kühles, schattiges Plätzchen begehrt. Ein dunkler Balkon wirkt aber oft ungastlich und farblos, und lädt nicht zum Verweilen ein.

Mit Spiegeln das Licht einfangen

Mit **reflektierenden Flächen**, die so angebracht werden, dass Sie den Himmel einfangen, kann ein dunkler Balkon erhellt werden. Man könnte **alte Spiegel** oder Omas **Waschbrett** verwenden, ausgediente DVDs und flaches **Metall** geschickt platzieren. Selbst nur ein Anstrich mit heller, **weißer Farbe** bringt Licht in ein dunkles Eck.

Farbtupfer zwischen beruhigendem Grün

Dass ein schattiger Balkon nicht für Sommerstauden, Steingartenpflanzen und Tomaten geeignet ist, versteht sich von selbst. Dafür schmücken ihn jedoch **Fingerhut** und **Funkien**, **Prachtspieren** und **Elfenblumen**, und auch Spinat und Petersilie gedeihen prächtig. Wer Platz hat, könnte in einem großen Topf ein leuchtendes Rhododendron zu sich holen, die im Frühsommer mit ihrer Blütenpracht die Balkonsaison eröffnet und im Winter mit ihrem immergrünen Laub müdes Grau versteckt.

Da die Erde in Töpfen und Kästen auf einem schattigen Balkon nicht so schnell austrocknet, könnte man Pflanzen mit großen Blättern wählen und **verschiedene Grüntöne** kombinieren, z. B. in einer Mischung aus Farnen, Bergenien und Dickmännchen (Pachysandra). Eine **grüne Wand** aus Dickmännchen, Hirschzungenfarn und Wald-Segge, die man in Taschen pflanzt oder zwischen den Holzlatten einer Palette herauswachsen lässt, kann ein ruhiger Gegenpol zu **Kartoffel-Rosen**, **Kletterhortensien** oder **Geißblatt** sein, die fröhlich zwischen Spiegeln und Glas aufwärts klettern.

1

2

3

1 Kräuter, die auf keinem Balkon fehlen sollten: Basilikum, Thymian, Rosmarin und Minze.

2 Zistrosen sind frostempfindlich, eignen sich aber als Topfpflanzen für einen sonnigen Balkon.

3 In einem vor Frost geschützten Stadtgarten gedeihen subtropische Pflanzen.

Obst, Gemüse und Kräuter auf kleinem Raum anbauen

Kräuter, wie z. B. Rosmarin, Salbei und Thymian, eignen sich ausgezeichnet für ein Leben in Töpfen, da sie mit nur wenig Wasser und Pflege auskommen. Gemüse und Obst brauchen generell mehr Wasser als trockenheitsliebende Stauden. Das sollte man sich schon bei der Planung eines Balkons gut überlegen, vor allem wenn man einen längeren Sommerurlaub plant. Eventuell müssten hier ein Sickerschlauch (S. 121) oder wohlwollende Nachbarn zum Einsatz kommen. Schädlinge findet man seltener am Balkon als im Freiland (abgesehen von Blattläusen), allerdings sollte man einem Befall vorbeugen, indem man Fruchtfolge betreibt (S. 45) und die Erde mit reichlich Kompost oder sehr gut verrottetem Pferdemist auffrischt. Nicht nur, um den Pflanzen genügend Nährstoffe zu bieten und ihre Abwehrkräfte zu stärken, sondern auch um zu vermeiden, dass sich Schädlinge und Krankheiten einnisten (S. 92).

Dahlien am Balkon bringen Farbe zwischen Kräuter und Blattgemüse.

Die Pflanzenauswahl dem vorhandenen Platz anpassen

Wer sich soweit wie möglich selbst mit Gemüse, Kräutern und Obst versorgen möchte, ist als Balkongärtner gezwungen, den wenigen Platz effektiv zu nützen. Mischkultur und Fruchtfolge (S. 45) helfen Platz zu sparen und sorgen dafür, dass man bis in den späten Herbst noch ernten kann.

Obst und Beeren am Balkon

Nicht nur **Obst** und **Weintrauben** kann man mit Hilfe von Spalieren und Kletterhilfen in die Breite und Höhe ziehen, auch **Himbeeren** und **Brombeeren** gedeihen gut am Balkon, solange sie nicht austrocknen! Es gibt einige stachellose Züchtungen, die für kleinere Balkone geeignet sind, allerdings haben diese oft nicht das volle Aroma ihrer stacheligen Verwandten.

Wer auf **Johannisbeeren** oder **Äpfel** nicht verzichten möchte, kann sich mit **Zwergobst** oder kleinwüchsigen Beerenstauden behelfen, die allerdings ihren Preis haben, da sie auf **speziell entwickelten Wurzelstöcken** veredelt werden. Kommt, beispielsweise, ein Apfelpfropf auf den Wurzelstock M-26, erreicht der Baum nur 40 % seiner eigentlichen Größe, d. h. je nach Sorte zwischen 2,5 und 4 Meter. Erkundigen Sie sich vor dem Kauf genau, wie hoch der Baum oder Strauch wird und ob er krankheitsanfällig ist! Bei diesen langlebigen Obstgehölzen zahlt es sich aus, eine gute Gärtnerei zu besuchen, anstatt Pflanzen vom Diskonter in den Einkaufswagen

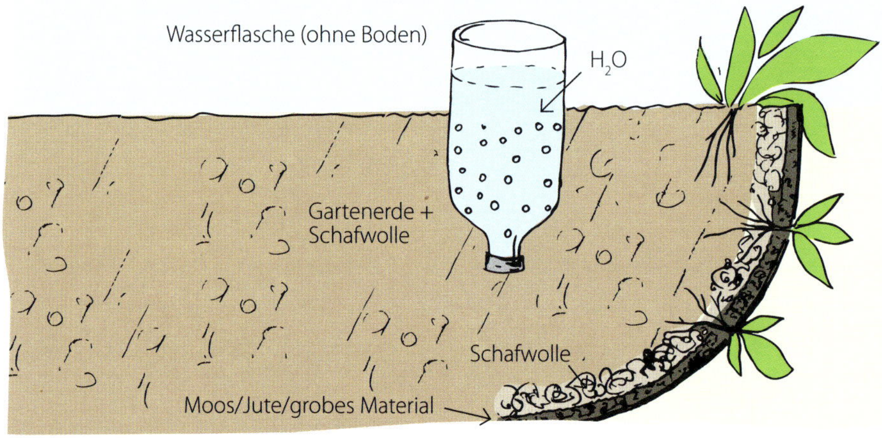

Hängekorb- und Pflanztaschen selber machen
Als Außenmaterial sollte man groben Stoff, Jute oder Moos verwenden, darunter gibt man eine Schicht ungewaschene Schafwolle. Gefüllt wird der Korb mit einem Gemisch im Verhältnis 1 : 5 aus Gartenerde und Schafwolle (Vermiculit S. 57 oder Blähton). In die Mitte wird eine Flasche gesteckt, die oben offen ist, damit man Wasser einfüllen kann. Die Flasche sollte nicht zu tief stecken, damit auch die Pflanzen, die an der Oberfläche des Korbes wachsen, das Wasser erreichen können. Dieses ‚Grundrezept' kann auch für upgecycelte Töpfe etc. verwendet werden.

zu geben, die man wahrscheinlich nach ein bis zwei Jahren bereits ersetzen muss.

Sollten Sie in einen Obstbaum für Balkon oder Terrasse investieren, setzen Sie diesen am besten in Erde mit einem **hohen Anteil an organischem Material** und achten Sie auf Staunässe, da kleinwüchsige Bäume zur Wurzelfäule neigen (S. 14, S. 58).

Rankendes Gemüse als Sicht- und Sonnenschutz

Malabarspinat als rankender Sichtschutz sieht nicht nur hübsch aus, man kann ihn auch regelmäßig ernten. **Bohnen**, **Gurken** oder **Kürbisse** eignen sich auch gut als essbarer Sonnen- oder Sichtschutz, dazwischen kann man Prachtwicken oder duftende Platterbsen setzen.

Fruchtgemüse ist ideal für einen sonnigen Balkon

Tomaten sind sicherlich die Nummer eins unter dem Balkongemüse. Sie vertragen auch ein bisschen Trockenheit, da sie lange Wurzeln ausbilden, die tief in den Topf wachsen – wenn der Topf groß genug ist! Tomaten bleiben am Balkon oft trockener als im Freiland, daher ist hier Braunfäule kein großes Problem. Tomaten sowie **Paprika**, **Chilis** und **Auberginen** profitieren von der Rückstrahlungswärme von Mauern, können daher früher gepflanzt werden und reifen auch in mäßig warmen Sommern.

Blattgemüse vor Hitze und Trockenheit schützen

Um **Salat** und **Blattgemüse** so wenig Hitze- und Trockenstress auszusetzen wie möglich, sollten Sie sie an die schattigsten Stellen setzen. Diese Gemüsearten gedeihen auch auf einem dunkleren und kühlen Balkon. Das

Die menschenfreundliche Balkontomate

Tomaten sind wahrscheinlich das beliebteste Gemüse, das im Garten, am Balkon und selbst in Fensterkästen gezogen wird. In heißen Sommern kann es zu einer Tomatenschwemme kommen und man macht sich daran, überschüssige Früchte zu trocknen und zu Tomatensauce zu verarbeiten. Die eigenen Tomaten scheinen nicht nur besser zu schmecken, auch über eventuelle Spritzmittelrückstände muss man sich keine Sorgen machen. Außerdem ist die Balkontomate definitiv ein regionales Produkt und wahrscheinlich CO_2-neutral, denn sie wurde nicht über Hunderte von Kilometern in unserer Küche transportiert. Wer z. B. die eigenen Tomaten für Sauce Bolognese verwendet, spart am Kauf von geschälten Tomaten aus der Dose, die meist von großen Agrarbetrieben stammen. Milliardenschwere Subventionen und billige Arbeitskräfte ermöglichen europäischen Tomatenfabriken, vor allem in Afrika, die örtlichen Bauern zu unterbieten. Europäisches Tomatenmark verkauft sich in Afrika besser als die regionalen Produkte, daher verlieren viele Bauern in Afrika ihre Lebensgrundlage. Manche von ihnen werden durch Not gezwungen, den langen und gefährlichen Weg nach Europa zu wagen, und landen schließlich in Italien, um dort als Lohnsklaven ironischerweise Tomaten zu pflücken, die nach Afrika exportiert werden (*Die Zeit, Nr. 51, 17.12.2015*).

Auf diesem Wiener Balkon wachsen nicht nur Kräuter, Tomaten, Chili und Paprika, auch eine Birke und eine Kirsche gedeihen prächtig.

hat den Vorteil, dass man sich weniger Sorgen ums Gießen machen muss, wenn man für ein paar Tage wegfahren möchte. Auf Balkonen, auf denen es im Sommer sehr heiß werden kann, wachsen Tomaten und Paprika zwar prächtig, zarter **Spinat** welkt aber rasch und hat ständig Durst. Nützen Sie daher den Raum auf der **Innenseite Ihres Balkongeländers** oder der -mauer! In Pflanztaschen, Hängetöpfen oder umgestalteten Paletten, die auf der Innenseite der Balkonmauer angebracht werden, sind Salat und Co vor zu starker Sonneinstrahlung geschützt und Sie haben im Handumdrehen einen kleinen, vertikalen Garten, mit vielen Köstlichkeiten.

Wurzelgemüse – allen voran die Karotte

Wer es mit Wurzelgemüse versuchen möchte, wird überrascht sein, wie gut sich viele Arten für Tröge und Kästen eignen. Da viele Wurzelgemüsearten einen lockeren Boden bevorzugen und Staunässe nicht gut vertragen, sollte man der frischen Erde (vom Fachhandel oder von Recyclingzentren) ca.

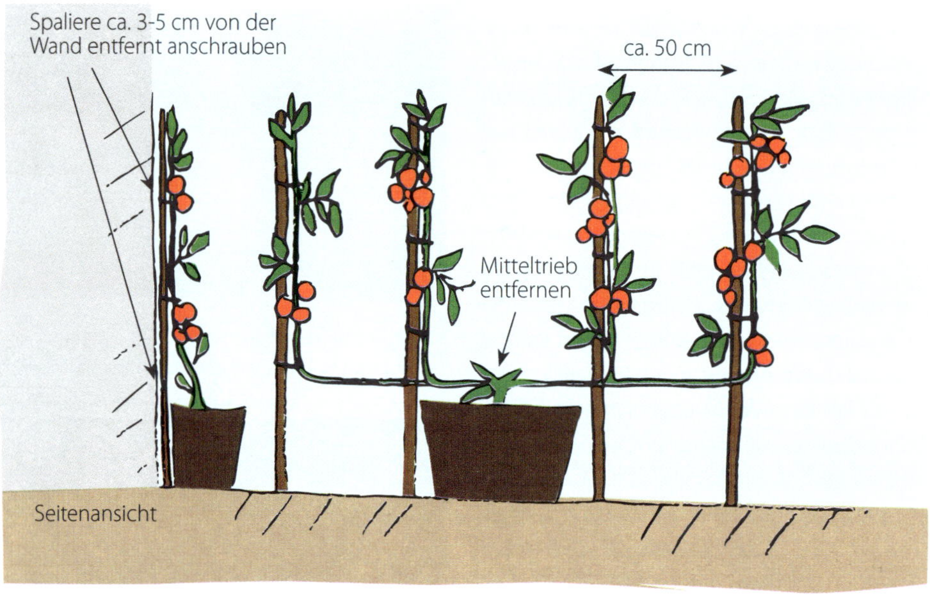

Tomaten kann man auch platzsparend am Spalier ziehen.

1/4 Sand beigeben. Mit Sand sollte man auch die Erdoberfläche bedecken, um diese vor einer möglichen Austrocknung zu schützen.

Junges (Kohl)Gemüse

Kohlgemüse verlangt oft nach einem lehmigen, nährstoffreichen Boden, der nicht austrocknen sollte und ist daher weniger für den Anbau am Balkon geeignet. Auch vor Schädlingen ist der Kohl nicht gefeit. Im Gegensatz zur höhenscheuen Karottenfliege findet der hübsche Kohlweißling die begehrten Eiablageplätze selbst auf Balkonen in luftiger Höhe. Langsam wachsendes Gemüse kann auch begehrten Platz wegnehmen, deshalb wären Blattkohlarten, deren Blätter man jung ernten kann, für den Balkonanbau wohl am besten geeignet. Wie bei Blattgemüse kann man auch manche Kohlarten auf der Innenseite des Geländers, abseits der direkten Sonneneinstrahlung, setzen.

Kostet (fast) nichts: Direktsaat bei Gemüse und Blumen

Bei Direktsaat denkt man zuallererst an robustes Gemüse und Getreide im Freiland, aber natürlich kann man auch (fast) genauso gut am Balkon in Trögen und Kästen säen. Auf Balkon und Terrasse bietet sich die Direktsaat bei **Wurzelgemüse** und vielen **Hülsenfrüchten** an, da sie das Auspflanzen schlecht vertragen. Bei vielen Kräutern wäre ein Vorziehen Zeit- und Geldverschwendung, daher empfiehlt es sich auch hier, die Kräutersamen direkt in das ihnen zugedachte Beet zu säen. Gegenüber dem Freiland ist es am Balkon oder auf der Terrasse meist wärmer und die jungen Pflänzchen sind vor allerlei gierigen Mäulern geschützt.

Selbst eine bunte **Wildblumenwiese** kann in einem Trog am Balkon blühen, solange man trockenheitsresistente und nieder wachsende

1 Geranien und Petunien, die klassischen Balkonblumen.

2 Auch im Gemüsebeet am Balkon fällt der Ertrag reich aus.

3 Minze, Malabarspinat und Basilikum eignen sich besonders gut für die Bepflanzung am Balkon.

4 Allerhand verschiedenster Küchenkräuter kann man auf kleinstem Raum anbauen. Man braucht keinen großen Garten, um mit frischen Kräutern kochen zu können!

Pflanzen wählt. Die Blumensamen-Mischung streut man am besten auf lockere, sandige Erde (ca. 2 : 1 Erde : Sand), drückt die Samen leicht an und streut noch eine dünne Schicht Erde darüber. Natürlich können Sie auch hier selbst gesammelte Wildblumensamen verwenden. Machen Sie ein kleines Experiment: So manche den Wegrand säumende Wildblume gedeiht auch ausgezeichnet auf einem sonnigen Balkon!

Machen Sie aus Ihrem Balkon eine Wohlfühloase, einen Rückzugsort, einen kleinen Bauerngarten oder einen Freiluftraum zum Feiern. Budget, Größe oder Klima spielen keine Rolle, wenn man mit Köpfchen und Kreativität gestaltet!

Upcyceln im Garten: Kreatives Sparen

Hier finden Sie Anregungen und Anleitungen, wie Sie aus wiederverwendbaren Materialien Ihren Garten attraktiv „aufmöbeln", hübsche Dekorationen für Gartenfeste basteln oder Freunde mit Selbstgemachtem aus dem Garten überraschen können.

Als Upcycling bezeichnet man den Vorgang, bei dem aus einem alten, ausgedienten Ding wieder etwas Neues, Nützliches wird. Eigentlich kein neues Konzept. Schon seit Generationen wurden aus Kostengründen Materialien und Gegenstände wiederverwendet. In einem gesprungenen Suppentopf wurden Geranien gepflanzt, Dachschindeln wurden zu Beeteinfassungen und aus altem Bauholz wurden Möbel getischlert.

Wenn man aus bereits vorhandenen Materialien und aus altem, ausrangiertem Gerümpel attraktive Stücke für Haus und Garten gestaltet, hat man aus der (finanziellen) Not eine Tugend gemacht. Ein kreatives Aufwerten von Baustoffen und Gebrauchsartikeln ist nicht nur gut fürs Budget, sondern auch für die Umwelt – es schont Ressourcen und verkleinert den ökologischen Fußabdruck. Und vor allem macht kreative Ressourcenschonung Spaß!

Ressourcen kreativ genutzt: Aus Bauschutt Terrassen und Mauern errichten

Gerade wenn man mietet, ist man abgeneigt, viel in Gartenelemente, beispielsweise Terrassen, Pergolen oder Sitzecken zu investieren. Oft fehlt es auch am nötigen Kleingeld für große, strukturelle Arbeiten oder man möchte ganz einfach größere Bauarbeiten im Garten vermeiden. Mit ein wenig Geschick ist es jedoch leicht, sich mit kostengünstigen Materialien zu behelfen. Daher finden Sie auf den nächsten Seiten ein paar Anregungen zum Selbermachen.

So werden Stein & Co zum gemütlichen Patio

Sie haben einen freien Tag, **Ziegel** oder **Steine**, ein paar Eimer und eine Schaufel? Und vielleicht ein paar Euro für **Drainagekies**? Mehr brauchen Sie nicht, um einen Sitzplatz anzulegen, der als gemütliche Sitz- oder Leseecke fungieren kann.

Eine Feuerstelle aus „Bauschutt“: Nicht nur zum Grillen

Wem die unvermeidlichen Feuerschalen zu teuer oder zu langweilig sind, kann selbst ressourcenschonend eine Feuerstelle bauen, die sich auch hervorragend zum Grillen eignet. Sie brauchen dazu (recycelte) Baumaterialien (z. B. Waschbetonplatten, Ziegel oder flache Steine), Eimer und/oder einen Schubkarren, eine Wasserwaage, einen Spaten oder eine Schaufel. Gebaut wird am Tag und am Abend kann man bereits den Feuergrillplatz mit Freunden einweihen!

Mehr Konsum – mehr Müll

Deutsche, Österreicher und Schweizer verursachen wesentlich mehr Haushaltsmüll als der EU-Durchschnitt, so in etwa 600 kg pro Kopf und Nase im Jahr.
Das überrascht, denn sind wir Mitteleuropäer nicht die Weltmeister im Recyceln? Da ist sicher etwas Wahres dran, doch wir sind auch sehr gut im Konsumieren. Und da ist der Haken: Wer konsumiert, wirft weg.
Und gerade weil wir so gut im Recyceln sind, fällt uns das nicht mehr auf. Wir trennen brav unseren Müll, wir bringen den alten Fernseher zum Sperrmüll und achten darauf, dass Farben und Lacke ordnungsgemäß entsorgt werden. Und wenn es erst mal weg ist, dann ist es aus den Augen. Und aus dem Sinn. Aber deshalb werden unsere Müllberge nicht kleiner.
Doch in den letzten Jahren hat ein Trend zum Umdenken eingesetzt: Wiederverwenden statt Recyceln, verpackungslose Ware kaufen und so viele Wege wie möglich mit dem Fahrrad, zu Fuß oder mit den öffentlichen Verkehrsmitteln zurücklegen. Ideen, die die Müllberge kleiner werden lassen, den CO_2-Ausstoß senken und uns gesund halten.

Mit ein wenig Geschick und übrigen Baumaterialien ist im Nu ein gemütliches Sitzeck geschaffen.

Ein Steinmosaik selbst bauen für ein gemütliches Plätzchen im Schatten

1

2

3

4

5

6

1) Machen Sie eine Bestandsaufnahme – was kann man verwenden: Ziegel, Steine, Baumscheiben etc. Flache Materialstücke sollten allerdings mindestens 4 cm dick sein, sonst können sie zerbrechen. Daher sind zum Beispiel Fliesen oder Dachziegel nicht geeignet.
2) Stecken Sie die Form und Größe der Sitzecke ab, heben Sie die Grasnarbe ab und legen Sie ein Muster auf.
3) Überprüfen Sie das Gefälle mit einer Wasserwaage, es sollte so waagrecht wie möglich sein.
4) Wenn das Mosaik fertig gelegt ist, kommt Kies in die Zwischenräume (8–16 mm Korngröße) – gut festtreten!
5) Passen Sie die Bepflanzung, falls überhaupt nötig, den örtlichen Gegebenheiten an. In diesem Fall ist die Sitzecke unter einem Nadelbaum, daher wurden Pflanzen gewählt, die auch im Halbschatten glücklich sind, wie z. B. Waldziest, Farne und Purpurglöckchen.
6) Fertig ist die gemütliche Sitzecke.

Eine Feuerstelle, nicht nur zum Grillen.

1) Stecken Sie die Größe und Form der Feuerstelle aus.
2) Markieren Sie den Platz für das Feuer. Hier muss ein Loch gegraben werden, das mindestens zwei Ziegelsteine tief ist. Der Rand des Loches wird mit Schamott- oder Ziegelsteinen so ausgelegt, dass die Steine so eng wie möglich aneinander gereiht sind. Von hinten werden die Zwischenräume mit Aushubmaterial gefüllt.
3) Eine zweite Schicht Ziegel wird leicht versetzt auf die erste aufgebaut. Die Ziegel sollten ebenerdig mit dem umliegenden Grund abschließen, das überprüft man am besten mit einer Wasserwaage.
4) Nachdem das Feuerloch mit Ziegelsteinen ausgelegt ist, werden die restlichen Materialien so aufgelegt, dass ein Muster entsteht. An dieser Stelle kann man noch Änderungen vornehmen und mit verschiedenen Materialien und Kombinationen experimentieren.
5) Sobald man mit dem aufgelegten Muster zufrieden ist, werden Ziegel, Steine und Platten wieder entfernt und die Fläche um das Feuerloch herum mit Kies bis ca. 3 cm unter dem Rand aufgeschüttet und gerade gezogen.
Jetzt werden die Platten, Ziegel und Steine im gewünschten Muster auf den Kies gelegt. Kontrollieren Sie die Abstände und das Gefälle der Steine und Platten und wenn Sie zufrieden sind, füllen Sie mit Drainagekies auf.

Eine Feuerstelle in einen Hang hineingebaut. Aus übrig gebliebenen Materialien vom Hausbau und Baumarkt-Restposten (Fam. Lödler, Steiermark).

Eine Terrasse aus Paletten selber anlegen

Für eine Paletten-Terrasse braucht man doppelt so viele Paletten, wie eingebaut werden, Schrauben, Kies, Unkrautfolie und Füllmaterial für das Hochbeet.

1) Legen Sie die Form der Terrasse mit Paletten aus.

2) Die Form wird markiert, die Paletten entfernt und die Grasnarbe abgetragen. Eine Unkrautfolie wird ausgelegt und Kies darauf verteilt.

3) Die Spalten in den Paletten werden mit Brettern von anderen Paletten vernagelt.

4 und 5) Benützen Sie eine Wasserwaage, bevor Sie die Paletten auf den Kies geben, damit Sie so horizontal wie möglich sitzen.

6) Für das Hochbeet werden Paletten aneinander geschraubt, das Mäuerchen der Rundung wurde hier mit Ziegelsteinen gelegt.

7) Das Hochbeet wird mit Vlies ausgekleidet, gefüllt (S. 40), bepflanzt und die Erde mit Kies bedeckt.

Das große Bild zeigt die Terrasse fünf Monate später.

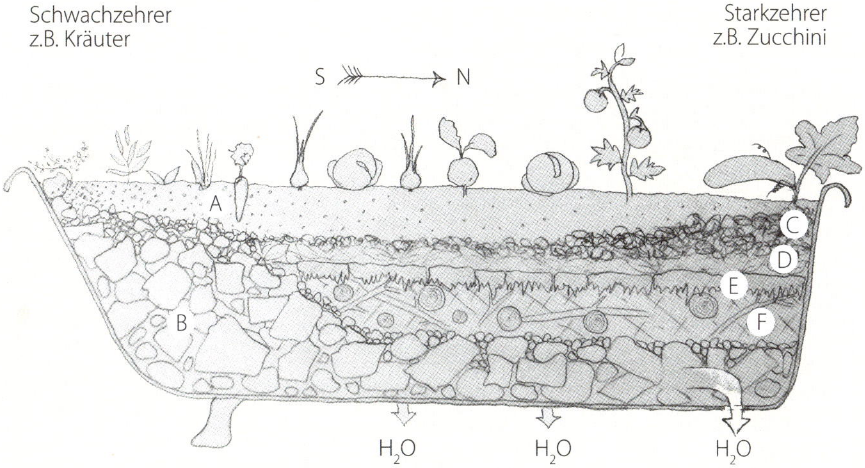

Ein Badewannen-Hochbeet für Stark- und Schwachzehrer. Eine unterschiedliche Füllung mit verschiedenen Substraten ermöglicht es, genügsame Kräuter neben hungrigem Gemüse zu pflanzen. A) Erde, an der Südseite mit ca. 1/3 Sand vermischt, B) Steine, Bauschutt und Kies, C) Pferdemist, D) Laubschicht, E) Grassoden und F) zerkleinerte Äste und Zweige.

Sitzplatz, Sessel und Kräuter: Alles paletti!

Paletten sind vielseitig verwendbar, es finden sich unzählige Ideen in Büchern oder im Internet, wie man z. B. eine Kräuterwand oder ein Sofa aus Europaletten baut. Seien Sie jedoch gewarnt: Ein wahrer Paletten-Upcycling-Boom hat in den letzten Jahren stattgefunden und daher sind Paletten, vor allem die stabileren und attraktiveren Europaletten, nicht mehr das günstigste Baumaterial. Allerdings sind sie meist in besserer Verfassung als viele Wegwerf-Paletten. Das erleichtert die Arbeit und auch das fertige Produkt wirkt robuster. **Wegwerf-Paletten** bekommt man immer noch, meist kostenlos, bei kleineren Baustoffhandlungen, Lagerhäusern oder Lebensmittelläden. Und sie sind oft gut genug, um aus ihnen Gartenelemente und Möbel herzustellen. Da sie meist nicht so uniform sind, wie Europaletten, haben sie einen natürlichen Charme, der gut ins Grüne passt.

Der Bauerngarten in der Badewanne

Ein Hochbeet muss nicht unbedingt in einem Kasten stehen (S. 42). Sollte man nur wenig Platz zur Verfügung haben und möchte man eine bunte Mischung aus Gemüse, Blumen und Kräutern anpflanzen, die sich in ihren Nährstoff- und Wasserbedürfnisse unterscheiden, bietet sich besonders eine Badewanne an.

Man platziert sie so, dass die **flachere Seite nach Süden** zeigt. Auf der Südseite sollte die Wanne Kies, Steine und einen sandigen Boden mit guter Drainage enthalten. Auf der Nordseite breitet man einen tieferen Boden mit viel Pferdemist oder Kompost vor. Auf der warmen, trockenen Südseite werden Kräuter wie z. B. Thymian und Oregano angepflanzt, in der Mitte Karotten, Koriander und Salat, dann Zwiebel und Kohl. Dazwischen Ringelblumen und Kapuzinerkresse. Am tiefen, nährstoffreichen Nordende findet man Sonnenblumen,

Eine Trockensteinmauer bauen

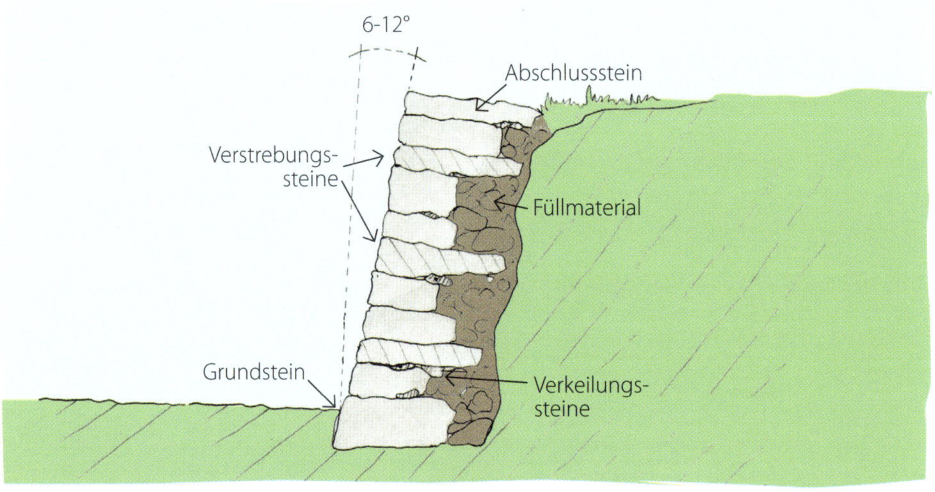

Sortieren Sie zuerst die Steine, das erspart auf lange Sicht viel Arbeit. Die größten Steine werden als Fundament, Verstrebungs- und Abdecksteine verwendet, die kleinsten als Füllmaterial.

1) Heben Sie ein Fundament aus, das in etwa halb so tief sein sollte, wie die Grundsteine hoch sind.
2) Geben Sie in die Leerräume hinter den Steinen Füllmaterial.
3) Legen Sie eine zweite Reihe von Steinen auf die erste, etwas versetzt nach hinten, um ein Gefälle zu erreichen. Die zweite Reihe sollte möglichst stabil auf den Grundsteinen sitzen. Wo es wackelt, kleine Steine hineinschieben, bis der Stein stabil ist.
4) Wieder die Leerräume mit kleinen Steinen und Kieseln füllen.
5) Legen Sie wieder eine Reihe Steine auf, verkeilen Sie sie, bis sie nicht mehr wackeln, und füllen Sie die Leerräume.
6) An dieser Stelle könnte man Verstrebungssteine einarbeiten. Das ist besonders empfehlenswert, wenn die Mauer höher als einen Meter werden soll.
7) Verstrebungssteine sollten so tief wie möglich sein und über das Füllmaterial reichen.
8) Weitere Reihen werden gesetzt, bis die gewünschte Höhe fast erreicht ist.
9) Die letzte Schicht Steine sollte möglichst schwer sein, um durch ihr Gewicht der Mauer noch zusätzlich Stabilität zu geben. Daher verwendet man entweder größere Steinplatten oder schwere, runde Steine.

Tomaten und Kürbisse, die über den Badewannenrand hinauswuchern dürfen und mit ihren großen gelben Blüten das Badewannen-Hochbeet schmücken.

Trocken(Stein)mauern selber bauen

Ein Garten in Hanglage lässt sich durch Steinmauern nicht nur besser **strukturieren**, man gewinnt dadurch auch an gerader Fläche, schafft einen Lebensraum für Tiere und Wildblumen und fördert die **Artenvielfalt**. Da Trockenmauern die Fähigkeit zur Selbstentwässerung haben (das Wasser staut sich nicht hinter einer undurchlässigen Wand auf), wurden und werden sie gerne als **Stützmauern** und zur Terrassierung gebaut. Eine Steinmauer kann außerdem als **Sitzplatz** dienen, wenn man große, flache Verstrebungssteine einbaut.

Die richtigen Steine wählen

Eine Steinmauer zu bauen dauert etwas länger als eine Feuerstelle oder ein Bauschutt-Mosaik. Wenn man ein paar Grundsätze beachtet, ist eine niedere Trockensteinmauer nicht sonderlich schwierig aufzustellen, erfordert aber ein wenig Geschick und vor allem Geduld. **Eine Steinmauer ohne Mörtel ist eine Art 3D-Puzzle**, da die Steine so gut wie möglich ineinander passen sollten, damit die Mauer auch stabil ist.

Runde Steine, beispielsweise Bachkiesel, eignen sich schlecht für eine Mauer, selbst für eine niedrige, da diese Steine wenig Reibungsfläche haben und sich nicht verkeilen. Zum Bau einer Steinmauer benötigen Sie unregelmäßige, kantige **Natursteine**, die in etwa 20–40 cm tief sein sollten. Zusätzlich brauchen Sie kleinere Bruchsteine zum Verkeilen der großen Steine, die als Füllmaterial dienen und der Mauer Stabilität geben. Behauene, kantige Steine sind zwar teurer als Bruchsteine, der Mauerbau ist damit aber einfacher und geht daher auch rascher voran. **Ziegel** sind nicht ideal für eine Steinmauer, da sie weniger robust sind als Natursteine, leichter bröckeln und schwer zu verkeilen sind. Sollte man jedoch Ziegel den Steinen bevorzugen, empfiehlt es sich, die Ziegelmauern sehr niedrig zu halten.

Natursteine **direkt von Steinbrüchen** sind meist günstiger als über Zwischenhändler, wie z. B. Baumärkte oder Natursteinvertriebe. Es hat sich bewährt, Steine von regionalen Steinbrüchen zu kaufen, da die Lieferkosten geringer sind und die Steine meist gut in die Landschaft bzw. den Garten passen.

Für eine Steinmauer können Sie auch **Steine** verwenden, **die bereits am Grundstück vorhanden sind**, da sie zum Beispiel vom Aushub stammen oder sich im Laufe der Zeit im Garten angesiedelt haben. Da diese meistens sehr unregelmäßig ausfallen, dauert der Mauerbau ungemein länger, außerdem benötigt man mehr kleinere Steine zum Verkeilen und als Füllmaterial.

Bauanleitung Steinmauer

Wie man eine Trockenmauer baut, zeigt die Illustration links. Achten Sie auf den Winkel (6–12 Grad) und vergessen Sie nicht, Bindesteine (Verstrebungssteine) einzuarbeiten, um der Mauer Stabilität zu geben. Erfahrene Mauerbauer testen die Stabilität einer Mauer, in dem sie sich nach jeder neuen Schicht Steine auf die Mauer stellen und wippen. Wenn sie sich nicht bewegt und auch keine Verkeilungssteine herausfallen, hält die Mauer für die Ewigkeit!

Die großen Mauersteine werden auf der Vorderseite der Mauer aufgebaut, von hinten mit kleinen Steinen verkeilt und die Lücken werden mit verschieden großen Steinen gefüllt.

Trocken(Stein)Mauern – Eine jahrtausendealte Tradition

Die Tradition, Mauern und Gebäude ohne Mörtel und Zement zu errichten, geht bis zu den Ägyptern und ihren Pyramiden zurück. In Europa baute man Trockenmauern vor allem in Gebieten, in denen man immer schon gegen Wind und Regen zu kämpfen hatte und in denen Bodenerosion ein Problem ist. Daher findet man diese Mauern in Europa in den kargen Mittelmeergebieten, von Griechenland über Kroatien bis Italien und Spanien, in den Weinbaugebieten Deutschlands, Österreichs und der Schweiz, aber vor allem auf den Britischen Inseln.

In Großbritannien wurden Trockenmauern schon von den Kelten errichtet, sie dienten zur Grundstücksabgrenzung und als Windschutz. Aus Mangel an brauchbarem Holz wurden auch Häuser in der Trockenbauweise errichtet, sogar Kirchen samt Bögen und Türmen!

Viele der britischen Trockenmauern stehen mittlerweile unter Natur- und Landschaftsschutz und dürfen nicht abgerissen werden. Auch in Deutschland und in der Schweiz findet man diese Art von Mauern als Kultur- und Naturgut, die sogar in vielen Weinbaugebieten unter speziellem Schutz stehen. Die EU hat sich dem Erhalt dieser wichtigen Lebensräume und Kulturgüter angenommen und finanziert in verschiedenen europäischen Ländern die Erhaltung und den Wiederaufbau von Trockensteinmauern durch spezielle Programme.

1

2

3

1 Blau-Lauch wächst gerne auf steinigen Böden und eignet sich daher gut als Randbepflanzung von Schotterwegen und Einfahrten.

2 Eine Trockensteinmauer mit Teich kombiniert erweist sich als Anziehungspunkt für große und kleine Tiere.

3 Lavendel gedeiht an der warmen Hausmauer.

1

2

3

4

5

1 Hier wurden Ziegelsteine, Waschbetonplatten und Kies für den Eingang und die Beete verwendet.

2 Seil und Holzpfosten ersetzen ein Geländer.

3 Eine Trockensteinmauer aus recycelten Fundstücken vom Grundstück.

4 Hauhechel, Witwenblume, Verbenen, Schabenkerzen und als Bodendecker Majoran gedeihen in sandiger Erde im Paletten-Hochbeet.

5 Ein Kasten aus Paletten, der im Frühling zum Vorziehen benutzt wird, im Sommer zum Jauchen ansetzen und im Herbst und Winter dem Frostschutz dient. Drei zusammengeschraubte Paletten bilden den Rahmen, für Stabilität sorgt der (Paletten)Boden.

Dekorationen für schöne Stunden

Dachböden, Keller, Garagen und Sperrmüll sind wahre Fundgruben für ehemalige Gebrauchsgegenstände, die einfach danach verlangen, ein wenig aufgemöbelt zu werden. Sie werden, mit Pflanzen kombiniert, zum Hingucker im Garten und auf dem Balkon. Aufgemöbelt werden können aber auch preiswerte Gelegenheitskäufe, die eventuell optisch nicht ganz so ansprechend sind. Billige Solarleuchten setzt man in dekorierten Marmeladengläsern in Szene, aus Taschen und Stoffresten lässt sich schnell Party-Deko basteln, und der Tischschmuck wächst ja eigentlich schon im Garten (oder auf dem Balkon).

Pflanzen im richtigen Rahmen

Hier gilt: Nehmen Sie, was sich anbietet. Ob rund oder eckig, tief oder flach, der **„Rahmen" sollte zu den Pflanzen passen**. Überlegen Sie sich auch, wo Sie die Pflanzen-Rahmen-Kombination hinstellen oder -hängen, da Wind oder Sonne die Haltbarkeit Ihres Projekts beeinträchtigen können. Scheuen Sie sich nicht, zu experimentieren. „Gerahmte" Pflanzen können durchaus ein attraktiver Sichtschutz sein oder einem müde wirkenden Plätzchen neuen Schwung verleihen.

Statt einer Tomatenspirale: Äste der Korkenzieherweide und Schneckenhäuser.

Laterne, Laterne: Solarlichter

Aus unattraktiven und billigen **Solarleuchten**, die man bereits für ein paar Euro kaufen kann, lassen sich schöne Unikate herstellen. Das kalte Licht dieser Leuchten wird gedämpft, indem man lichtdurchlässiges Hübsches aus Garten und Haus verwendet. Papier kann das Licht dämpfen und getrocknete Blätter und Blüten zaubern ein bisschen Natur in das Glas.

Ein Flaschenbaum als dekorative Kletterhilfe. Ein Stück Schwemmholz wurde in einen Christbaumständer gezwängt, der, beschwert mit Steinen, in einem Mörteltrog platziert wurde. Über die dünneren Äste wurden Bierflaschen gestülpt, der Trog mit Erde gefüllt und bepflanzt.

Wer frische Blätter oder Blüten in die Solarleuchten einbaut, sollte bedenken, dass diese ‚schwitzen'. Sorgen Sie daher für gute Durchlüftung, d. h. verschließen Sie die Leuchten nicht komplett. **Kondensationsfeuchtigkeit** kann das Leben von Solarleuchten sehr verkürzen.

Die meisten dieser solarbetriebenen Leuchten sind mit **aufladbaren Batterien** ausgestattet, die keine lange Lebensdauer aufweisen, aber auch schnell ausgetauscht werden können. Laden Sie die Batterien in einem Ladegerät auf, bevor Sie sie wieder in die Leuchte einbauen. So können Sie feststellen, ob es an der Batterie lag, wenn die Lampe dunkel bleibt. Aufladbare Batterien (Akkus) vom Fachhandel sind auch meist von besserer Qualität als die, die bereits mit den Leuchten gekauft wurden, und strahlen daher oft auch heller. Manchmal kann es vorkommen, dass die Batterien ausrinnen. Hier empfiehlt es sich, die Batterien vorsichtig herauszunehmen und die Leuchten zu putzen bzw. das Verkrustete abzuschaben. Am besten dazu Handschuhe anziehen, da die Batterieflüssigkeit ätzen kann.

Wenn selbst bei hellem Sonnenschein und mit neuen Akkus die Solarleuchte kein Licht mehr gibt, dann könnte die **Solarzelle** kaputt sein. Natürlich gibt es im Fachhandel oder übers Internet Solarzellen zu kaufen, die ein findiger Tüftler mit Hilfe eines Lötkolben ohne weiteres einbauen könnte. Jedoch zahlt sich das bei den billigen Leuchten nicht aus, wohl aber bei teuren, robusteren Solarlichtern.

Windräder basteln: Kinderleicht!

Schneiden Sie aus steifem Papier oder Plastik ein Quadrat. Mit einem Lineal und Bleistift ziehen Sie zwei Linien von einem Eck zum gegenüberliegenden. Wo sich die Linien kreuzen, ist die Mitte. Schneiden Sie entlang der Linien 1/4 der Länge der Diagonale (d) ein. Biegen Sie die vier Ecken in die Mitte und kleben Sie sie dort an. Stechen Sie ein Loch in die Mitte und befestigen Sie das Windrad mit Hilfe eines Nagels oder einer Nadel an einem Holzstab oder Strohhalm.

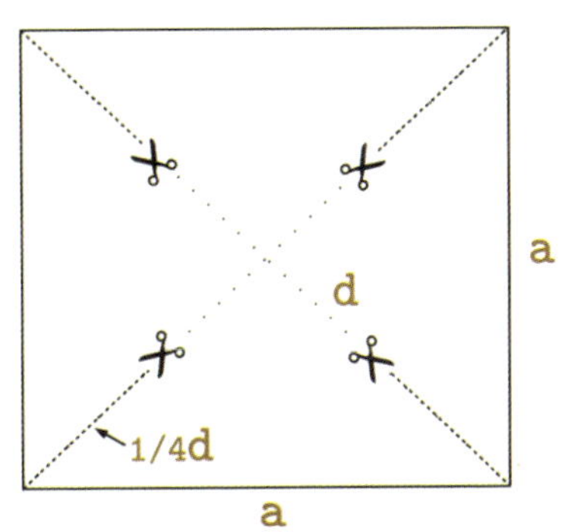

1

2

3

4

5

1 + 2 Ein Korb aus Haselzweigen
Bauen Sie erst den Boden des Korbes, indem Sie gleich lange Astteile auf zwei längere Äste nageln. Darauf werden abwechselnd die Äste für die breite und die lange Seite genagelt. Damit der Korb auch getragen werden kann, werden Schnüre (oder auch Gurte oder Stofffetzen, je nach Geschmack) durch die Äste gefädelt und unter dem Boden verknotet.

3 In einer ausgedienten Suppenkelle wachsen Efeu und Moos.

4 Feuchtigkeitsliebende Sibirische Iris und Prachtspieren wurden in dem alten, löchrigen Bottich im Hintergrund gepflanzt.

5 Holzstämme, mit Gürteln zusammengebunden, machen im Nu einen kleinen Tisch.

Mitbringsel aus dem Garten und von Spaziergängen

Persönliche Mitbringsel werden immer gerne gesehen, aber besonders, wenn sie aus dem eigenen Garten stammen. Man könnte Obst und Gemüse aus dem Garten mitbringen, die man in einem (selbstgemachten) Korb präsentiert. Oder ein Kräutersträußchen mit essbaren, bunten Blüten, das nicht nur hübsch ist, sondern auch zum Kochen, als Tee oder Raumduft verwendet werden kann.
Wer ein wenig mehr Zeit hat, könnte die Schätze der Natur zu Pesto verarbeiten, als Eingelegtes oder wärmendes Schlückchen mitbringen. Eventuell eine selbstgemachte Ringelblumensalbe schenken?
Statt eines Blumenstraußes könnte man auch einen selbst gestalteten Topf mitbringen, in dem Kräuter und Gemüse für das Lieblingsgericht der Gastgeber wächst – ein originelles Geschenk für Balkongärtner! (S. 158) Zum Einstimmen sind hier ein paar Ideen.

Wilde Rezepte

Brennnesselpesto

Selbstgemachtes Pesto aus Basilikum und Bärlauch gehört in vielen Haushalten schon zum Standardrepertoire. Versuchen Sie doch einmal eine weitere Pesto-Variante:
Dazu benötigt man statt Bärlauch (oder Basilikum) ca. 250 g frische, junge Brennnesselblätter, die kurz blanchiert werden (das zerstört die brennenden ‚Haare' der Nessel). Zusammen mit 2–3 Knoblauchzehen, 1 Spritzer Zitronensaft, ca. 50 ml Öl (kein geschmacksstarkes verwenden), 150 g geriebenen Parmesan o. ä. und 2 EL Pinienkerne pürieren Sie die Blätter und schmecken das Pesto mit Salz, Pfeffer und ein wenig Muskat ab.

Falsche Oliven aus Kornelkirschen

Unreife Kornelkirschen, die hellgelb bis leicht rot sein müssen, kann man wie Essiggurken einlegen. Dazu erhitzen Sie in einem Topf 125 ml Wasser mit 125 ml guten Essig, geben einen 1/2 TL Salz und 1 TL Zucker dazu. Je nach Geschmack könnte man Gewürze, Knoblauch oder Chilischoten, beigeben. Eine Handvoll Kornelkirschen wird ca. 5 Minuten in diesem Sud gekocht, bevor sie in saubere Einmachgläser gefüllt werden. Gießen Sie mit dem heißem Sud bis fast unter dem Deckel auf, verschließen Sie die Gläser und lassen Sie sie, auf dem Kopf stehend, auskühlen.

Brennnesselpesto schmeckt als Nudelgericht, passt hervorragend zu Gegrilltem oder als vegetarischer Brotaufstrich.

Kornelkirschen in einer Hecke aus Wildobst-Gehölzen.

Schlehenfeuer

Die strahlend blauen Früchte des Schlehdorns werden im Spätherbst gesammelt. Man findet sie in Hecken auf sandigen Böden, an Weg- und Waldrändern, in Weinbaugebieten, an Felshängen in den Alpen und auch auf den Dünen der Ostsee.

Bevor man die Schlehen in Alkohol – am besten in Gin – einlegt, muss ihre Haut aufgeplatzt sein. Legen Sie daher die Schlehen nach dem Waschen und Säubern über Nacht in die Gefriertruhe oder bearbeiten Sie sie mit einem Nudelholz.

Eine saubere Wein- oder Saftflasche füllen Sie zu einem Drittel mit Schlehen, geben 250 g braunen Zucker dazu, ein paar Gewürznelken und eine Zimtstange. Die restlichen 2/3 der Flasche werden mit Gin, Wodka, oder gutem Schnaps aufgefüllt. Schütteln Sie die Flasche (sanft) und betten Sie sie an einem kühlen, dunklen Ort für mindestens 4 Wochen zur Ruhe. Wenn Sie daran denken, drehen Sie die Flasche alle paar Tage, damit sich das Aroma entfalten kann.

Ringelblumensalbe

Pflücken Sie nur Blüten, die gesund und kräftig aussehen, am besten diejenigen, die gerade aufgeblüht sind. Kleine Tierchen werden aus den Blüten herausgeschüttelt und grüne Teile entfernt.

Erwärmen Sie 5 EL Kokosfett auf niederer Stufe, geben Sie ca. 2 Handvoll Blütenblätter dazu und lassen Sie sie ca. 30 Minuten lang im warmen, aber nicht heißen, Fett ziehen. Das flüssige Fett wird durch ein sauberes Baumwolltuch gefiltert und so von den Blüten getrennt. Das erkaltete Fett ist in lichtundurchlässigen Behältern im Kühlen ein Jahr haltbar.

Rezepte, die wachsen: Pflanzen Sie ein 1-Topf-Gericht

Eine preiswerte Geschenkidee für Balkongärtner erfreut sich in England seit einigen Jahren großer Beliebtheit: „Growing a Plot for a Pot", das man am ehesten mit „Vom Blumentopf zum Kochtopf" übersetzen kann. Hier werden alle **Pflanzen, die man für ein bestimmtes Gericht braucht, zusammen in einen Topf gesetzt**. Wer hat, kann und will, erwirbt einen schönen Keramiktopf, wer es etwas persönlicher haben möchte, kann einen alten Topf upcyceln oder Großmutters Suppenterrine schlicht umfunktionieren.

Die Größe des Topfes hängt vom Gericht ab, das man darin pflanzen möchte. So braucht man z. B. für ein Gemüserisotto mit Zucchini einen etwas größeren Topf, da die Pflanzen relativ groß sind und mehr Nährstoffe brauchen. Eine Kräutertee-Mischung dagegen ist mit einem mageren Boden zufrieden, die Kräuter brauchen auch wesentlich weniger Platz als Kürbisgewächse und Tomaten.

Die Pflanzen kann man selbst von Samen ziehen oder, wenn man es eilig hat, junge Pflänzchen kaufen. In manchen Fällen, wenn man beispielsweise Tomaten und Zucchini verwendet, die erst spät reifen, sollte man die einzelnen ‚Zutaten' in Töpfchen vorziehen.

Ingwer, Chili und weitere Kräuter für eine Wok-Pfanne wachsen in einem alten Suppentopf.

Risotto

Für ein **Gemüserisotto** pflanzen, stecken oder säen Sie Kapuzinerkresse, ein bisschen Basilikum und Thymian, eine Knoblauchzehe, ein bis zwei Puffbohnen, eine Erbsenstaude (und Reisig zum Hochranken), eine Zucchinipflanze, zwei Steckzwiebeln und eine Kirschtomatenpflanze. Dieses ‚Gericht' braucht einen nährstoffreichen Boden, sollte regelmäßig gegossen werden und wächst am besten im warmen Halbschatten

Pizzabelag

Einen Topf für **Pizza Diavolo** bepflanzt man mit einer kleinwüchsigen Kirschtomatenpflanze, mit einer Chilistaude, Oregano, Thymian, Rucola und Knoblauch. Auch hier zieht man Tomaten und Chili am besten separat vor, stellt aber den Topf in die Sonne.

Zum Nachtisch

Für einen fruchtigen **Beerenkuchen** oder für Naschkatzen kommt ein kleiner Johannisbeerstrauch und/oder eine Stachelbeere in den Topf, als Bodendecker dazu Erdbeeren und wenn im Topf noch Platz ist, könnte man auch noch eine Himbeere dazu setzen. Bei diesem Gericht sollte man darauf achten, dass man kleinwüchsige Sorten wählt. Beachten Sie auch, wann diese Sträucher Früchte tragen! Geschickt wäre es, Johannisbeeren mit Himbeeren zu kombinieren, die zur gleichen Zeit reif werden. Beerensträucher vertragen Trockenheit schlecht, daher muss der „Nachtisch" regelmäßig gegossen werden.

Teemischungen

Nachhaltiger als Pizza, Risotto und Kuchen sind **Kräutermischungen für Tees**. Da Kräuter auch genügsamer sind als Gemüse, kann man statt eines tiefen Topfes auch eine flachere Schale verwenden. Für einen belebenden Kräutertee pflanzt oder sät man Minze, Zitronenmelisse, Ysop, Zitronenverbenen und Heiligen Basilikum.

Ganz vegan

Natürlich kann man auch verschiedene Salatpflanzen (**Asia-Salate**, **Wintersalate** etc.) kombinieren oder eine **Wok-Pfanne** pflanzen. Je nach Geschmack, Topfgröße und Balkonklima – einfach ausprobieren!

Die Upcycling-Ideen, die Sie in diesem Kapitel und in den unzähligen Publikationen zu diesem Thema finden, zeigen nur einen kleinen Teil der vielen Möglichkeiten, wie man Ausgedientem kreativ neues Leben einhauchen kann. Sie werden sehen, wenn man einmal mit kreativer Budget- und Ressourcenschonung anfängt, wird jede rostige Schraube zum nützlichen Objekt und so manche Garage zu Aladins Schatzkammer!

Ein schöner Garten durch preiswerte Pflege

In diesem Kapitel finden Sie einfache Anleitungen, wie das Setzen, die Pflege und der Schnitt von Zier- und Obstgehölzen gelingt.

Immer noch die preiswerteste Methode für einen schönen und üppigen Garten oder einen blühenden Balkon ist regelmäßige Pflege. Alte Gartenbücher sind voll von Tipps, Anweisungen und akribisch dokumentierten Details über Rosen- und Obstbaumschnitt. Viele dieser Anweisungen und Vorschläge sind nützlich und nach wie vor relevant. Was sich aber seit Großvaters Zeit geändert hat, ist die Zeit. Sie ist einfach weniger geworden. Und auch die wenigsten von uns können (oder wollen) sich, wie anno dazumal, einen Gärtner oder eine Magd leisten. Die traditionelle Selbstversorgung ist aber wieder zum großen Thema geworden.
Es nützt nichts, Großvaters Gartenpraxis eins zu eins zu übernehmen. Besser man passt altes Gartenwissen an eine zeitgemäße Lebensweise an und betrachtet die Garten- und Pflanzenpflege als kleine Fitness-Übungen. Wenn Sie durch den Garten schlendern, stecken Sie eine alte Gabel und eine Astschere ein. Lästiges Unkraut wird im Vorbeigehen ausgekratzt, ein schneller Schnitt mit der Schere befreit den Strauch von einem toten Zweig. Sie werden sehen, dass der Garten weniger Mühe macht, wenn man immer wieder ein bisschen etwas zurechtstutzt, dadurch spart man sich auch große Pflege- und Schnittaktionen.

Beikräuter: Eindämmen, Essen oder Verarbeiten

Nicht nur unsere grünen Schützlinge wachsen kräftig im Frühling, auch so manches Kraut sprießt voller Lebenslust auf Flächen, wo es unerwünscht ist. Es braucht nicht viele dieser ungebetenen Gäste, um ein ökologisches Gleichgewicht zu halten, einige kann man essen oder zu Jauche verarbeiten (S. 112, S. 114).
Sollten Beikräuter aber überhandnehmen, ist es ratsam einzugreifen, da sie den Zier- und Gemüsepflanzen Licht und Nährstoffe rauben können.

Zeitsparende Pflege

Ein regelmäßiges Auszupfen oder Aushacken der ungeliebten Siedler ist einfacher und

GUT ZU WISSEN

Sollte sich Löwenzahn, Brennnessel und Co etabliert haben, reißt man sie mit so viel Wurzel als möglich aus, bevor sie zum Blühen kommt. Auf die Dauer hungert diese Methode die Pflanzen aus und sie sterben ab. Vermeiden Sie regelmäßiges Abmähen! Wenn die Wurzeln im Boden gelassen werden, treiben Brennnessel nach einer Mahd gerne kräftiger aus als zuvor.

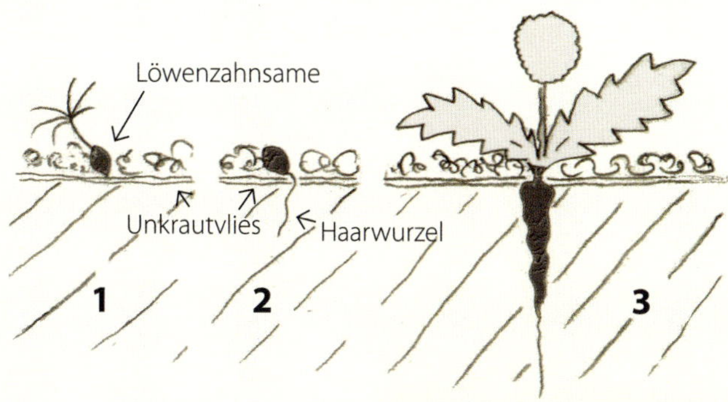

effizienter als einmal im Monat einen arbeitsaufwendigen Frühlingsputz vorzunehmen. Wenn Sie durch den Garten schlendern, nehmen Sie eine **alte Küchengabel** mit. Kleine Löwenzahn-, Wegerich- oder Distelsprösslinge sind beim Vorbeigehen mit der Gabel schnell herausgekratzt und haben so keine Chance, sich mit ihren kräftigen Wurzeln im Boden zu verkeilen. Diese Methode ist besonders für Unkraut zu empfehlen, das tiefe Pfahlwurzeln bildet. Zusätzlich zu Löwenzahn, Wegerich und Disteln sind auch Ampfer, Schachtelhalm und Schöllkraut solch hartnäckige Gesellen (Tabelle, S. 165).

Um Unkrautsamen am Keimen auf nackten Bodenoberflächen zu hindern, sind dichter Pflanzenwuchs, **Bodendecker** oder eine **Mulchschicht** ausgezeichnete vorbeugende Maßnahmen. Eine Mulchschicht von 5–10 cm Dicke hemmt das Wachstum von unnötigem Beikraut und schützt den Boden vor Austrocknung. (Vorsicht: Verwenden Sie keinen Rindenmulch im Gemüsebeet (S. 36).

Ein Unkrautvlies ist kein Allheilmittel

Unkrautvlies ist keine Garantie, dass sich nie wieder Löwenzahn & Co ansiedeln. Wenn Samen austreiben, hat die dünne, erste Wurzel ein leichtes Spiel, sich durch selbst engmaschiges Unkrautvlies zu drängen (1 und 2). Die kräftigen Wurzeln von Löwenzahn, Quecken und Wegerich können das Gewebe ausdehnen oder zerreißen, ihre Wurzeln kommen gut mit einer Einschnürung zurecht (3) und sie wachsen zügig tiefer in den Boden hinein. Ein Unkrautvlies würde in diesem Fall das vollständige Ausreißen dieser Wurzeln verhindern, da der unterste Teil sich nicht durch das Vlies entfernen lässt.

Feuer und Wasser

Wenn sich Gräser, Wegerich oder Algen zwischen oder auf **Steinplatten** zeigen sollten, kann man sie am umweltschonendsten loswerden, indem man sie **abflammt** oder mit **heißem Wasser begießt.** Wenn man dem Wasser ein wenig **Essig** beimengt, wird es zum potenten Mittel. Aber bitte mit Vorsicht anwenden, da das Essigwasser nicht mit Pflanzen in Berührung kommen soll, die man gerne im Garten behalten möchte!

GUT ZU WISSEN

Brennnesselschnur: Traditionelles Gartengarn selbst gemacht

Wer es ganz natürlich mag und genügend Brennnesseln zu Verfügung hat, könnte versuchen, aus den Fasern, die sich auf der Außenseite der Brennnesselstängel befinden, eine Schnur zu drehen. Entfernen Sie die Blätter und ziehen Sie langsam die äußeren, grünen Fasern von den Stängeln der Pflanze. Verzwirnen Sie die Fasern durch synchrones Eindrehen zweier Stränge, ähnlich wie man es als Kind mit Wollfäden gemacht hat. Für dickere Schnüre verzwirnen Sie bereits hergestellte Schnüre.

1 Nackten Boden kann man mit Karton, einer Plastikfolie oder einem alten Teppich bis zur Aussaat oder Bepflanzung abdecken. Dies verhindert, dass sich unerwünschtes Grünzeug ansiedelt und Vorhandenes zu keimen beginnt.

2 Unkrautfolie als Bodendecker in Hanglage nach einem Regen, der das Mulchmaterial von der Folie gewaschen hat.

Den Boden abdecken

In Gartencentern und Baumärkten kommt man an **Unkrautvlies** und -**folien** nicht vorbei. Es wird uns von vielen Seiten suggeriert, dass ohne diese Unkraut-Allheilmittel unsere Beete und Blumen innerhalb kürzester Zeit unter unerwünschtem Grünzeug ersticken werden. Seien Sie beruhigt, dem wird nicht so sein. Bevor Sie sich in unnötige Ausgaben und Arbeiten stürzen, überlegen Sie genau, ob es Vorteile für den Garten oder das Beet bringt.

Wer Blühstauden, Zierpolster und Gräser pflanzen möchte, sollte beim Anlegen eines Beetes auf gute Bodenvorbereitung achten. Man entfernt möglichst alle Wurzeln und arbeitet organisches Material ein (S. 40). Die Arbeitszeit, die man hier investiert, zahlt sich auf lange Sicht aus. Eine **einmalige Bodenbearbeitung ist effizienter als Vlies** und Folien anzubringen und Löcher dort zu schneiden, wo man Pflanzen setzen möchte. Wenn auf den Folien eine Schicht Mulch kommt, kann es vorkommen, dass der Mulch mit der Zeit von der Folie geschwemmt wird und nachgefüllt werden muss, das verursacht nur zusätzlich Arbeit und Kosten.
Auch das Wachstum von Zierpflanzen wird von Vlies und Folien unterdrückt. Besonders ausläuferbildende Zierstauden, beispielsweise

Die 18 häufigsten Beikräuter: Bodenanzeiger, Vermehrung und Verwendung

Dt. Name	Lat. Name	Anzeiger für	Boden	Vermehrung	Lebensform	Verwendung
Acker-Winde	*Convolvulus arvensis*	Kalk	trocken, kalkreich	Samen, Kriechtriebe und Wurzelausläufer	mehrjährig	anscheinend Wildgemüse und Heilpflanze; halluzinogene Wirkung (giftig!)
Amarant/ Fuchsschwanz	*Amaranthus retroflexus*	-	in warmen Lagen auf stickstoffreichen Böden	Samen	einjährig	z.T. als Wildgemüse, enthält aber giftige Substanzen
Ambrosia/ Traubenkraut	*Ambrosia artemisiifolia*	-	gestörte, warme Standorte wie Straßenränder oder Schutthalden	Samen	einjährig	-
Ampfer-Knöterich	*Persicaria lapathifolia*	Stickstoff	Nährstoffreiche Böden; oft feucht	Samen	einjährig	-
Beifuß	*Artemisia vulgaris*	-	nährstoffreich, oft sonnig, auf Brachflächen	Samen	mehrjährig	verdauungsförderndes Gewürz und alte Heilpflanze (Vorsicht giftig!)
Brennnessel	*Urtica dioica*	Stickstoff, Humus	stickstoffreich, oft feucht und humös	Samen & Kriechtrieb	mehrjährig	nahrhaftes Blattgemüse; Heilkraut; zur Pflanzenstärkung und Schädlingsbekämpfung
Gänsedistel, Gemüse-	*Sonchus oleraceus*	Stickstoff, Kalk	Wegrand, Schutthalde, kultivierter Grund; vermeidet saure Böden und Schatten; bevorzugt feuchten Boden	Samen	einjährig	Wildgemüse und Heilpflanze
Giersch	*Aegopodium podagraria*	Stickstoff, Schatten	schattig-feucht, stickstoffreich	Samen & Kriechtriebe	mehrjährig	junge Triebe als Wildgemüse und Würzkraut; als Pflanzenschutzmittel verwendbar
Greiskraut/ Kreuzkraut	*Senecio vulgaris*	-	stickstoffreiche Ruderalflächen	Samen	ein- bis zweijährig	-
Klettenlabkraut	*Galium aparine*	Stickstoff, Staunässe	stickstoffreich	mit Widerhaken besetzte Samen	ein- bis zweijährig	junge Triebe als Wildgemüse

Dt. Name	Lat. Name	Anzeiger für	Boden	Vermehrung	Lebensform	Verwendung
Lattich	*Lactuca serriola*	-	warme, sonnige und nährstoffreiche Ruderalflächen	Samen	ein- bis zweijährig	-
Löwenzahn	*Taraxacum officinale agg.*	-	oft schwer, stickstoffreich	sehr flugfähige' Samen	mehrjährig	Wildgemüse und Heilpflanze
Moos (Sparriger Runzelbruder)	*Rhytidiadelphus squarrosus*	-	oft auf Rasen mit schweren, verdichteten und schattigen Boden	Sporen	mehrjährig	Füllmaterial für Hängekörbe und Blumentaschen
Quecke	*Elymus repens*	Stickstoff	auf jedem Boden, besonders auf stickstoffreichen	Samen & Kriechtriebe	mehrjährig	anscheinend Wildgemüse und Heilpflanze
Sauerampfer, kleiner	*Rumex acetosa*	sauer	nährstoffarme, lockere und leicht saure Böden	Samen	mehrjährig	genießbar in kleinen Mengen, enthält Oxalsäure; als Pflanzenschutzmittel verwendbar
Ackerschachtelhalm	*Equisetuum arvense*	verdichtete, schwere Böden; Staunässe	feucht mit schlechter Drainage; oft humusarm, verdichtet, kalkarm und nährstoffreich	Sporen, Kriechtriebe und Wurzelausläufer	mehrjährig	Wildgemüse und Heilpflanze; zur Pflanzenstärkung und Schädlingsbekämpfung
Schöllkraut	*Chelidonium majus*	-	stickstoffreiche Ruderalflächen	Samen	zwei- bis mehrjährig	traditionelle Heilpflanze, jedoch giftig
Vogelmiere	*Stellaria media*	-	frisch bearbeitete Böden und Ruderalflächen; nährstoffreiche und feuchte Böden	Samen	ein-, selten zweijährig	Wildgemüse und Heilpflanze

Storchschnabel, Astern oder Dickmännchen können sich nicht ausbreiten, da ihre Ausläufer Vliese oder Folien nicht durchstoßen können. Sie formen daher keine Polster oder keinen Bodendeckerteppich. Unkrautvlies leistet jedoch einen guten Dienst, wenn man es als Barriere zwischen Rasenfläche und Beet oder Terrasse einsetzt, da es zumindest das Kriechen von unterirdischen Graswurzeln in das Beet oder die Terrasse verhindert.

Wer es mit einem Abdeckmaterial versuchen möchte, kann **Karton und Materialien** aus Baumwolle, Jute, Schafwolle und Leinen verwenden. Sie verrotten langsam, reduzieren den Unkrautbefall in den ersten Jahren und geben auch den Zierpflanzen eine Chance sich auszubreiten. Ausläuferbildende Pflanzen können durch natürliche Materialien wachsen, aber nicht durch eine engmaschige Unkrautfolie aus Plastik. Wer es mit der Anlage eines Beetes nicht eilig hat, könnte den gewünschten Standort für ein Jahr oder länger abdecken, um Pflanzenwuchs zu verhindern. Wichtig ist, dass die Abdeckmaterialien dunkel sind und so wenig Licht wie möglich durchlassen. So rauben Sie den Unkrautkeimlingen das Licht, so dass diese verkümmern.

Ausläufer in die Schranken weisen

Manche Pflanzen haben die Neigung zu ‚entlaufen' und ihren Beetgenossen den Platz zu stehlen. Bambus, Schilf, Minze und Felberich sind Paradebeispiele dafür. Gebieten Sie ihnen Einhalt, indem Sie von pensionierten Plastiktöpfen oder Eimern den Boden herausschneiden und die Pflanzen beim Eingraben in den übrig gebliebenen Ring setzen.

Unkrautvernichtung: Von Arsen bis Glyphosat

Seit der Mensch Ackerbau betreibt, versucht er, dem Unkraut und den Schädlingen Herr zu werden. So ziemlich die gesamten letzten 10.000 Jahre wurden Unkräuter mit der Hand, Harke und Pflug entfernt, geändert hat sich das erst im 18. Jahrhundert. Man fing an, Salze und Öle einzusetzen, und zwar in rauen Mengen. Da kamen schon mal 300 kg Natriumchlorat (das Natriumsalz der Chlorsäure) auf einen halben Hektar Ackerfläche und auch an Bleiarsenat wurde nicht gespart, welches übrigens in den 1920er-Jahren aus Gesundheits- und Umweltgründen verboten wurde. 1945 wurde 2,4-Dichlorphenoxyessigsäure (2,4-D) erstmals als chemisches Herbizid eingesetzt, das auch im Vietnamkrieg als Entlaubungsmittel (Agent Orange) verwendet wurde und bis heute in Verwendung ist. Es folgten Phenyl-Harnstoffe, Triazine und schließlich in den 1970ern Glyphosat. Der Einsatz chemischer Pflanzenschutzmittel führte nicht nur immer wieder zu Umweltschäden, bedenklich ist auch, dass weltweit bereits 450 Pflanzenarten resistent gegen Herbizide sind, darunter verschiedene Gräser, Gänsefußgewächse und Fuchsschwanz (Amaranth).

Stauden und Sträucher: Bunt und gesund

Der „Chelsea Chop" verlängert das Blühen

Der **Chelsea Chop**, das unregelmäßige Abschneiden der Triebspitzen von mehrjährigen Stauden, wie z. B. bei Pfingstrosen, Rittersporn und Schafgarben, gibt ihnen ein natürliches Aussehen, da die kürzeren Stängel die längeren stützen und somit ein Umfallen verhindern. Die abgeschnittenen Triebe in einer Vase bringen den Garten ins Wohnzimmer und die gestutzten Stauden verlängern ihre Blühzeit, da sie neue Knospen ausbilden.

Clematis „Königskind" blüht ab Mai. Sie braucht nur manchmal ein Auslichten, das im März, sobald man die ersten grünen Triebspitzen sieht, erfolgen soll.

Gehölze und Sträucher: Aber natürlich!

Weil wir gerade beim Abschneiden sind, finden Sie in den nächsten Absätzen ein paar Tipps, um Ihre Sträucher und Heckenpflanzen mit wenig Arbeit gesund und attraktiv zu halten. Der rigorose, formelle Schnitt ist ein bisschen aus der Mode gekommen und wird durch ein lockeres, attraktives Auslichten ersetzt. In ihrer natürlichen Form sind Gehölze, Ziersträucher und Bäume am schönsten – und am gesündesten. Daher sollte man Astschere und Säge mit Bedacht verwenden und immer wieder einen Schritt zurücktreten und den Strauch betrachten, bevor man zu viel schneidet.

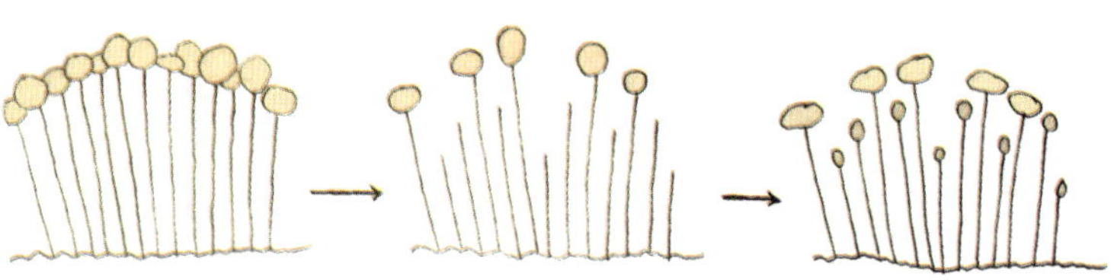

Wenden Sie einen ‚Chelsea Chop' an, um die Blühzeit zu verlängern. Schneiden Sie die längsten Triebspitzen zurück, möglichst in unregelmäßigen Abständen und auf unterschiedliche Längen. Auf den gekürzten Stielen bilden sich neue Triebe und Knospen, die erst dann aufblühen, wenn die ersten Blüten bereits am Abblühen sind.

Niedere Stauden und Bodendecker, zwischen hohe Pflanzen gesetzt, geben diesen Halt und dem Zierbeet einen natürlichen Look.

„Chelsea Chop" bei Schmuckkörbchen und Dahlien verlängert das Blühen und man hat Schnittblumen für die Vase.

Tot, krank oder gekreuzt: Weg damit!

Egal ob Rose, Schmetterlingsflieder, Hartriegel oder Spierstrauch, in den meisten Fällen ist es mit einem Auslichten getan. Wenn die Gehölze nicht im Saft stehen, entfernt man als erstes das **Totholz**, dann **kranke Äste und Zweige**, und zum Schluss sich **kreuzende Triebe**.

Den natürlichen Wuchs unterstützen

Sollte ein Gehölz schon recht struppig und verwachsen sein, bedarf es mehr als nur der Entfernung von totem, krankem oder kreuzendem Holz. Die meisten Gehölze werden vom **Spätherbst** bis zum **Frühlingsanfang** geschnitten, mit Ausnahme von Frühlingsblühern. Forsythie, Flieder, Schneeball etc. sollte man nach der Blüte schneiden, wenn man sie im Winter schneidet, entfernt man die Blütenknospen.

Sie erreichen eine **natürliche Wuchsform** Ihrer Gehölze am besten, indem Sie Äste auf verschiedene Längen zurückschneiden, die äußeren kürzer als die in der Mitte. Vermeiden Sie es, Ihrem Strauch einen ‚Irokesenschnitt' zu verpassen! Wenn nur die obersten Äste und Zweige abgeschnitten werden, treibt die Pflanze nur oben aus und verkahlt am Boden. Sollten Sie einen Strauch haben, der sich mit den Jahren in ein unansehnliches Ding verwandelt hat, schneiden Sie in um die Hälfte zurück und versuchen Sie dabei, ihm eine natürliche Form zu geben.

Heckenpflege

Wer eine Hecke aus verschiedenen Gehölzen besitzt, hat sicherlich schon bemerkt, dass manche Sträucher schneller und dichter wachsen als andere.
Damit Gehölze mit großer Wuchskraft die zarteren, langsam wachsenden Sträucher nicht unterdrücken, muss man sie kräftiger zurückschneiden.
Versuchen Sie auch hier einen möglichst natürlichen Look zu erreichen. Wenn Sie eine **Hecke alle 2–3 Jahre** mit Säge, Ast- und Handschere **auslichten**, werden Ihnen es die Sträucher mit kräftigerem Blühen und Wuchs danken. Und so verhindern Sie auch kahle Stellen, die bei einem rigoros geraden Heckenschnitt oft auftreten können.

1

2

3

1 + 2 Die Forsythie wird, wie auch Flieder und Winterschneeball, nach der Blüte zurückgeschnitten.

3 In dieser Hecke überwachsen Gojibeeren und Sanddorn die anderen Arten und wurden deshalb stark zurückgeschnitten.

GUT ZU WISSEN

Kleine Sträucher statt Sträucher kleiner machen

Manchmal sieht man einen Zierstrauch, der unbarmherzig und geradlinig zurückgestutzt wird, um seiner Größe Herr zu werden. Der Kampf gegen zu üppigem Wuchs scheint seit vielen Gärtnergenerationen ein Thema zu sein, denn schon 1908 wurde in einem Gartenratgeber empfohlen, dass man sich vor der Anschaffung überlegen sollte, wie hoch ein Gehölz werden darf, um „sich so später zeitaufwendiges Herumsäbeln zu sparen" (Böttner, 1908).

Manche Heckensträucher bilden **Ausläufer** (z. B. Forsythien, Sanddorn, Schlehen) die sich unter feinere Sträucher (z. B. Spierstrauch) schummeln, dann im Schutz der zarteren Pflanzen heranwachsen und diese mit der Zeit erdrücken. Halten Sie beim Heckenschnitt Ausschau nach solchen entlaufenen Jungpflanzen, graben Sie sie aus, an einer anderen Stelle wieder ein (eventuell um eine Lücke in der Hecke zu füllen) oder tauschen Sie sie gegen eine andere Pflanze von Nachbarn oder Freunden.

	Kletterrosen		Wildrosen
	Rambler	**Climber**	
Blätter	7	5	5
Blüht	1 x im Frühsommer	immer wieder	1 x im Frühsommer*
Blüten am Holz vom	Vorjahr	diesem Jahr	Vorjahr
Schneiden	nach der Blüte	nach Laubfall	nach der Blüte
Höhe/Standort/ Wuchs	werden sehr hoch, können an Bäumen und Häusern hochklettern	geeignet für Wände, Gartenhäuschen, Rosenbögen und Spaliere	freistehend, als Busch wachsend, in Hecken oder wie Climber-Rosen

* Die Kartoffel-Rose *Rosa rugosa* blüht manchmal noch ein zweites Mal im Spätsommer.

Kletterpflanzen entwirren

Gartenratgeber und das Internet sind voll von Ratschlägen, wann man Geißblatt, Clematis oder Glyzinien schneiden soll. Die vielen Tipps, die man über alle möglichen Medien bekommt, können verwirren und geben einem das Gefühl, man müsse einen strengen Stundenplan einhalten, um den Anforderungen gerecht zu werden.

Bei dem kleinwüchsigen Duftflieder reicht es, wenn man die Blüten nach dem Welken abschneidet. Er wächst langsam und eignet sich auch für den Balkon.

Oder man könnte sich einfach an diese beiden Faustregeln halten, denn das klappt genauso gut:

- Kletterpflanzen, die vom **Winter bis zum Frühsommer** blühen, nach der Blüte schneiden.
- Kletterpflanzen, die im **Hochsommer und Herbst** blühen, an frostfreien Tagen während des Winters schneiden.

Rosenschnitt ganz leicht gemacht

Strauch- und Edelrosen: Nicht zu früh und nicht zu radikal

Im Herbst oder im Winter, nach dem Laubfall und kurz bevor die Forsythien blühen, sollte man die **Strauchrosen** schneiden. Wenn man die Zweige erst im Frühling kurz vor Austriebsbeginn schneidet, schützt das alte Holz die Rosen während des Winters vor schweren Frösten.

Wer seine **Edelrosen** traditionell schneiden möchte, kürzt die Triebe 10–20 cm über dem Boden, am besten über einem Auge (Knospe), das nach außen zeigt. Edelrosen blühen jedoch auch schön und üppig, wenn man sie nicht so stark zurückschneidet, sondern sie wie ein Gehölz auslichtet. Um ein Verkahlen der unteren Triebe der Rose zu verhindern, sollten sie alle 2–3 Jahre etwas stärker zurückgeschnitten werden.

Kletter- und Wildrosen: Erst einmal wachsen lassen

Kletter- und Wildrosen sollte man nur auslichten, anstatt sie drastisch zu stutzen. Kräftig wachsende Sorten, wie z. B. manche Rambler-Rosen (Tabelle, S. 171) und die heimische Hunds-Rose brauchen evtl. alle 3–4 Jahre einen Rückschnitt. Dabei sollte auch Totholz, dünne und überkreuzte Triebe entfernt werden.

Wildrosen, Rambler und Climber: Wer ist was?

Kletterrosen lassen sich in zwei Gruppen einteilen, das sollte man beim Schneiden berücksichtigen: **Climbers** (Kletterrosen) und **Ramblers**, was so viel wie wandern oder ranken bedeutet.

1

2

1 Kletterrosen brauchen nur wenig Pflege, blühen öfter und können durch Stecklinge vermehrt werden.

2 Stockrosen sind die Rosen des Bauerngartens und können sehr einfach aus Samen gezogen werden.

Bunte Blumen erfreuen jedes Gärtnerherz

1

2

3

4

5

1 Der Garteneibisch oder Hibiskus braucht kaum Pflege und behält seine natürlich schöne Form, ohne dass man an ihm herumsäbeln muss.

2 Die robuste und stark wachsende *Rosa multiflora* ist eine ausgezeichnete Bienenweide. Allerdings kann diese Rose ihre Nachbarn überwuchern, sie braucht viel Platz! Dafür eignet sie sich hervorragend, um unansehnliche Mauern zu verstecken.

3 Eine robuste Strauchrose, die immer wieder blüht, einen angenehmen Duft verströmt und bis zu 3 Meter hoch wird: die beliebte ‚Westerland'. Vom Spätherbst bis in den zeitigen Frühling bekommt man wurzelnackte Rosen, die zwar etwas länger zum Anwachsen brauchen, aber wesentlich günstiger als Rosen im Topf sind.

4 + 5 Indisches Blumenrohr (*Canna indica*) und die Schabenkerze peppen jeden Garten mit frohen Farben auf.

Obst und Beeren: Die besten Früchte das ganze Jahr über

Holen Sie sich Obstbäume und Beerensträucher in den eigenen Garten. Mit dem wichtigsten Know-how werden Sie zum Selbstversorger.

In der Nachkriegszeit und mit steigendem Lebensstandard wollte man möglichst interessante Zierpflanzen in seinen Garten holen, Obstbäume und Beerenstauden mussten Platz für exotische Sträucher und farbenfrohe Stauden machen. In dieser schönen neuen Welt des wirtschaftlichen Aufschwungs wollte sich kaum noch wer die Mühe des Einlagerns und Konservierens machen und so geriet das als altmodisch angesehene Selbstversorger-Know-how in Vergessenheit.
Es scheint jedoch, dass wir in einem pragmatischeren Zeitalter leben und wieder Wert darauf legen, das eigene Fleckchen Erde mit wenigstens ein paar Nutzpflanzen zu bestücken. Gemeinden, wie z. B. die „essbaren" Gemeinden Übelbach in der Steiermark (A), Andernach am Mittelrhein (D) und Albi im Süden Frankreichs, erkennen die Vorteile der unabhängigen Selbstversorgung, der Schrebergarten ist im Zuge des Urban-Gardening-Trends wieder hip geworden und Balkone, Dächer und Terrassen werden mit Essbarem begrünt.

Qual der (Sorten)Wahl

Ganz oben auf der Selbstversorger-Wunschliste stehen neben Kräutern vor allem Obstbäume, allen voran der Apfelbaum. Beim Kauf eines Obstbaumes ist schnell am falschen Platz gespart, denn mit einem Bäumchen zweiter Wahl irgendeiner Sorte vom Diskonter werden Sie wahrscheinlich nie glücklich werden.

Ein Apfelbaum in der Stadt füttert im Frühling die Bienen und im Herbst die Menschen.

Bevor Sie eine Auswahl treffen, überlegen Sie sich folgendes:

- Welche Obstsorte eignet sich für meinen Garten/Balkon? Ist es sonnig, wie ist der Boden beschaffen, gibt es Spätfröste?
- Braucht meine Obstbaumsorte eine Bestäubersorte oder ist sie selbstbefruchtend?
- Wie viel Platz habe ich? Brauche ich ein Säulenbäumchen für den Balkon (S. 137), einen Niederstamm oder möchte ich einen ausladenden Baum mit breiter Krone auf meinem Grundstück? Wie weit entfernt von der Grundstücksgrenze soll der Baum gepflanzt werden?
- Möchte ich Äpfel und Birnen einlagern?

Besuchen Sie eine gute Gärtnerei, Baumschule oder landwirtschaftliche Versuchsanstalt und lassen Sie sich beraten. Bevor man das Bäumchen kauft, sollte man sich genau über

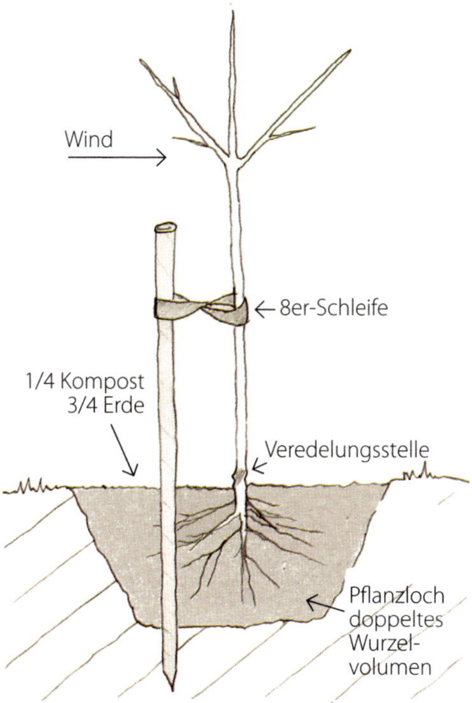

Einen Obstbaum setzen. Das Pflanzloch sollte doppelt so breit wie der Wurzelballen sein. Wurzelnackte Obst- und Beerengehölze soll man über Nacht ins Wasser stellen, bevor man sie einpflanzt.

die Wuchsform, Wachstumsbedingungen und Krankheitsresistenz erkundigen. Wurzelnackte Bäume, die man während der Ruheperiode setzt, sind billiger als Bäume im Topf, dafür aber auch empfindlicher, und sie wachsen anfänglich langsamer.

Alte Sorten, sofern Sie aus der Region stammen, haben den Vorteil, dass sie dem Klima gut angepasst sind. Die Früchte und Beeren reifen nach und nach heran. Das ist für den Hausgarten viel praktischer als eine Überfülle an Obst und Gemüse.

Obstbäume + Wildblumen = Streuobstwiese.

Wer genug Platz hat, sollte es mit einer Streuobstwiese versuchen. Wildblumen, die zwischen den Bäumen wachsen, bieten Nahrung und Schutz für Nützlinge und abgemähtes Heu kann als Mulchschicht um die Obstbäume ausgelegt werden. Doch Vorsicht: Nicht jeder Obstbaum ist für eine Streuobstwiese geeignet! Zu empfehlen sind alte, hochstämmige Sorten, die auf das regionale Klima und den Boden abgestimmt sind. Erkundigen Sie sich bei einer landwirtschaftlichen Versuchsanstalt oder Bildungseinrichtung, welche Sorten für Ihren Standort geeignet sind.

Den Setzlingen einen guten Start geben

Die meisten Obst- und Beerengehölze setzt man nach dem Laubfall und bevor sie im Frühling austreiben, während frostfreier Perioden. Frostempfindliche Arten, beispielsweise Marillen (Aprikosen), Kirschen und Pfirsiche werden im Frühling gepflanzt, so dass sie genug Zeit haben, vor den ersten Frösten anzuwachsen.

Obstbäume

Wenn Sie einen Obstbaum setzen wollen, sollten Sie beachten, dass das Pflanzloch den doppelten Durchmesser des Wurzelballens hat und tief genug ist. Die Veredelungsstelle muss über der Oberfläche liegen und sollte auch möglichst frei von Mulch oder Erde sein.

GUT ZU WISSEN

Alte Nylonstrümpfe eignen sich hervorragend zum Festbinden von jungen Bäumen, da sie dehnbar sind und nicht in das Holz einschneiden.

GUT ZU WISSEN

Obst- und Zierbäume düngen nach Opas Methoden

Im Frühling, bevor die Blätter austreiben, werden unter der Krone, aber mind. 1 m vom Stamm entfernt, einige ca. 30 cm tiefe Löcher gegraben (Achtung: Wurzeln nicht verletzen!) und mit einer Jauche-Verdünnung gefüllt (S. 112, z. B. Brennnessel, Borretsch, Pferdemist). Eine Alternative wäre, einen 30–40 cm breiten „Düngering" zu graben. Ca. einen Meter vom Stamm entfernt man die Grasnarbe, so dass ein ca. 40 cm breiter Ring nackter Erde entsteht, der noch unter der Baumkrone liegen sollte. Diesen Ring füllt man Mist, Mulch oder Kompost und deckt ihn mit der Grasnarbe zu, damit das nährstoffreiche Material feucht bleibt. Dieser erhöhte Ring sinkt mit der Zeit ab, da Kompost oder Mist verrotten und in den Boden mit Hilfe von Bodenorganismen eingearbeitet wird.

Ein Birnbaum, der auf einer Streuobstwiese steht, wurde mit Kompost gemulcht.

Nachdem Sie das Obstgehölz in das Pflanzloch gegeben haben, füllen Sie es mit einem Gemisch aus Erde und Kompost im Verhältnis 3 : 1 auf und treten es leicht fest. Gegebenenfalls sollte der Baum an einen Pfahl gebunden werden, damit er gerade wächst und sich die Wurzeln gut ausbreiten können.

Beerenstauden

Johannisbeeren und **Stachelbeeren** wachsen auch im Halbschatten, sie tragen allerdings reichlicher Früchte in voller Sonne. Sie bevorzugen lehmige Böden mit genügend organischem Material (S. 28). Beachten Sie, dass Johannis- und Stachelbeersträucher über einen Meter hoch und ebenso breit werden können, man sollte ihnen also genügend Platz geben.

Für **Himbeeren** und **Brombeeren** gilt: Nasse Füße im Sommer, trockene im Winter. Sie brauchen volle Sonne, einen humosen Boden und dürfen im Sommer nicht austrocknen. Daher wachsen sie gut an einer feuchten Stelle im Garten, bei einem Bachlauf oder in tiefen Töpfen am Balkon. Sie lieben ein wenig Luftfeuchtigkeit und werden daher selbst in

Kriecherl (Kriech-Pflaume) ist eine kleine Zwetschkensorte, die wenig Pflege braucht.

der kühlen schottischen Luft süß und geschmackvoll.
Himbeeren und Brombeeren sind außerdem relativ resistent gegen Wind und wurden in westeuropäischen Küstenregionen als Windschutz gepflanzt. Sie eignen sich daher auch als Sichtschutzhecke oder am Balkon, an Drähten gezogen. Himbeeren und Brombeeren pflanzt man in einem 3 m Abstand, als Hecke setzt man eine Pflanze alle 50 cm.

Kräftiges Wachstum und eine reiche Ernte: Methoden und Hausmittel mit Tradition

Ein guter Gartenboden eignet sich natürlich am besten für Obst und Beeren. Wer sich allerdings mit einem steinigen, sandigen oder nährstoffarmen Boden begnügen muss, kann sich mit Hilfe von Düngen und Mulchen behelfen.

Erdbeeren gedeihen prächtig an einem nach Süden ausgerichteten Hang und in humosem Boden.

Kompost, ein alter Bekannter

Eine einfache, billige und schnelle Methode, um Obstbäume und Beerensträucher zu düngen ist, sie mit **Kompost zu mulchen**. Kompost vom eigenen Komposthaufen eignet sich dazu ebenso gut, wie Kompost von kommunalen Recyclingcentern. Im zeitigen Frühling, bevor das Gras zu wachsen beginnt, tragen Sie eine ca. 5 cm dicke Mulchschicht um den Stamm des Obstbaumes auf. Niederschlag und Regenwürmer sorgen dafür, dass die Nährstoffe bis zu den Wurzeln dringen. Da der Kompost nicht in die Erde eingearbeitet wird, verrottet er langsamer und gibt Nährstoffe gemächlich ab. Eine Mulchschicht aus Kompost beschleunigt zwar nicht das Wachstum, aber hält als Langzeitdünger den Baum gesund und kräftig.
Im Frühling oder bei nährstoffarmen Boden empfiehlt es sich die **Beerensträucher** zweimal wöchentlich mit Komposttee, Brennnessel- oder Pferdemistjauche zu düngen (S. 102). Dazu geben Sie ca. 250 ml (eine große Kaffeetasse voll) Tee oder Jauche ins Gießwasser und gießen direkt an die Wurzeln.

Auch Erdbeeren danken Ihnen eine Mulchschicht aus Kompost. Achten Sie vor allem darauf, dass die Wurzeln nicht austrocknen. Stroh eignet sich hervorragend, um den Boden feucht und die Früchte trocken zu halten, allerdings verstecken sich Schnecken gerne darunter. Man könnte anstatt des Strohs getrocknete Brennnesseln verwenden, die die Schnecken gerne vermeiden.

Obstgehölze schneiden: Wann und wie viel?

Obstbäume

In der Vergangenheit wurden Obstbäume oft bis zur Unkenntlichkeit verschnitten, um den Ertrag zu steigern oder den Baum widerstandsfähiger zu machen. Im Hausgarten sollte man dem Baum jedoch seine natürliche Wuchsform lassen und möglichst nur Pflegeschnitte vornehmen. Totes, krankes und kreuzendes Holz muss entfernt werden und manchmal ist es notwendig, die Krone auszulichten. Die alte Gärtnerweisheit, dass man nach einem Rückschnitt „einen Hut durch die Krone eines Obstbaumes" werfen kann, soll darauf hinweisen, dass ein luftiger Baum gesünder ist und bessere Früchte ausbildet.

Es ist schwierig, einen Obstbaum nach einer Schablone oder Schnittgrafik zu schneiden, da jeder Baum ein bisschen anders wächst. Ein paar Faustregeln kann man jedoch immer anwenden:

- Ein kräftiger Schnitt im Winter regt das Wachstum an, aber der Baum bildet mehr Wassertriebe (senkrecht wachsende Äste).
- Schnittwunden heilen schneller nach einem Sommerschnitt und der Baum bildet auch kaum Wassertriebe.
- Die Baumkrone sollte alle 2–3 Jahre ausgelichtet werden, um Krankheiten zu vermeiden und das Fruchtaroma zu fördern.
- Marillen (Aprikosen) und Pfirsiche soll man während der Blüte schneiden,
- Kirschen nach oder während der Ernte und
- Äpfel, Birne, Zwetschge und Pflaume nach der Ernte, aber vor dem Laubfall.

Ein leichtes Auslichten und die Entfernung störender Wassertriebe ist nötig, um den Apfelbaum gesund zu halten.

Mispeln werden als alte Obstsorte wiederentdeckt. Die Früchte kann man nach dem ersten Frost essen.

Beerenobst

Johannis- und Stachelbeersträucher werden von innen nach außen geschnitten. Zuerst werden auch hier tote, kranke und sich überkreuzende Triebe entfernt. Sollte der Strauch danach immer noch zu buschig sein, schneidet man die ältesten Triebe, die, die in der Mitte des Strauches stehen, zuerst.

Himbeeren, die im Sommer Früchte tragen, schneidet man nach der Ernte, Herbsthimbeeren im zeitigen Frühjahr. Nur altes, ausgereiftes Holz sollte man entfernen, grüne Triebe am besten hochbinden, denn auf ihnen wächst die nächste Himbeer-Ernte!

Brombeeren bilden ihre Früchte auf frischem Holz, d. h. wenn ein Trieb schon einmal Früchte getragen hat, wird er keine neuen Früchte mehr ausbilden. Schneiden Sie daher die holzigen Triebe ca. 10 cm vom Boden ab, von denen Sie im Sommer oder Herbst Früchte geerntet haben. Am besten nach der Ernte, so vermeidet man, dass man den falschen Zweig erwischt.

1

2

3

4

1 Himbeeren schneidet man am besten nach der Ernte. Grüne Triebe sollte man hochbinden, damit die nächsten Früchte wachsen können.

2 Brombeeren schneiden Sie im Sommer oder Herbst, auf jeden Fall nach der Ernte.

3 Erdbeeren dürfen in keinem Garten oder Balkon fehlen, sie versüßen so manches Dessert und auch das Leben.

4 Die Amerikanische Kermesbeere war früher in vielen Obst- und Weingärten zu finden, da sie zum Färben von Rotwein und Zucker verwendet wurde.

Auf den Winter vorbereiten

Selbst im Winter braucht man nicht auf frisches Gemüse und bunte Blumen zu verzichten. Mit Frostschutzmethoden, die schon unsere Großeltern angewandt haben, und umweltfreundlichen Tricks, wie man die Jahreszeiten ein wenig überlisten kann, holt man sich den Garten ins Haus und ist auf das neue Gartenjahr vorbereitet.

Wenn die Blätter von den Bäumen stürzen, die Tage täglich sich verkürzen, wenn Amsel, Drossel, Fink und Meisen die Koffer packen und verreisen, wenn all die Maden, Motten, Mücken, die wir versäumten zu zerdrücken, von selber sterben – so glaubt mir: es steht der Winter vor der Tür!

Heinz Erhardt (1909–1979)

Gartengeräte: Kauf und Pflege

Im Herbst und Winter ist gute Qualität billiger

„Wer billig kauft, kauft zweimal." Dieser Spruch bewahrheitet sich auch bei Gartengeräten wie z. B. **Schaufel, Gabel** und **Rechen**. Es bewährt sich, nur einige wenige Geräte zu kaufen, die dafür aber in **guter Qualität.** Im Spätherbst und Winter leeren Baumärkte und Gärtnereien ihre Warenlager für die Frühjahrsprodukte des nächsten Jahres. In dieser Zeit bekommt man nicht nur Pflanzen um vieles verbilligt, auch Werkzeuge findet man im Abverkauf.

Sie können auch Geld sparen, indem sie die Qualität bekannter Marken mit der von weniger bekannten vergleichen, denn der Bekanntheitsgrad einer Marke heißt nicht unbedingt, dass diese Geräte auch von besserer Qualität sind.

Wer es sich leisten kann, ist nicht schlecht beraten, Werkzeug von **kleinen, regionalen Herstellern** zu erwerben. Die Anschaffungskosten sind etwas höher, aber die Qualität ist verlässlich und bei Reklamationen oder Reparaturen kann man sich auf einen kleinen Händler oder Werkzeughersteller verlassen.

Auch ist **Secondhandware**, sofern von guter Qualität, eine Möglichkeit, Gartenwerkzeug kostengünstig zu erstehen. Besuchen Sie **Trödelmärkte**, **Re-Use-Shops** und blättern Sie durch digitale und gedruckte **Inserate** – man findet so einige robuste, ältere Gartengeräte, wenn man sich durch ein wenig abgesplitterten Lack oder einen kleinen Rostfleck nicht entmutigen lässt!

Gartenwerkzeug: Worauf man achten sollte

Für die Anlage eines Beetes kommt man nicht umhin, sich einen Spaten, eine Spatengabel und einen Rechen anzuschaffen. Achten Sie darauf, dass das **Metall relativ dick** und

GUT ZU WISSEN

Holzstiele nicht vergessen!

Wackelige Holzstiele des Rechens, einer Hacke oder von Schaufeln brauchen Feuchtigkeit, um sich auszudehnen und wieder genau zu passen. Weichen Sie die Gartengeräte ein, am besten mit dem Stiel voraus in eine Regentonne. Ein Einfetten der Holzstiele mit Leinöl, dem ein wenig Holzkohlenasche vom Grill beigemengt wird, hält das Holz geschmeidig.

robust und **der Schaft,** in dem der Holzstiel steckt, möglichst **lange ist**. Dünne Metallteile verbiegen sich rasch und bei kurzen Schaften kann ein hölzerner Stiel durch die Hebelwirkung abbrechen.

Für den täglichen Gebrauch reichen meist eine **Blumenkelle** zum Setzen von Stauden und Zwiebeln, eine **Grabegabel**, um den Boden zu lockern und um Unkraut zu entfernen, und eine **scharfe Gartenschere**. Wer Bäume oder große Sträucher im Garten hat, sollte sich eine Astsäge zulegen. Bei einer **Säge** ist es besonders wichtig, dass sie gut in der Hand liegt, ergonomisch gebaut und das Sägeblatt gehärtet ist.

Und vergessen Sie nicht auf ein unwahrscheinlich praktisches Werkzeug, das selbst in großen Gärten gute Dienste leistet: eine alte **Küchengabel**, die auf Rundgängen durch den Garten immer dabei sein sollte!

Vermeiden Sie schönes Gartenwerkzeug

So attraktiv auch eine bunt bedruckte Blumenkelle sein mag, ein Handgriff mit Blumenmuster oder im Grün des Rasens, so schwierig ist es, diese schönen Gartengeräte im Garten wiederzufinden. Meist sind diese hübschen Dinge auch nicht besonders stabil. Sie mögen für die Arbeiten in Balkonkästen reichen, aber wenn Sie es mit einem schweren, lehmigen Boden zu tun haben, kommen Sie mit ihnen nicht weit. Die Erfahrung hat gezeigt, dass grelle, robuste und schwerere Gartengeräte nach jahrzehntelanger Gartenarbeit noch immer gute Dienste leisten!

Ähnliches gilt für **Gartenhandschuhe**. Viel wichtiger als das Aussehen der Handschuhe ist die Passform und die Wasserdurchlässigkeit. Wichtig ist, dass die Handschuhe weder zu locker noch zu fest sitzen, so dass bei sich wiederholenden Arbeiten keine Blasen entstehen. Außerdem sollten sie die Wasserdurchlässigkeit auf ein Minimum reduzieren. Manchmal empfiehlt es sich, dünne Wegwerf-Handschuhe aus Latex oder Gummihandschuhe zu benützen. Allerdings sind diese aus Umweltschutzgründen nicht ideal und an heißen Tagen völlig ungeeignet, da man darin ungemein schwitzt!

Pflegen: Leinöl, Asche & Co

Pflegen Sie nicht nur Ihren Garten, sondern achten Sie auch auf Ihr Werkzeug. Mit nur wenigen Handgriffen und einfachen Hausmitteln verlängern Sie das Leben der Gartenwerkzeuge und Sie ersparen sich einen Neukauf. So lästig es sein kann, nach getaner Arbeit die Werkzeuge zu säubern – man sollte wenigstens die **feuchte Erde entfernen**, um ein Rosten zu verhindern. Bevor man die Werkzeuge jedoch für den Winter einmottet, sollte man eine Bestandsaufnahme machen, kaputte Geräte reparieren oder ersetzen und funktionstüchtiges Werkzeug pflegen.

Metallteile schützt man vor **Rost**, indem man sie mit einer alten Speckschwarte oder Paraffinöl einreibt oder mit warmem Bienenwachs poliert. Auch Möbelpolitur kann dem Metall einen gewissen Schutz bieten.

Egal, wozu man greift – das Wichtigste ist,

☞ GUT ZU WISSEN

Rost entfernt man mit Petroleum oder Benzin. Man reibt das rostige Teil ein und bürstet den Rost nach ein bis zwei Stunden ab. Gegebenenfalls muss man die Prozedur wiederholen.

GUT ZU WISSEN

Blumenkästen imprägnieren

Kalkanstrich, den man im Fachhandel als Obstbaumanstrich erhält, eignet sich mit Leinöl gemischt im Verhältnis 1 : 1 zum Imprägnieren von Blumenkästen aus Holz. Nach dem Trocknen der ersten Schicht sollte der Anstrich zwei- bis dreimal wiederholt werden.

dass das Metall wasserabweisend wird, damit sich die Eisenmoleküle (Fe) des Metalls nicht mit dem Sauerstoffmolekül (O) des Wassers (H_2O) zu Rost (FeO) verbinden können. Salze beschleunigen das Rosten, da sie die Leitfähigkeit des Wassers erhöhen. **Aluminiumwerkzeug** rostet zwar nicht (so schnell) ist aber weitaus weniger robust als Werkzeug aus anderen Metallverbindungen.
Wer Platz oder eine **Sandkiste** hat, an der die Kinder nicht mehr interessiert sind, kann diese für die Lagerung des Werkzeugs umfunktionieren. Füllen Sie den Sand in eine (Holz)Kiste (oder einen umgebauten Sandkasten), die in ungefähr so tief ist, wie das längste Metallteil der Werkzeuge lang ist, was durchaus mehr als 50 cm sein kann. Diese Kiste wird mit dem nicht mehr gebrauchten Sand gefüllt und ein wenig (billiges) Öl wird dazu gegeben. Nach getaner Arbeit entfernt man den gröbsten Dreck von den Werkzeugen und steckt diese dann mit den Metallteilen in den öligen Sand, das verhindert ein Rosten.
Wenn man **Rasenmäher, Vertikutierer** und ähnlich motorbetriebene Geräte einwintert, sollte diese nach gewissenhafter Reinigung auf Karton oder Holz stellen. Das hält die Geräte trockener als auf kaltem Beton und sollte ein wenig Öl oder Benzin auslaufen, wird es vom Karton oder Holz aufgesogen.

Für Gärtner ist eine gute **Gartenschere** ein unverzichtbares Hilfsmittel. Gerade Scheren sollten sauber gehalten werden, da beim Schnitt Krankheitserreger übertragen werden können, besonders Pilzsporen. Deshalb beim Rosenschnitt die Klingen immer wieder abwischen! Eine Gartenschere muss auch unbedingt scharf sein, um den Pflanzen nicht unnötige Wunden zuzufügen. Reinigen und desinfizieren Sie Ihre Schere mit Alkohol, Benzin oder Öl und **schärfen** Sie die Klinge regelmäßig mit einem Wetzstahl oder Abziehstein. Schärfen Sie in **kreisförmigen Bewegungen**, bis sich an der Klinge ein feiner Grat entwickelt hat. Dieser Grat wird durch Ziehen des Abziehsteins in Längsrichtung auf beiden Seiten der Klinge entfernt. Et voilà! Eine messerscharfe Gartenschere, die viele Jahre lang ihren Dienst erweist.

Terrakottatöpfe springen, wenn sie einer feucht-trockenen, warm-kalten Wechselwirkung ausgesetzt sind. Daher sollten die Töpfe vor der Einwinterung von (feuchter) Erde befreit und trocken gelagert werden.

GUT ZU WISSEN

Die Lebensdauer von Holzpfosten für Zäune und als Kletterhilfen kann man verlängern, indem man den Teil, der in den Boden kommt, mit Leinöl und Kohlenstaub (von Grillkohle o. ä.) einreibt.

– 187 –

Gartengeräte: Kauf und Pflege

1 Gartengeräte, die mit bunten Bändern markiert sind, verlieren sich nicht so leicht.

2 Leicht angerostete Handsicheln waren ein Fundstück vom Flohmarkt. Der Rost wird mit Asche und Öl entfernt, die Sicheln werden geschliffen und eingefettet und sind dann so gut wie neu – für ein paar wenige Euros.

3 Im Garten ist Ruhe eingekehrt.

4 Gartendekoration dient als Futterplatz für Vögel.

5 Eislaternen vertreiben die frühe Dunkelheit (S. 197).

6 Früh übt sich: Bereits als Kind war mein Vater schon ein fleißiger Helfer im Garten.

Frostschutz im Freien und unter Glas

Das Gewächshaus warm halten

Wer sich in der glücklichen Lage befindet, ein Gewächshaus sein Eigen zu nennen, kann noch lange in den Winter hinein Feldsalat, Radicchio, Kohl, Spinat und Portulak ernten.
An warmen Tagen ist es wichtig, das Gewächshaus gut zu lüften, um das Ausbreiten von Pilzkrankheiten zu vermindern und extreme Temperaturschwankungen zwischen Tag und Nacht zu vermeiden.
An kalten Tagen muss man manchmal zu Hilfsmitteln greifen, um das Gewächshaus frostfrei zu halten. Wenn man mit **Noppenfolie und Styroporplatten** isoliert, sollte man sie am besten anbringen, bevor die Quecksilbersäule sinkt, beispielsweise an einem Nachmittag vor einer kalten Nacht. Durch die Isolierung hält sich die Wärme im Gewächshaus, während sich die Umgebung empfindlich abkühlt. Aber vergessen Sie nicht, dass nicht nur Schmutzablagerungen, Algen und Styroporplatten, sondern auch Noppenfolie einiges an Licht schlucken kann. Das wirkt sich besonders im Winter wachstumshemmend aus, wenn es weniger als acht Stunden am Tag hell ist.
Wenn Isolierungen nicht reichen, kann man **dunkle Behälter mit Wasser füllen** und zwischen die Pflanzen stellen. Die Sonne erwärmt das Wasser darin, dies dient als Speicher, der während der Nacht die Wärme langsam an die Umgebung abgibt. Auch **Kerzen unter Tontöpfe** gestellt, die durch den Ton die Wärmestrahlung an die Luft weitergeben, können ein Gewächshaus frostfrei halten.

Empfindliche Pflanzen im Freiland schützen

Wer keine Möglichkeit hat, frostempfindliche Pflanzen in einem Glashaus oder hellen Kellern zu überwintern, könnte – in Gebieten mit relativ milden Wintern – versuchen, sie an einer geschützten Stelle im Freiland zu überwintern. Im Winter sind harte Nachtfröste ein Problem, vor allem wenn das Thermometer rasch fällt und sich dadurch große Eiskristalle an den Pflanzenzellen bilden können. Daher ist es ratsam, bei Temperaturschwankungen empfindliche Pflanzen wie z. B. **Lorbeer**, **Oleander** und **Rosmarin** möglichst nahe an einer süd- oder westseitigen Hausmauer zu setzen.

Immergrüne Gehölze oder Sträucher bieten im Winter Schutz vor kalten Winden und können im Sommer Schatten spenden.
Tannenreisig wird seit Generationen als Frostschutz verwendet, aber auch Stroh, Laub oder trockenes Mulchmaterial wurden benutzt, um **Gemüse**, **Rosen** und **Stauden** zu schützen, die in wärmeren Gefilden beheimatet waren. So wickelte man in den Gärten englischer Herrschaftshäuser Stroh um **Yucca**, **Bananen** und **Agaven** und errichtete ein temporäres Dach, um sie so trocken wie möglich zu halten.
Heutzutage kann eine Noppenfolie Stroh und Dach ersetzen, sollte aber an warmen Tagen die Exoten „lüften", da die Folie keine Luftzirkulation ermöglicht. Staunässe ist bei **Lavendel** und **Rosmarin** nie gerne gesehen, vor allem im Winter kann feuchte Nässe einer Pflanze den Garaus machen. Daher empfiehlt es sich,

mediterrane Zierpflanzen und Kräuter in einen gut durchlässigen Boden zu setzen, wo auch im Winter keine Gefahr durch stehendes Wasser droht.
Ein Frostschutzvlies verhindert vor allem das Abfrieren der Triebe durch kalte, raue Winde, daher eignet sich auch anderes licht- und luftdurchlässiges Material wie z. B. **alte Gardinen** oder **dünne, leichte Stoffe**. Rosen, Lavendel und Rosmarin versteckt man unter Tannenreisig, der gerne auch aus Fichtenzweigen bestehen kann.
Oleander, in Töpfe gepflanzt, kann im Winter bei bis zu -3 °C draußen überwintern, wenn sie an einer warmen Mauer stehen, trocken gehalten werden und der Topf mit Noppenfolie, Stroh, Vlies oder Stoffresten isoliert wird. Im Winter fürchtet man eher einen Frostschaden als Trockenheit, aber Vorsicht, die Pflanzen können auch verdursten, wenn sie lange nicht gegossen werden. Vergessen Sie nicht Ihre Lieblinge im Keller oder in der Garage: Gießen Sie sie ab und zu, je nachdem wie kühl ihre Umgebung ist und wie viel Licht die Pflanzen bekommen.

Das leuchtende Laub des Pfaffenhütchens an einem frostigen Morgen.

GUT ZU WISSEN

Petersilie, die man im Frühling ausgesät hat, ist bis zum Spätherbst zu einem stattlichen Busch mit tiefer Pfahlwurzel gewachsen. Wer in einer Gegend lebt, in der starke Fröste selten sind, könnte die Petersilienstaude im Beet unter einem Frostschutzvlies überwintern. Oder setzen Sie die Petersilie in ein im Winter leeres Frühbeet, dessen Glasdeckel das Kraut vor Wind, Frost und zu viel Nässe schützt.

Gefiederte Gartenhelfer im Winter

Nistkästen der Vögel von Eischalenresten, Nistmaterial, Kot-und Futterresten reinigen. Man stellt sie am besten so auf, dass das Einflugloch frei ist und nach Osten oder Süden zeigt. So erwärmt sich das Häuschen durch die Sonneneinstrahlung im Frühling, sobald sich aber die Blätter der Baumkrone entfaltet haben, wird der Nistkasten vor direkter Sonneneinstrahlung und somit vor sommerlicher Hitze geschützt.

Wer ein **Vogelhäuschen** aufstellt, sollte bedenken, dass es in der Nähe eines Strauches oder Baumes steht, in dem sich die Vögel geschützt fühlen. Die Vogelhäuschen sollten auch leicht zu reinigen sein, daher sind reich verzierte und bemalte Exemplare mehr Gartendekoration als Futterplatz.

Futtergeräte sind leicht und schnell selbst gemacht. Vogelschutz wurde Mitte des 19. Jahrhunderts populär und seit dieser Zeit basteln Erwachsene und Kinder Futtergeräte für die gefiederten Gartenhelfer. Vielleicht verwendet man dieser Tage eher eine PET-Flasche statt Glas, außerdem ist man davon abgekommen, Vögel mit Speckschwarten zu füttern, aber im Prinzip haben sich selbst gebastelte Futtergeräte seit über 200 Jahren nicht großartig verändert.

Die Vögel, die wir im Winter füttern, helfen uns bei der Schädlingsvertilgung im Frühling und im Sommer. Hier wurde eine alte Milchflasche mit Draht an einem L-förmigen Holzbrett befestigt, die zum Nachfüllen abgenommen werden kann.

Selbstgemachtes Vogelfutter

Futterglocke: Durch die Mitte einer halbierten Kokosnussschale steckt man ein Hölzchen, an dem ein Draht (mit Hilfe einer Öse) befestigt wird. Ein weiteres Hölzchen wird quer zum senkrechten befestigt und dient als Sitzstange für die Vögel. In die Schale füllt man ein Körner-Samen-Fettgemisch, lässt es erstarren und hängt die Futterstelle mit dem Draht an einen Ast.

Futterstab: In einen ca. 4 cm dicken und ca. 30 cm langen Ast schnitzt man Kerben, in die man ein Körner-Samen-Fettgemisch streicht. Befestigt wird der Futterstab mit Hilfe von Draht, der in einer Öse an einem Ende des Astes verankert ist.

Ein selbstgebasteltes Vogelhäuschen aus Ästen. Damit die Vögel auch im Winter zu ihrem Futter kommen.

Den Garten ins Haus holen

Mikrogrün und nachwachsendes Gemüse

Sprossen und Mikrogrün

Sprossen und kleine Pflänzchen, die die ersten Keimblättchen zeigen, sogenanntes Mikrogrün, zaubern im Winter frisches Grün auf den Teller und sind reich an Vitaminen. Außerdem ist es sehr praktisch, wenn man rasch mit der Schere ein paar scharfe Rucolablätter oder Kressesprossen ernten kann, um einen langweiligen Wintersalat aufzupeppen. Und wer frische Kräuter für weihnachtliches Festessen benötigt, kann sie auf diese Weise selber ziehen, anstatt sie teuer zu kaufen. Weil **Mikrogrün** nicht groß werden soll (und wird), braucht es fast keine Nährstoffe und auch kein Substrat. Man kann die Keimlinge also ganz einfach in einer **flachen Schale auf der Fensterbank** ziehen. Ein feuchtes Papiertuch, darauf die Samen dicht aussäen und bis zur Keimung bedeckt halten, damit das Papier nicht austrocknet. Je nach Samen und Pflanzenart keimen sie an einem warmen Ort in drei bis sieben Tagen. Sollte man zu viele Samen ausgesät haben und mit dem Essen nicht mehr nachkommen – im Kühlschrank lässt sich das Wachstum für einige Tage verlangsamen. Gießen Sie mit Bedacht, oder besser noch, besprühen Sie die Keimlinge mit abgestandenem Wasser.
Verwenden kann man viele verschiedene Kräuter, Salate und Gemüsearten. So eignen sich z. B. **Sonnenblumen, Rucola, Kohlgemüse, Basilikum, Senf, Melden** und **rote Rüben**. Der Anbau von Mikrogrün dient auch als Resteverwertung: **Übrig gebliebene Samen** vom Frühling und Sommer finden so Verwendung.

Microgreens geben einem warmen Kürbis-Sandwich Schärfe und zusätzliche Vitamine.

Indoor-Gemüse, das immer wieder nachwächst?

Seit ein paar Jahren stößt man immer wieder auf einen Trend, der aus den USA und Großbritannien zu uns geschwappt ist: **Regrowing Vegetable**. Darunter versteht man Salat oder Gemüse, das aus dem normalerweise im Kompost landendem Teil (Wurzel, Stumpf) wächst. So wird z. B. das

Kandierte Veilchen

Die essbaren Blüten der Veilchen sind besonders hübsch auf Kuchen, Torten und Desserts. Pinseln Sie die Veilchenblüten (ohne Stängel) mit leicht verquirltem Eiweiß ein und bestäuben Sie sie mit Puderzucker. Die Blüten kommen dann, vorsichtig auf Backpapier gelegt, bei nicht mehr als 40 °C für 1–2 Stunden zum Trocknen in den Ofen. Luftdicht verschlossen sind die kandierten Blüten mehrere Monate haltbar.

Microgreens: In einer flachen Schale auf feuchtem Papier wurden Sonnenblumen, Kresse, Rucola und Basilikum ausgesät.

Der Aufstieg der Zimmerpflanzen

Zimmerpflanzen erfreuten sich Anfang des 18. Jahrhunderts großer Beliebtheit, als wärmebedürftige Pflanzen von den Kolonien aus Übersee nach Europa kamen. Im Biedermeier baute man kunstvolle Miniatur-Glashäuser für den Salon oder das Atrium, insbesondere die „Jardinière", eine Pariser Erfindung, in der eine kleine Zinkwanne in ein Tischchen eingelassen wurde, war sehr beliebt. In einer Jardinière wuchsen jedoch nicht nur exotische Gewächse, man erfreute sich auch an heimischer Flora, die je nach Jahreszeit gepflanzt wurde. Miniaturgärten kamen in der zweiten Hälfte des 20. Jahrhunderts aus der Mode, aber es scheint, als ob sich jetzt, Anfang des 21. Jahrhunderts der Miniaturgarten neu erfinden würde. Auch den Medien ist dieser Gartentrend zum Kleinsten nicht entgangen und man findet Online und in Gartenmagazinen viele Ideen und Anleitungen (Bezugsquellen, S. 205).

Wurzelstück des Salatkopfes oder der Karottenstumpf in eine Tasse mit Wasser gegeben, durch die Wasserzufuhr, dem Licht und der Wärme beginnt er wieder auszutreiben. Nach einiger Zeit kann man die frischen Blätter ernten und der Kreislauf beginnt von Neuem.

Wenn man sich diverse Anleitungen in den Medien ansieht, bekommt man den Eindruck, dass, wie beim magischen Perpetuum Mobile, Gemüse und Salat bis in alle Ewigkeit nachwächst. Dem ist aber leider nicht so. Viele der angeblich so einfach nachwachsenden Gemüsearten eignen sich nur schlecht dafür. Am wachstumsfreudigsten in einer Wasserschale sind **Frühlingszwiebel**, **Lauch**, **Salat, Mangold, Pok Choi, Kohlrabi, rote Rüben** und **Knoblauch**. Man sollte sich nicht der Illusion hingeben, dass aus einem rudimentären Wurzelstock eine komplett neue Pflanze wächst. Meistens sind es nur ein paar Blättchen, die gerade für einen kleinen Salat oder als grüne Tellerdekoration reichen. Die kurzen Tage im Winter und nährstoffarmes Wasser verlangsamen das Pflanzenwachstum, es braucht daher einige Tage bis Wochen, bis aus dem Stumpf Essbares wächst.

Doch gerade bei exotischen Pflanzen und Kräutern lohnt sich die Methode: **Zitronengras** wächst zwar anfangs zögerlich, aber wenn es einmal wächst, hat man für lange Zeit frische Pflanzen für die Wok-Pfanne und andere Asia-Gerichte. Ähnliches gilt auch für **Ingwer**: Man kann die Knolle immer wieder eingraben, nachdem man ein Stückchen zum Würzen oder für einen Tee abgeschnitten hat. Ingwer ist geduldig und kann zu einer attraktiven Zimmerpflanze wachsen, die ein bisschen an Bambus erinnert und ähnlich einer Bromelie blüht.

Zitronengrasstümpfe in Weidenwasser bilden nach ca. 1 Woche Wurzeln, danach kann man sie in nährstoffreiche, feuchte Erde setzen.

Aus den Stümpfen von Roten Rüben wachsen Blätter, die wie Spinat oder auch als Salat verwendet werden können.

Das Grün nachwachsender **Karotten, Pastinaken, Radieschen** oder **Rettiche** kann man zwar essen, aber die haarigen und bitteren Blätter sind Geschmackssache. Nach erfolgreichem Austrieb können sie allerdings Blüten bilden und nach gelungener Bestäubung sogar Samen.
Wer also eine bestimmte, gut schmeckende Karotten- oder Radieschensorte weiter züchten möchte, könnte die Stümpfe in ein wenig Wasser austreiben lassen, im Frühling auspflanzen und im Spätsommer die Samen ernten. Es empfiehlt sich jedoch, dieses Experiment unter Glas durchzuführen, da sich z. B. Karotten auch mit anderen Sorten und sogar mit der wilden Karotte kreuzen können!
Schnittlauch und Petersilie wurden schon von unseren Großmüttern Anfang Dezember ins Haus gebracht, um das Weihnachtsessen mit frischen Kräutern zu verfeinern. Damit Schnittlauch und Petersilie rasch austreiben, sollten sie jedoch mindestens einmal Frost erlebt haben, denn ohne niederen Temperaturen ausgesetzt zu sein (S. 88), treiben die Kräuter nicht aus.

Weihnachtssterne immer wieder zum Blühen bringen

Weihnachtssterne (*Euphorbia pulcherrima*) kommen aus Mexiko, wo sie in lichten, manchmal auch trockenen Laubwäldern wachsen. Im zeitigen Frühling, nach der Blüte, werden sie zurückgeschnitten und während des Sommers eher trocken, hell, aber nicht zu sonnig, gehalten.
Um sie zum Blühen zu bringen, bzw. um eine Rotfärbung der Blätter einzuleiten, brauchen Weihnachtssterne mindestens zwölf Stunden Dunkelheit und klare, helle Tage. Daher gibt man sie ab Oktober über Nacht an einen dunklen Ort, möglichst ohne künstlicher Beleuchtung und nicht wärmer als 18 °C. Während des Tages sollten Weihnachtssterne hell stehen, an sonnigen, warmen Tagen auch gerne im Freien an einer Hausmauer.

Schnittblumen im Winter

Schnittblumen bringen das ganze Jahr über für Farbtupfer und Düfte ins Haus. Besonders aber im Winter, an grauen, trüben und nassen Tagen, erfreut man sich eines bunten Blumenstraußes. Man greift oft an der Supermarktkasse zu Schnittblumen ohne lange darüber nachzudenken, wo und wie die Rosen, Tulpen und Nelken gewachsen sind.
Nur ca. 20 % der in Deutschland verkauften Schnittblumen wachsen auf deutschem Boden, der Großteil der Blumen in deutschen Vasen kommt aus den Niederlanden, Kenia, Ecuador, Kolumbien und Äthiopien. Noch trauriger sieht es in Österreich aus. Hier kommen wesentlich mehr Schnittblumen aus Afrika und Südamerika als von europäischen Nachbarn, nur der kleinste Teil wird von der EU importiert.
Durch den Anbau von Schnittblumen in Afrika und Lateinamerika verlieren Kleinbauern oft ihr Land und die Menschen Anbaufläche für Lebensmittel. Viele sehen sich gezwungen, in den Schnittblumenfarmen zu arbeiten, oft unter menschenunwürdigen Bedingungen. Neben den sozialen Herausforderungen und der Eindämmung des Landgrabbing, ist der großflächige Anbau von Schnittblumen auch aus Umweltschutzgründen bedenklich. Pestizide und Herbizide werden großzügig eingesetzt, der Boden wird durch Gewächshäuser und Lagerhallen versiegelt, die Blumen werden um den halben Globus transportiert und es sammelt sich Plastikmüll an, der selten umweltfreundlich entsorgt wird.
Versuchen Sie daher Ihren Bedarf an Blühendem aus dem eigenen Garten oder vom Balkon zu decken und bewusst einzukaufen. Greifen Sie zu Pflanzen mit einem Bio- oder Fairtrade-Siegel und dem EU-weiten FFFP (Fair Flowers Fair Plants Zeichen), möglichst von europäischer Herkunft. Auf Bauernmärkten und seit kurzem vermehrt auch bei Floristen, bekommt man regionale, saisonale Schnittblumen vom Freiland. Sogar im Winter findet man Zweige von Kirschen, Forsythien und Weiden sowie Sträußchen von Christrosen, Schneeglöckchen und Immergrün.

Frischer Schnittlauch im Winter: Eine Schnittlauchpflanze wird samt Wurzelstock und Erde im Spätherbst ausgegraben und in 42 °C warmes Wasser gegeben. Man lässt Wasser samt Schnittlauch über Nacht abkühlen und pflanzt den Schnittlauch am nächsten Tag in einen Topf mit Gartenerde. An einem warmen Fensterbrett treibt der Schnittlauch wieder aus und sollte bis Weihnachten viele grüne Triebe haben. Gießen nicht vergessen!

Blumenschmuck für dunkle Tage

Miniaturgärten: Dem Biedermeier abgeschaut

Im Biedermeier wurde die Idee geboren, Gärten im Kleinformat für den Wintergarten, das Atrium oder ein helles Wohnzimmer zu gestalten. Im Winter, wenn man weniger Zeit draußen verbringt, sich aber dennoch nach blühendem Grün sehnt, Schnittblumen jedoch kritisch gegenüber steht, sind Mini-Gärten im Trog genau das Richtige.
Als Gefäß eignet sich so ziemlich alles, von der übergroßen Kaffeetasse, die nie verwendet wird, bis zu Omas Waschzuber oder der Keramikschüssel, die man am Dachboden gefunden hat. Beachten Sie, dass das unterste Viertel des Gefäßes locker mit Steinen, Hölzchen, Kies, Mulchmaterial, Verpackungschips oder ähnlichem gefüllt wird, so dass keine Staunässe entsteht. Darauf kommt gute Blumenerde, in der gesetzt wird.
Man kann einen Miniaturgarten mit Wildblumen bepflanzen, mit traditionellen Frühlingsblühern oder mit winzigen Koniferen, man könnte Gartenstrukturen im Miniformat einbauen oder Möbel eines längst verstaubten Puppenhauses wieder verwenden – der Phantasie und den Gestaltungsmöglichkeiten sind keine Grenzen gesetzt! Man sollte jedoch auf jeden Fall **kleinwüchsige Pflanzen** verwenden, z. B. Steingartenpflanzen, niedrig wachsende Wildblumen und zarte Formen mit kleinen Blüten. Wilde Krokusse, Leberblümchen, kleinblütige Narzissen, Primeln und duftende Veilchen, die an einem warmen Ort zum frühen Austreiben gebracht werden, sind ideale Gefährten für einen frühlingshaften Miniaturgarten, der im Winter im Haus andeutet, was der Garten im Frühling zeigt.

Zimmerschmuck aus dem Garten

Zweige von Nadelbäumen, Buchs und Stechpalmen galten den Menschen in früheren Zeiten als Symbole für Lebenskraft, Ausdauer und Fruchtbarkeit und wurden deshalb gerne ins Haus geholt. In England dürfen die Zweige von Stechpalmen und Misteln, mit ihren roten und weißen Beeren als weihnachtlicher Zimmerschmuck nicht fehlen und in Deutschland wurde die einst heidnische Tanne zum Symbol für die Geburt Christi.

1

2

1 Das Gerüst dieses Kranzes wurde aus Weidenzweigen gebunden, dekoriert wurde mit Totholz, grünen Erlenzapfen, gelben Rainfarnblüten und Blättern der Edelkastanie.

2 Einer der dankbarsten frühen Blüher, die sich auch für einen Mikrogarten oder Topf eignen, ist das Lungenkraut.

Immergrüne Zweige und Blätter dürfen auch dieser Tage in winterlichen Kränzen und Gestecken nicht fehlen. Man kombiniert sie mit **Beeren**, **Zapfen**, **Gräsern** und **Samenständen**, die man im späten Herbst und im Winter vom Garten oder bei Spaziergängen gesammelt hat. Wer seinen Garten mit Pflanzen bestückt, die auch im Winter attraktiv sind, hat gleichzeitig Rohmaterial für schöne, natürliche Dekoelemente fürs Haus. Die Zweige von Zierpflaumen, Forsythie und Kirsche schmücken auch die winterliche Stube, wenn sie, in warmes Wasser gestellt, zum Blühen animiert werden.

Zweige von Kirschen, Pflaumen und Pfirsichen bringt man in warmen Räumen zum Austreiben.

Pflanzen für den winterlichen Garten

Ein winterlicher Garten hat selbst an grauen und kalten Tagen seine Reize, wenn man bei der Gestaltung an Farben, Formen und Strukturen denkt, die in einer kargen, monotonen Landschaft zur Geltung kommen.

Farbe, Struktur und dunkles Grün

Gehölze mit **schöner Rinde**, beispielsweise Roter Hartriegel, Birken oder Weiden, unterpflanzt mit Windröschen, Alpenveilchen oder leuchtend gelben Winterlingen bieten einen Blickfang in **sanften Farben**. Zwischen **Gräsern** lugen die **Samenstände** von Schafgarben, Zierlauch und Sonnenhut hervor und das Grau einer Mauer wird unter dem gelb **blühenden** Winterjasmin versteckt. **Immergrüne Gehölze** geben einem Garten nicht nur Struktur, geschickt gepflanzt dienen sie auch als Windschutz für empfindliche Pflanzen. Die **roten Beeren** am Vogelbeerbaum. Die **Hagebutten** der Wildrosen und Wildäpfel sorgen außerdem für Farbtupfer im Garten und in festlichen Gestecken. Viele heimische Pflanzen eignen sich hervorragend, um einen winterlichen Garten zu schmücken und mit Sträuchern und Stauden, die für Naturgärten geeignet sind, lockt man interessante, schöne und nützliche Tiere in den Garten (Tabelle, S. 198).

Die Hagebutte sorgt für schöne Farbtupfer in festlichen Gestecken.

Den richtigen Platz für Winterpflanzen

Den winterlichen Blickfang pflanzt man am besten dort, wo man ihn **vom Haus aus sieht,** Duftpflanzen **beim Eingang** oder in der Nähe eines Fensters oder an einer warmen Wand. Winterpflanzen sollte man **in Gruppen pflanzen**, denn ein einzelnes Gras oder ein paar Alpenveilchen verlieren sich gerne an dunklen Wintertagen.

Kletterpflanzen, die an warme, nach **Süden oder Südosten ausgerichtete Wände** gesetzt werden, danken es Ihnen mit kräftigem Blühen. Schneeglöckchen und Märzenbecher bevorzugen einen eher **feuchten, humosen Boden**, während sich Gräser, Indianernesseln und Schafgarben für einen **trockenen Standort** eignen.
Damit Gehölze mit farbiger Rinde nicht verblassen, bedarf es eines **regelmäßigen Rückschnittes**, am besten alle zwei Jahre. Gräser und Samenstände werden am Ende eines Winters abgeschnitten, wenn man hoffen darf, dass die kältesten Nächte vorbei sind.

1

2

3

1 Eislaternen selbst herstellen: Man füllt eine größere Schüssel mit Wasser, darin stellt man eine kleinere, mit Steinen o. ä. gefüllte. Zwischen die beiden Schüsseln steckt man Zweige, Beeren, Samen oder Früchte und stellt sie über Nacht ins Gefrierfach oder ins Freie. Man löst die innere Schüssel sanft mit Hilfe warmen Wassers und gibt ein Teelicht in die Mitte.

2 Lavendel an einer Steinmauer im Winter.

3 Die zarten weißen Blüten des Immergrünen Schneeballs zeigen sich schon im Januar.

Winterharte Pflanzen und ihre Besonderheiten

Deutscher Name	Lateinischer Name	Pflanzen-art	Besonder-heit im Winter	selbst zie-hen/ vermehren	Natur-garten	Zimmer-schmuck
Alpen-veilchen	*Cyclamen purpurascens*	Boden-decker	Blüten, dunkle Blätter	Samen	√	√
Bambus	*Bambus*	Gras	Blätter	Wurzelball-teilung		
Birken	*Betula* spp.	Baum	Rinde		√	
Buchs	*Buxus*	Strauch	Immergrün	Stecklinge		
Efeu	*Hedera* spp.	Kletter-pflanze	Immergrün	Stecklinge		√
Eibe	*Taxus baccata*	Baum, Strauch	Immergrün	Stecklinge	√	√
Eisenkraut	*Verbena* spp.	Staude	Samen-stände	Wurzelball-teilung		
Erika	*Erica carnea*	Boden-decker	rosa, weiße & violette Blüten	Wurzelball-teilung		√
Frühlings-knoten-blume	*Leucojum vernum*	Boden-decker	weiße Blüten	Knollen	√	√
Gewürz-fenchel	*Foeniculum vulgare*	Staude	Samen-stände	Samen	√	√
Hartriegel, Blutroter	*Cornus sanguinea*	Strauch	rote Zweige	Stecklinge	√	√
Hartriegel, Tartarischer	*Cornus alba Sibirica*	Strauch	rote Zweige	Stecklinge	√	√
Haselstrauch	*Corylus avellana*	Strauch	Blüten, Zweige (bei Korkenzie-herhasel)	Stecklinge	√	√
Hecken-kirsche, Immergrüne	*Lonicera henryi*	Kletter-pflanze	Immergrün	Stecklinge		
Hecken-kirsche, Winter-	*Lonicera x purpusii*	Kletter-pflanze	Duft	Stecklinge	√	
Hecken-kirsche, Wohl-riechende	*Lonicera fragrantissima*	Kletter-pflanze	Duft	Stecklinge	√	

Deutscher Name	Lateinischer Name	Pflanzenart	Besonderheit im Winter	selbst ziehen/ vermehren	Naturgarten	Zimmerschmuck
Immergrün	*Vinca* spp.	Bodendecker	Immergrün	Wurzelballteilung		
Indianernessel	*Monarda* spp.	Staude	Samenstände	Wurzelballteilung		
Iris, Zwerg-	*Iris reticulata*	Staude	blaue Blüten	Knollen	√	√
Knollen-Brandkraut	*Phlomis tuberosa*	Staude	Samenstände		√	
Lampenputzergras	*Pennisetum alopecuroides*	Gras	Blätter	Wurzelballteilung		√
Lampionblume	*Physalis alkekengi*	Staude	orange Blüten	Stecklinge		√
Leberblümchen	*Hepatica nobilis*	Bodendecker	violette Blüten	Wurzelballteilung	√	√
Mandelbaum	*Prunus amara*	Baum	rosa Blüten		√	√
Mohn	*Papaver* spp.	Staude	Samenstände	Samen		√
Pfaffenhütchen	*Euonymus europaeus*	Strauch	rot-gelbe Beeren	Stecklinge	√	
Primeln	*Primula vulgaris*	Bodendecker	gelbe Blüten	Wurzelballteilung	√	
Reitgras	*Calamagrostris* spp.	Gras	Blätter	Wurzelballteilung		
Rhododendren	*Rhododendron* spp.	Strauch	Immergrün			
Schafgarbe	*Achillea* spp.	Staude	Samenstände	Wurzelballteilung	√	
Schildfarn	*Polystichum* spp.	Farn	Blätter			
Schneeball, Winter-	*Viburnum × bodnantense*	Strauch	weiß-rosa Blüten	Stecklinge	√	√
Schneeglöckchen	*Galanthus* spp.	Bodendecker	weiße Blüten	Knollen	√	√
Schneerose	*Helleborus* spp.	Staude	Blüte, Duft	Wurzelballteilung	√	√
Seggen	*Carex* spp.	Gras	Blätter	Wurzelballteilung		

Deutscher Name	**Lateinischer Name**	**Pflanzenart**	**Besonderheit im Winter**	**selbst ziehen/ vermehren**	**Naturgarten**	**Zimmerschmuck**
Silberweide	*Salix alba*	Baum	Kätzchen, Zweige	Stecklinge	√	√
Sonnenhüte	*Echinacea* spp.	Staude	Samenstände	Wurzelballteilung		
Stechpalme	*Ilex aquifolium*	Strauch	Immergrün	Stecklinge		√
Veilchen	*Viola odorata*	Bodendecker	Blüte, Duft	Wurzelballteilung	√	√
Vogelbeere	*Sorbus aucuparia*	Baum	rote Beeren	Stecklinge	√	√
Wacholder	*Juniperus communis*	Strauch	Immergrün	Stecklinge	√	√
Waldrebe	*Clematis vitalba*	Kletterpflanze	Samenstände	Stecklinge	√	√
Wildapfel	*Malus sylvestris*	Baum	Früchte		√	√
Wildrosen	*Rosa* spp.	Strauch	Hagebutten	Stecklinge	√	√
Windröschen	*Anemone* spp.	Bodendecker	Blüte, Duft	Wurzelballteilung	√	√
Winterjasmin	*Jasminum nudiflorum*	Kletterpflanze	gelbe Blüten	Stecklinge	√	√
Winterlinde	*Tilia cordata*	Baum	Rinde, Zweige		√	
Winterling	*Eranthis hyemalis*	Bodendecker	Blüte, Duft	Wurzelballteilung	√	√
Wurmfarn	*Dryopteris* spp.	Farn	Blätter			
Zaubernuss	*Hamamelis mollis / intermedia*	Strauch	gelbe Blüten		√	
Zierlauch	*Allium* spp.	Staude	Samenstände	Knollen		√

Anhang

Wissenswertes über die Autorin, weiterführende Literatur, Bezugsquellen, Glossar, Kleines Pflanzenregister, Sachregister.

Über die Autorin

Kristina Hamilton ist Ökologin mit österreichisch-britischen Wurzeln, sie lebt und arbeitet in der Steiermark. Bereits während ihres Studiums in England wollte sie nicht auf ein eigenes grünes Paradies verzichten – ein kostspieliges Hobby für eine kleine Studenten-Geldbörse. Doch Not macht erfinderisch und so handelte sie günstige Mieten aus, indem sie im Gegenzug die verwilderten Balkone, Terrassen und Gärten ihrer Vermieter neu gestaltete.

Heute beschäftigt sie sich mit Naturgartenplanung und im Laufe der Jahre hat Kristina ihr ökologisches Wissen immer mehr mit ihrer gärtnerischen Erfahrung verbunden. Aus dem Bedürfnis, so wenig Müll wie möglich zu produzieren, entstand das Zero-Waste-Konzept des nachhaltigen, budget-, umwelt- und ressourcenfreundlichen Gärtnerns, das alles in ihrem ersten Buch nachzulesen ist.
Mehr über ihre Gärten finden Sie unter: www.gruenewerkstatt.at

Verwendete und weiterführende Literatur

Böttner, J. 1908. *Der Lehrmeister im Garten*, Gondrom Verlag.

Bruns, S. und Stammer, J. 1996, *Was Großvater noch wusste*, Kosmos Verlag.

Burke, P. 2016. *Der Salatgarten für zuhause*: Schnell und einfach das ganze Jahr gesundes Grün ernten. Löwenzahn-Verlag.

Chinery, M. 1986, *Naturschutz beginnt im Garten*, Otto Mayer Verlag, Ravensburg.

Greuling, H. 2011, *Am Phosphor hängt das Schicksal der Menschheit*. Die Welt, September 2011, Axel Springer SE.

Heistinger, A., Arche Noah und Pro Specie Rara. 2003, *Handbuch Samengärtnerei*, Löwenzahn Verlag.

Heistinger, A. und Grand, A. 2014, *Biodünger selber machen*. Regenwurmhumus – Gründünger – Kompost. Löwenzahn Verlag.

Kersten, J. 2016. *Inwastement* – Abfall in Umwelt und Gesellschaft, transcript.

Neuhaus, H. 1934, *Winke übern Gartenzaun:* Praktischer Ratgeber für den Gemüse, Obst- und Ziergarten. Verlag der Grünen Post, Berlin (Ullstein).

Oudolf, P. und Gerritsen, H. 2003, *Planting the Natural Garden*, Timber Press.

Reif, J. und Kreß, C. 2014, *Blackbox-Gardening:* Mit versamenden Pflanzen Gärten gestalten, Verlag Eugen Ulmer.

Sackville-West, V. 1986, *Aus meinem Garten*, Ullstein Sachbuch.

Sprengel, C. 1839, *Die lehre vom dünger: oder Beschreibung aller bei der landwirthschaft gebräuchlicher vegetabilischer, animalischer und mineralischer düngermaterialien nebst erklärung ihrer wirkungsart*. Books On Demand.

Thurn, V. und Oertel, G.C. 2012, *Taste the Waste: Rezepte und Ideen für Essensretter*, Kiepenheuer & Witsch.

UNEP (United Nations Environment Programme) und International Fertilizer Industry Association. 2001, *Environmental Aspects of Phosphate and Potash Mining*, United Nations Publication.

Whitefield, P. 2014, *Was wir für die Erde tun können*. Österreichisches Institut für angewandte Ökopädagogik, Stainz.

BTC. 2010, *The European market for fair and sustainable flowers and plants*. Report Belgian Development Agency.

Schüder, I., Port, G. und Bennison, J. 2003. *Barriers, repellents and antifeedants for slug and snail control* . Crop Protection 22: 1033 – 1038.

Anderson, K. und Bows, A. 2011. *Beyond 'dangerous' climate change: emission scenarious for a new world*, Phil. Trans. R. Soc., Royal Society Publishing.

Whitefield, P. 2009. *The Elephant in the Room*.

Bezugsquellen

Samen und Pflanzen

Österreich

Bundesamt Klosterneuburg, Liste alter Obstsorten: baes.gv.at/pflanzensorten/oesterreichische-sortenliste/

Forum Viridarium (Zierpflanzen, Pfingstrosen), Bundesstraße 50, A-8402 Werndorf, Tel. 0043 (0) 676/3009546

Gärtnerei des Institut Hartheim (Wildgehölze und -stauden), Andreas Kerbler, Anton Strauch Allee 1, A-4072 Alkoven, Tel. 0043 (0) 7274/6536 411, gaertnerei@institut-hartheim.at

Landw. Landeslehranstalt Rotholz (Obstgehölze), A-6200 Rotholz 46, Tel. 0043 (0)5244/62161, Fax (0)5244/62161-50, lla.rotholz@tsn.at

Landw. Versuchsanstalt Wies (Spezialkulturen), Dipl.-Ing. Doris Lengauer, Gaißeregg 5, A-8551 Wies, Tel: (0)3465/2423, Fax: (0)3465-2423-30, spezialkulturen-wies@stmk.gv.at

Voitsauer Wildblumensaatgut, DI Karin Böhmer, A-3623 Voitsau 8, Tel/Fax:0043 (0) 2873/7306, info@wildblumensaatgut.at, www.wildblumensaatgut.at

Wilde Blumen, Wildpflanzenversandgärtnerei, Elke Holzinger, Puchheimerstr. 9, A-4550 Regau, Tel. 0043 (0)676 8142 9215

Sarastro Stauden (Staudengärtnerei), Christian Kreß, Ort im Innkreis 131, A-4974 Ort im Innkreis, Tel. 0043 (0) 664 2610362, office@sarastro-stauden.com, www.sarastro-stauden.com

Deutschland

Baumschule Ahornblatt, Postfach 11 25, D-55001 Mainz, Tel. 0049 (0) 61 31-7 23 54, Fax 0 61 31-36 49 67, nachricht@ahornblatt-garten.de, www.ahornblatt-garten.de. Heimische Gehölzarten, alte Obstsorten und wurzelechte alte Rosensorten

Bingenheimer Saatgut AG, Kronstraße 24, D-61209 Echzell, Tel. 0049 (0) 60 35-18 99-0, Fax 0 60 35-18 99-40, info@oekoseeds.de, www.oekosaatgut.de

Bioland-Versandgärtnerei Strickler, Lochgasse 1, D-55232 Alzey, Tel. 0049 (0) 67 31-38 31, Fax 0 67 31-39 29, strickler@t-online.de, www.gaertnerei-strickler.de

naturgarten-samen-aus-leipzig@web.de, D-04316 Leipzig, Tel. 0049 (0) 178-4553444, de.dawanda.com/shop/naturgarten-samen-aus-leipzig

Dreschflegel-Versand (Gemüsesamen), Postfach 12 13, D-37202 Witzenhausen, Tel. 0049 (0) 55 42-50 27 44, Fax 0 55 42-50 27 58, www.dreschflegel-saatgut.de

Erzgebirgische Wildobstzucht, Jörg Müller, Rittergasse 11, D-09573 Augustusburg / OT Erdmannsdorf, Tel. 0049 (0) 37291-69530, Fax (0)32-226837-855, wildobstschnecke@web.de, www.wildobstschnecke.de

Freies Saatgut für Alle (Saatguttauschbörse), Michael Bonke, Albertstr. 81 a, D-40233 Düsseldorf, Tel. 0049 (0) 1578/933 57 16, optimist@optimist.com

Garten des Lebens (Samen und Pflanzen), Annette Holländer & Hans Sondermeier, Hergertswiesen 2 / Friedelhof, D-86495 Eurasburg, Tel. 0049 (0) 8208 95 98 350, kontakt@garten-des-lebens.de, www.http://www.garten-des-lebens.de

Hof-Berggarten, Lindenweg 17, D-79737 Herrischried, Tel. 0049 (0) 77 64 239, Fax 0 77 64-215, hof-berggarten@t-online.de, www.hof-berggarten.de. Samen, Zwiebeln, Kräuter, Wildstauden

natura-samen, Pestalozzistraße 41, D-97688 Bad Kissingen, Tel. 0049 (0) 971-7852715, info@natura-samen.de, www.natura-samen.de

Netzwerk Pflanzensammlungen, Deutschen Gartenbau-Gesellschaft 1822 e. V., Claire-Waldoff-Str. 7, Haus der Ernährungswirtschaft, D-10117 Berlin, Tel. (0)30/28 09 34 27, Fax-28 09 34 27, info@netzwerkpflanzensammlungen.de, www.netzwerkpflanzensammlungen.de

Pfingstrosengarten Miely, Uttenthal 4, A-4611 Buchkirchen, Tel.0049 (0) 7242/28415, paeonia.miely@gmail.com

Samenarchiv (privat): Gerhard Bohl, Waldstr. 40, D-90596 Schwanstetten

Samenfest (Gemüse & Kräuter), Patrick Bilharz, Erica-Sinauer-Straße 10, D-79111 Freiburg, www.samenfest.de

Schmid Gartenpflanzen (Rosen und Clematis), Allgäuer Str. 15, D-87700 Memmingen, Tel.

0049 (0) 8331 5314, info@schmid-gartenpflanzen.de, www.schmid-gartenpflanzen.de
Rieger-Hofmann GmbH, In den Wildblumen 7, D-74572 Blaufelden-Raboldshausen, Tel. 0049 (0) 79 52-56 82, Fax 0 79 52-65 09, info@rieger-hofmann.de, www.rieger-hofmann.de

Schweiz

Artha Samengärtnerei, Jürg Hädrich, Schwand 3, CH-3110 Münsingen, Tel: 0041 (0)31 741 77 44, info@arthasamen.ch
Bioterra Schweiz (Samen), Dubsstrasse 33, CH-8003 Zürich, Tel. 0041 (0) 44 454 48 48, service@bioterra.ch
Botanik Sämereien GmbH, Badenerstrasse 134, CH-8004 Zürich, Tel. 0041 (0)43 960 19 67, info@saemereien.ch
Wildsträucher und Wildrosen, Lukas Rikli, Schwand 3, CH-3110 Münsingen, Tel. 0041 (0)79 318 08 86, info@sträucherei.ch, www.sträucherei.ch

Internet

Pflanzentausch & Flohmarkt auf Facebook: www.facebook.com/groups/164564787062869/
Saatgut-Tauschbörse auf Facebook: https://www.facebook.com/groups/151595834981161/
Sortendatenbank mit Sorteneigenschaften: www.nutzpflanzenvielfalt.de

Materialien

Österreich

Steinbruch Hofer (Naturstein Quarzit), Vockenberg 6, A-8223 Stubenberg, Tel. 0043 (0)3176-838 60, info@steinbruch-hofer.at, www.steinbruch-hofer.at
Schenk Naturstein (Stainzer Hartgneis), A-8510 Wald bei Stainz 114, Tel. 0043 (0)3463-212 57, office@natursteine-schenk.at, www.natursteine-schenk.at
Naturgut (Erde & Kompost), Gobernitz 11, A-8720 St.Margarethen bei Knittelfeld, Tel.: 0043 (0)3512/71 679, Fax: (0)3512 / 44 813, office@naturgut.at
Sonnenerde (Erde & Kompost), Gerald Dunst Kulturerden GmbH, Oberwarterstraße 100, A-7422 Riedlingsdorf, T: 0043 (0)3357 / 42 198, E: office@sonnenerde.at
wurmkiste.at (Wurmkompostkisten), David Witzeneder, Adalbert-Stifter-Straße 12, A-4770 Andorf, office@wurmkiste.at
VERMIGRAND Naturprodukte GmbH (Wurmkompost), Kremser Str. 63, A-3462 Absdorf, Tel. 0043 (0) 2278 7028, info@vermigrand.com, www.vermigrand.com
Österreichischer Baustoff-Recycling Verband, Karlsgasse 5, A-1040 Wien, www.brv.or.at

Deutschland

Upcyclingbörse Hannover (Ziegelsteine etc.): upcyclingboerse-hannover.de/ausstellung/ziegelsteine/
Rongen Natursteine (Natursteinrecycling), Manuel Rongen, Schindhau 2, D-72072 Tübingen, Tel. 0049 (0) 70 71/54937-0, info@naturstein-park.de, www.naturstein-park.de

Naturgartenvereine und Umweltschutzverbände

Österreich

Naturschutzbund Österreich, Museumsplatz 2, A-5020 Salzburg, Tel. 0043 (0)662/642909, bundesverband@naturschutzbund.at, www.naturschutzbund.at
Österreichischer Alpenverein, Olympiastraße 37, A-6020 Innsbruck, Tel. 0043 (0)512/595 47, office@alpenverein.at, www.alpenverein.at

Rewisa Naturgartenbetriebe, Samen- und Pflanzenversand: www.rewisa.at

Umweltbundesamt GmbH, Spittelauer Lände 5, A-1090 Wien, Tel: 0043 (0)1-31304, Fax: (0)1-31304/5400, office@umweltbundesamt.at, www.umweltbundesamt.at

Verein für „Kleine Wildtiere in großer Not", Hilmteichstrasse 106, A-8010 Graz, Tel. (0)650/6452535, office@wildtiere-in-not.at, www.wildtiere-in-not.at

Verein Naturgarten-Netzwerk, DI Markus Kumpfmüller, Tulpengasse 8A, A-4400 Steyr, Tel. 0043 (0)7252/777 27, spinne@naturgarten-netzwerk.at, www.naturgarten-netzwerk.at

Deutschland

Bund für Umwelt und Naturschutz Deutschland e.V. (BUND) – Friends of the Earth Germany, Am Köllnischen Park 1, D-10179 Berlin, Tel. 0049 (0) 30/2 75 86 40, Fax 0 30/27 58 6- 440, bund@bund.net, www.bund.net

NABU, Charitéstraße 3, D-10117 Berlin, Tel. 0043 (0)30.28 49 84, NABU@NABU.de, www.nabu.de

Naturgarten e.V., Verein für naturnahe Garten- und Landschaftsgestaltung, Gabriele Esch & Kerstin Lüchow, Kernerstr. 64, D-74076 Heilbronn, Tel. 0049 (0)7131/64 99 99 6, Fax (0)7131 / 64 99 99 7, geschaeftsstelle@naturgarten.org, www.naturgarten.org

PETA Deutschland e.V., Friolzheimer Str. 3a, D-70499 Stuttgart, Tel. 0049 (0)711-860-591-0, Fax (0)711-860-591-111, info@peta.de, www.peta.de

Wildtierschutz Deutschland e.V., Lovis Kauertz, Am Goldberg 5, D-55435 Gau-Algesheim, Tel. 0049 (0)177 7230086, wildtierschutz@gmail.com, www.wildtierschutz-deutschland.de

Schweiz

Naturgartenverband Schweiz, Bioterra, Dubsstrasse 33, CH-8003 Zürich, Tel. 0041 (0)44 454 48 48, Fax: (0)44 454 48 41, service@bioterra.ch, www.bioterra.ch

Pro Natura, Postfach, CH-4018 Basel, Tel. 0041 (0)61 317 91 91, mailbox@pronatura.ch, www.pronatura.ch

Wasser im Garten (siehe auch Naturgartenvereine)

Österreich

Paula Polak, Ingenieurbüro für Landschaftsplanung, Auf der Sulz 51, A-3001 Mauerbach, Tel. 0043 (0)699/122 82 750, office@paulapolak.com, www.paulapolak.com

Verband österreichischer Schwimmteich- & Naturpoolbauer, Hauptplatz 15, A-9560 Feldkirchen in Kärnten, Tel. 0043 (0)664/406 53 84, www.naturgarten.at

Deutschland

Eickhoff Schwimmteiche & Naturgärten, Till Eickhoff, Erlenbacher Str. 51, D-64711 Erbach, Tel. 0049 (0)6062-910562, Fax: 06062-2674360, info@eickhoff-naturgarten.de, www.eickhoff-naturgarten.de

Thöle Naturgarten & Badeteich, Robert Thöle, Liegnitzerstr. 2, D-74721 Buchen, naturgarten-badeteich@t-online.de, www.thoele-naturgarten.de

Kunst, Kultur & Kulinarik

Österreich

Hut & Stiel Landwirtschaftlicher Betrieb (Pilzzucht), Manuel Bornbaum & Florian Hofer, Innstraße 5, Top 1, A-1200 Wien, Tel. 0043 (0)660/8139844, office@hutundstiel.at, www.hutundstiel.at

Unverschwendet (Essensretter), Mariengasse 39/3, A-1170 Wien, Tel. 0043 (0)

660/3934280, cornelia@unverschwendet.at, www.unverschwendet.at

Deutschland

Schnelles Grünzeug (Fermentiertes Gemüse), Olaf Schnelle, Dorow 9, D-18513 Grammendorf, Tel. 0049 (0)38334-283060, os@schnelles-gruenzeug.de, www.schnelles-gruenzeug.de

Großbritannien/Frankreich

Francis Doherty (Keramik): www.francesdoherty.co.uk

Johnny Clasper (stone mason/Steinmetz): enquiries@johnnyclasper.co.uk

Richard Shilling (Landartist): richardshilling.co.uk

Spencer Byles (Forest Sculptor): aalishariya@gmail.com, frenchforestsculptures.blogspot.fr

Glossar

Auge	Eine Knospe, ein junger Trieb.
ausgeizen	Die Nebentriebe einer Pflanze werden entfernt, um die Haupttriebe zu stärken, z. B. Tomaten.
Ausläufer	Ober- oder unterirdisch kriechende Seitensprosse, die Wurzeln bilden können.
Bakterien	Einzellige Organismen ohne strukturierten Zellaufbau und ohne Zellkern.
Bodenverbesserer	Maßnahmen, Pflanzen oder Material, das den (Ertrags)Wert eines Bodens erhöht.
Breitsaat	Die Samenkörner werden möglichst gleichmäßig auf den Boden ausgestreut, wie z. B. bei Rasensamen.
einjährig	Pflanzen, die in einem Jahr keimen, wachsen, Blüten und Samen bilden und danach absterben, z. B. Kapuzinerkresse, Ringelblumen und Sonnenblumen.
Dunkelkeimer	Pflanzen, deren Samen Dunkelheit benötigen, um den Keimvorgang einzuleiten.
Einzeller	siehe Protisten
Feuchtbiotop	Ein Lebensraum mit seichten Wasserflächen, dessen Pflanzen und Tiere auf das Vorhandensein von Wasser angewiesen sind.
Gehölz	Mehrjährige Pflanzen, deren Triebe verholzen und verzweigen, so dass sie mit den Jahren größer werden, z. B. Bäume und Sträucher.

Gründüngung	Bodenverbesserung durch den Anbau von Pflanzen, die die Struktur und den Humusgehalt eines Bodens verbessern, z. B. Gelbsenf, Lupinen, Bienenglück.
Hexenbesen	Kugelige, struppige und buschige Verwachsungen an Bäumen, die durch Bakterien oder Viren hervorgerufen werden können.
Humus	Die Organische Substanz des Bodens, die aus verottetem Tier- und Pflanzenmaterial besteht.
Hydrokultur	Der Anbau von Pflanzen auf anorganischem Substrat (z. B. Blähton, Perlit), mit Hilfe einer Nährmittellösung.
Keimling	Eine Jungpflanze mit den ersten beiden Keimblättern.
Kompost	Organisches Material, das unter Einfluss von Sauerstoff und Wärme von Bodenlebewesen zersetzt und zur Bodenverbesserung eingesetzt wird.
Lichtkeimer	Samen, die einen Lichtimpuls brauchen, um den Keimvorgang einzuleiten.
Mykorrhiza	Ein unterirdisches Gewebe von Pflanzenwurzeln und Pilzen, die in Symbiose leben.
Permakultur	Ein Nachhaltigkeitskonzept, das sich an ökologischen und naturnahen Kreisläufen orientiert. Neben Landwirtschaft und Gartenbau beschäftigt sich die Permakultur auch mit Energieeffizienz und Müllvermeidung.
pikieren	In Breitsaat ausgesäte, zu dicht stehende junge Pflanzen (Keimlinge) entfernen und in größerem Abstand verpflanzen
Pilze	Eine Gruppe von Lebewesen mit strukturiertem Zellaufbau, die sowohl ein- als auch mehrzellig sein können. Alle Pilze enthalten Chitin in ihren Zellwänden und viele Arten bilden lange, fadenförmige Zellen (Hyphen) zu Ausbreitung. Pilze sind neben Tieren und Pflanzen eine weitere Gruppe komplexer Lebewesen (Eukaryoten), sind aber näher mit Tieren als mit Pflanzen verwandt.
Protisten	Einzellige Lebewesen mit strukturiertem Zellaufbau und einem Zellkern (Eukaryoten), in dem sich Chromosomen, Gene und DNA befinden, z. B. Wimperntierchen, Ei-Pilze, Mikroalgen.
Rhizom	Waagrechte Wurzeln, aus den neue Triebe und Pflanzen wachsen können, z. B. Adlerfarn, Bambus, Astern.
samenfest, samenecht	Pflanzen, deren Nachkommen die gleichen Eigenschaften haben, wie die Mutterpflanze.
Schwachzehrer	(Gemüse)Pflanzen, die nur wenige Nährstoffe, besonders Stickstoff, brauchen.

Starkzehrer	(Gemüse)Pflanzen mit einem hohen Bedarf an Stickstoff und anderen Nährstoffen.
Stauden	Mehrjährige krautige Pflanzen, deren oberirdische Pflanzenteile weich und grün bleiben und nicht verholzen, z. B. Phlox, Astern, Sonnenbräute.
Steckling	Triebe oder Teile einer Pflanze, die in ein Substrat gesteckt werden, um Wurzeln zu bilden.
stratifizieren	Samen durch Kälteeinwirkung zum Keimen anzuregen.
Terra Preta	Boden, der durch die Beigabe von Kohle, Mist und verrottetem Pflanzenmaterial verbessert wird.
Trockensteinmauer	Eine Mauer aus Naturstein, die ohne Bindematerial (Mörtel) errichtet wird.
upcyceln	Der Vorgang, bei dem ungenütztes oder altes Material so verändert wird, so dass es eine neue Funktion erhält.
vertikutieren	Das Belüften und Lockern eines Rasens mit Hilfe eines Rechens oder Vertikutierers. Vertikutieren entfernt Moos und regt das Graswachstum an.
Wintergrün	Pflanzen, die im Winter ihr Laub nicht verlieren, z. B. Schmetterlingsflieder, Alpenveilchen.
Zero-Waste	Eine Denkweise, bei der man versucht, Gegenstände und Materialien wiederzuverwenden und Verpackungsmaterial zu vermeiden, um keinerlei Müll zu verursachen.
zweijährig	Pflanzen, die zwei Jahre zur Samenbildung brauchen. Im ersten Jahr werden meist nur Blätter geformt, im zweiten Blüten und Samenstände, z. B. Stockrosen, Karotten, Fingerhut.

Kleines Pflanzenregister

A

B

C

D

E

Sachregister

Andrea Heistinger, Arche Noah
Handbuch Bio-Balkongarten
Gemüse, Obst und Kräuter auf kleiner Fläche ernten
304 Seiten, fest gebunden
€ 29.90 | ISBN 978-3-7066-2494-7

Andrea Heistinger, Alfred Grand
Biodünger selber machen
Regenwurmhumus • Gründüngung • Kompost
160 Seiten, fest gebunden
€ 19.90 | ISBN 978-3-7066-2519-7

Andrea Heistinger, Arche Noah
Handbuch Bio-Gemüse
Sortenvielfalt für den eigenen Garten
632 Seiten, fest gebunden
€ 39.90 | ISBN 978-3-7066-2459-6

Andrea Heistinger, Arche Noah, Pro Specie Rara
Handbuch Samengärtnerei
Sorten erhalten. Vielfalt vermehren. Gemüse genießen
424 Seiten, fest gebunden
€ 29.90 | ISBN 978-3-7066-2352-0

Wolfgang Palme
Frisches Gemüse im Winter ernten
Die besten Sorten und einfachsten Methoden für Garten und Balkon.
Poster mit praktischem Anbau- und Erntekalender.
77 verschiedene Gemüse
384 Seiten, fest gebunden
€ 24.90, ISBN 978-3-7066-2592-0

Eliot Coleman
Handbuch Wintergärtnerei
Frisches Biogemüse rund ums Jahr
224 Seiten, fest gebunden
€ 24.90 | ISBN 978-3-7066-2565-4

Löwenzahn Verlag

Diese und weitere Biogartenbücher aus dem Löwenzahn Verlag sind in Ihrer Buchhandlung und auf **www.loewenzahn.at** erhältlich.

löwenza